Hermione Lee

Elizabeth Bowen

Portrait einer Schriftstellerin

Aus dem Englischen von
Christine Frick-Gerke

Schöffling & Co.

Für John Barnard

Deutsche Erstausgabe

Erste Auflage 2001

Originaltitel: *Elizabeth Bowen*
erschienen 1999 bei Vintage, London

Satz: Reinhard Amann, Aichstetten
Druck & Bindung: Pustet, Regensburg
ISBN 3-89561-607-9

Inhalt

I

Wiedergelesen: Elizabeth Bowen

Es ist einfach, nach dem Ereignis klug zu sein. Für einen Schriftsteller ist Schreiben ereignisreich: sozusagen Ereignisreichtum an sich... Vielleicht weiß man gar nicht, was man geschrieben hat, bis man (endlich) fertig ist, und auch dann erst nach einiger Zeit. Dann beginnt man das Ganze zu sehen, eine einsichtigere, umfassendere Wahrnehmung; doch zu spät. Dennoch ist den Autoren glücklicherweise Bedauern meist fremd. Sie schauen selten zurück, denn für gewöhnlich sind sie mit etwas anderem beschäftigt.«

Elizabeth Bowen ist eine der größten englischsprachigen Romanschriftstellerinnen des zwanzigsten Jahrhunderts. Sie verfaßte zehn Romane, von denen mindestens fünf wahre Meisterwerke sind: ungewöhnlich, unverwechselbar, lebendig, aufregend und intelligent. Sie schrieb vorzügliche Kurzgeschichten, war eine brillante Virtuosin der Gestaltung und konnte auf atemberaubende Weise Stimmungen und Orte vergegenwärtigen. Ihre Geschichten schweben und schwingen nach. Außerdem schrieb sie drei Bücher über ihre irische Vergangenheit und zahlreiche Essays über Themen wie Kindheit, Schule, Lesen, Umgangsformen, den Krieg und Anglo-Irland, die zusammen genommen eine erfrischende, komische und unwiderstehliche Autobiographie ergeben.

Schon früh, kaum über zwanzig Jahre alt, veröffentlichte sie ihre ersten Arbeiten. Mit dreißig war sie bekannt, sie wurde viel gerühmt und war viel gefragt. 1942 hieß es über sie, »daß sie seit Virginia Woolfs Tod mehr und mehr als die herausragende Schriftstellerin ihrer Generation gelte«.[1] Elizabeth Bowens Romane und Erzählungen werden auch nach ihrem Tod 1973 immer noch veröffentlicht. Sie hat eine feste Leserschaft, besonders in den Vereinigten Staaten und in Irland. Sie wird weiter gelesen.

Als ich vor achtzehn Jahren dieses Buch über sie schrieb, war sie inzwischen (zumindest in England) zu einer unterbewerteten Randfigur geworden. Sie gehörte nirgends zur akademischen Pflichtlektüre (höchstens als Beispiel einer anglo-irischen literarischen Tradition). Nie wurde ihr Name im gleichen Atemzug mit Virginia Woolf oder Katherine Mansfield genannt – oder vielleicht mit Evelyn Waugh oder Graham Greene –, sie wurde nicht zu den »Wichtigen« des zwanzigsten Jahrhunderts gerechnet. Man hielt sie zwar für interessant, aber zweitrangig, eine Nebenfigur, talentiert, nicht unerfreulich, aber unbedeutend wie L. P. Hartley oder William Plomer; oder wie die Außenseiter und Sonderlinge ihrer Generation, Ivy Compton-Burnett oder Henry Green. Häufig galt sie schon deshalb als irrelevant, weil sie eine Frau war – weil sie über heranwachsende Mädchen, Liebesgeschichten und Frauenleben schrieb – wie Rosamond Lehmann oder Jean Rhys.

1981 hatte ich Schwierigkeiten, für ein Buch über ihr

Gesamtwerk einen Verlag, oder besser gesagt, Leser zu interessieren. Bisher war wenig über sie geschrieben worden: 1952 eine Broschüre des British Council von Jocelyn Brooke; dann 1977 Victoria Glendinnings Biographie; einige Artikel und, zwischen 1961 und 1975, vier ausführliche amerikanische Arbeiten. Ich begann und beendete mein Buch mit der Behauptung, daß Elizabeth Bowen als Schriftstellerin unterbewertet sei und ihr eigentlich eine größere und andere Bedeutung zukäme: daß man sie unterschätzt und fehlinterpretiert habe.

Ich wollte mit diesem Buch zeigen, was für ein bedeutendes, faszinierendes, dramatisches Zeitzeugnis ihre Romane sind. Ich wollte sie von dem Etikett befreien, daß ihr Werk sich »nur« um persönliche Probleme und Gefühlswelten drehe. Mir lag daran, sie aus der engen Klassifizierung weiblicher Literatur zu befreien, die nur die Privatsphäre kennt. Ich beabsichtigte, sie auf diesem Weg in der Literaturgeschichte dort zu plazieren, wo sie hingehörte, und dabei ihr Werk und die Einflüsse auf ihr Schreiben unter die Lupe zu nehmen. Ich machte mich daran, ihre Verwandtschaft zu den verschiedenen Romanfamilien aufzuzeigen: zu den gut konstruierten, genau beobachteten, kunstfertigen Romanen eines Flaubert oder Henry James; zu E. M. Forster und der englischen Tradition des Romans als formales Vehikel zur Selbsterfahrung; zu Virginia Woolfs Entdeckungsreisen ins Innenleben – oft weibliche Innenleben – im Spannungsfeld der politischen Zwänge einer sich wandelnden Welt; und zur eher grotesken, phantastischen und umstrittenen anglo-irischen Tradition der Gesellschaftskomödie und Gespenstergeschichte.

Zudem wollte ich die Bedeutung des typischsten Merkmals ihres Schreibens klären – das manchen Leser in die Flucht geschlagen hat –, ihren ungemein formalen, artifiziellen, komplizierten, oft schwer faßbaren Stil. Mir lag daran, zu zeigen, daß die von ihr gewählte Form nicht manieriert war, sondern daß »Stil« für sie ein wesentliches Mittel war, um Kultur und Gesellschaft zu kommentieren.

Dieses Buch stellt also die These auf, daß Elizabeth Bowens gefühlvolle Geschichten von mehr als dem Tod des Herzens oder der privaten Welt der Liebe handeln; daß sie vielmehr eine Kritik der englischen und angloirischen Mittelschicht zwischen 1920 und etwa 1950 beinhalten. Elizabeth Bowens intensive, kluge, komplexe Behandlung persönlicher Verhaltensweisen und Gefühle ist gleichzeitig eine Analyse einer »enterbten« Gesellschaft. Ihre Bücher sind eine moderne Kritik – dramatisch und verstörend – einer Zeit, die ihrer Ansicht nach von Verlust und Schwäche gekennzeichnet ist, einer Gesellschaft, die in ihren Augen, aus ihrem ironischen Blickwinkel, entwurzelt und unbehaglich, von Verrat und Mißtrauen zerfressen ist. Außerordentlich (und oft äußerst irritierend) ist dabei, daß sie bei der Beschreibung einer chaotischen, unbegreiflichen, womöglich nicht mitteilbaren Erfahrung auf höchst stilisierte und raffinierte Methoden der Romankunst zurückgreift.

Diese Interpretation des von Elizabeth Bowen hinterlassenen Werks erscheint mir immer noch einleuchtend, interessant und hilfreich für eine neue Lesergeneration. Für die Neuausgabe habe ich lediglich für diejenigen, die das Leben der Bowen nicht kennen, einige biographische Informationen hinzugefügt, habe Überflüssiges gestrichen und nur wenig überarbeitet. Ansonsten ist das Buch unverändert geblieben. Dennoch hat sich seit 1981 viel verändert: Es gibt neue Arbeiten über die Autorin; feministische Kritik und Schreiben über Frauen haben sich gewandelt; mein eigenes Schreiben und Denken ist anders geworden. Meine Arbeit an Virginia Woolfs Biographie, mein wachsendes Interesse an unterschiedlichen Formen von »Lebensberichten« haben mir zum Teil meine Scheu als Kritikerin genommen, zwischen dem Persönlichen und dem Fiktionalen zu wechseln. Literaturkritik von und über Frauen variiert jetzt ungezwungener zwischen verschiedenen Ansätzen: Kultur- und Gender-Studies, Autobiographie, historische Analyse. Verfasserinnen von Fiction beichten, ohne mit der Wimper zu zucken, ihre privatesten Erfahrungen; Biographen mischen Fiktion und Fakten. Ich hüte mich beim Schreiben weniger als früher vor dem Wörtchen »ich«. Und ich sehe es nicht als Schwäche an, wenn eine Frau »nur« Persönliches schreibt.

Inzwischen fände ich es zum Beispiel aufschlußreicher, das Gefühl von Entwurzelung und Enteignung bei Elizabeth Bowen als Ausdruck persönlicher Traumata und Ängste zu lesen und nicht als historischen Kommentar. Ich denke auch, daß sich mehr über Sex in Elizabeth Bowens Romanen sagen ließe – Unterdrückung, Gefahr, Ambivalenz. Ich würde den in den Romanen auftauchenden komplizierten Gefühlen zu den Müttern – Nähe zu, Verlust von, Widerstand gegen – mehr Raum geben. Und ich würde mich ohne Bedenken eingehend mit ihrem brillanten Gebrauch von Trivialitäten beschäftigen, von häuslichen und gesellschaftlichen Details, von *Dingen*: Kleidung, Mobiliar, Kleinkram, Kino, Reisen, Essen, Trinken, Einkaufen, Vororte.

Über einiges ist in den letzten achtzehn Jahren geschrieben worden: Es ist erfreulich, wieviel über sie geschrieben wurde, seit die erste Fassung dieses Buchs erschien. Zu ihrem hundertsten Geburtstag haben sich mehrere akademische Tagungen mit ihr beschäftigt, und seit 1992 gibt es einen *Bowen-Newsletter*. Sechs Bücher sind inzwischen über sie geschrieben worden, dazu viele Aufsätze, von denen einige 1987 in einem Band über die Bowen »aus kritischer, moderner Sicht« zusammengefaßt wurden. Aus *The Heat of the Day* ist nach dem Drehbuch von Harold Pinter ein Fernsehfilm mit Patricia Hodge entstanden. Victoria Glendinnings Biographie erschien 1985 als Taschenbuch. *Der letzte September*, Drehbuch: John Banville, ist fürs Kino verfilmt worden. Außerdem gab es in der Serie Bookmark eine BBC-Sendung über die Bowen. Alle ihre Romane sind mit neuen Einleitungen wieder aufgelegt worden. Neue Interpretationen kursieren, manche hätte die Bowen sicher nicht unterschrieben, aber alle führen zu einer gesteigerten Beachtung und Wertschätzung.

Zwei akademische, gelegentlich einander beeinflussende Studienrichtungen haben sich Elizabeth Bowen wieder vorgenommen: die Anglo-Irischen Studien und die Feministische Literaturwissenschaft. Ihre Wiederentdeckung als anglo-irische Autorin steht im Zusammenhang mit einer Welle von neuen Veröffentlichungen zur irischen Literaturwissenschaft, wie die umfangreiche (und kontroverse) *Field Day Anthology of Irish Writing* von Seamus Deane (1991) und Bücher wie *Paddy & Mr. Punch: Connections in Irish English History* von Roy Foster (1993), W. J. McCormack, *Dissolute Characters: Irish Literary History through Balzac, Sheridan Le Fanu, Yeats and Bowen* (1993), Declan Kiberd, *Inventing Ireland: The Literature of the Modern Nation* (1995), und die Essay-Sammlung von Eibhear Walshe, *Sex, Nation and Dissent in Irish Writing* (1997). Dort nimmt Elizabeth Bowen einen zentralen Platz ein in der ambivalenten, sperrigen, schwierigen Beziehungsgeschichte zwischen Irland und England.

Die neuen Lesarten irischer Literaturgeschichte sind ausgesprochen unterschiedlich und oft auch ausgesprochen widersprüchlich. Manche betrachten noch einmal den ganzen Kanon irischer Literatur und wie die »Kanonisierung« als »System der Bestätigung und Autorität« funktioniert.[2] Manche analysieren mit großer Skepsis, wie patriotische oder nationalistische Vorurteile das kulturelle Konzept des Irischseins geprägt haben.[3] Andere wenden auf die Studien zur irischen Kultur »postkoloniale Modelle« an.[4] Aber ob die Bücher Exil und Erinnerung an die Heimat untersuchen, die Zusammenhänge zwischen hoher Kunst und populärer Kultur, Frauengeschichten, Multikultur, Zensur, die gegenläufigen Diskurse[5] zwischen Feminismus und Lesbianismus oder die Erfindung fiktionaler Charaktere in bezug zu politischer Ideologie und nationaler Identität[6], in allen spielt Elizabeth Bowen eine Rolle als entscheidende und bedeutende Figur.

In einem interessanten Zusammenhang mit der Wiederentdeckung der Autorin steht die späte Würdigung der Bücher ihres Cousins Hubert Butler (1900–91) durch so unterschiedlich einflußreiche Schriftsteller wie Roy Foster, Neil Ascherson und Josef Brodsky. Butler (der Schwager einer Lieblingscousine Elizabeth Bowens, Noreen Butler, geborene Colley) zählte mit seiner Frau Peggy zu den guten Freunden der Bowens. Er wohnte fast sein Leben lang im Herrenhaus Maidenhall in der Grafschaft Kilkenny. Als ich ihn dort 1980 besuchte, hingen die Familienportraits aus Bowen's Court in seinem Eßzimmer. Als Protestant und Republikaner widmete sich der Historiker Butler der lokalen und anglo-irischen Geschichte. Aber seine Reisen nach Osteuropa in den dreißiger und vierziger Jahren, besonders nach Jugoslawien, erweiterten seinen Horizont im Hinblick auf die irische Politik beträchtlich, was sich in einigen bemerkenswerten Aufsätzen niederschlug. Er schrieb mit scharfem Blick über den serbokroatischen Konflikt (für den er die katholische Kirche voll verantwortlich machte – eine Ansicht, die ihm zu Hause wenig Beifall brachte). Seine Aufsätze umfassen kluge literaturwissenschaftliche Studien zu russischen, europäischen und irischen Schriftstellern bis hin zu Diskursen über regionale Identität, Säkularismus und Religion, Demagogie, Kulturpluralismus und die Katastrophe der Teilung. Sie wurden erst in den achtziger Jahren veröffentlicht, aber immerhin war er, als er mit 91 Jahren starb, ein in hohem Maße bewunderter Schriftsteller.

Butlers Material deckte sich oft mit dem der Bowen, wenn es um den Rückzug einer ganzen historischen Klasse – der adligen anglo-irisch-protestantischen Großgrundbesitzer – von ihrem ursprünglichen Wirken und Einfluß ging.[7] Seine teils kritischen, teils nostalgischen Berichte vom Schicksal der »Nachfahren« im Irland des zwanzigsten Jahrhunderts und seine Geschichten vom Leben in den »Herrenhäusern« zu Zeiten des »Aussterbens« haben viel gemeinsam mit Bowens *Der letzte September* oder ihrem Essay über *The Big House* und *Bowen's Court* – das Butler eine wunderbare Sozial- und Familiengeschichte nannte. Er war Redakteur in Sean O'Faolains Zeitschrift *The Bell*, für die auch die Bowen schrieb. (*The Big House* erschien dort.) Und in seinem ersten Essay-Band *Escape from the Anthill* dokumentierte er ihre Ambivalenz gegenüber Irland. 1979 hielt er in der Kirche von Farahy, wo sie beerdigt wurde, bei einer Gedenksteinenthüllung die Laudatio. Er charakterisierte sie als »eng verbunden mit einem Lebensstil, einer Klasse, einer Gemeinschaft, die im Verschwinden ist«. Er sagte, sie »habe sich als eine irische literarische Persönlichkeit erst erschaffen müssen« und habe sich, »obwohl sie wußte, was sie England schuldete, leidenschaftlich irisch gefühlt und dieses irische Gefühl oft genau unter die Lupe genommen«.[8] Drei Jahre vorher schrieb er in einem Artikel über ihre Beiträge für *The Bell* und ihre noble Art als Gastgeberin in Bowen's Court, daß sie im Alter gegen Irland eingestellt gewesen sei. »Als ich sie kurz vor ihrem Tod zum letzten Mal in der Grafschaft Kilkenny traf, äußerte sie sich mit solcher Bitterkeit über Irland, daß ich dies auf ihre schwere Krankheit schob und nicht auf ihre extreme Desillusionierung.«[9] Bei Roy Foster, der 1990 Peggy Butler über dieses Gespräch befragte, heißt es, »daß die Heftigkeit, mit der sie erklärte: ›Ich *hasse* Irland‹, sie fassungslos gemacht habe«.[10]

Allein diese Formulierung, fand Foster, zeige, wie sehr Elizabeth Bowen »der Tradition nach eindeutig, wenn auch unbequem, irisch gewesen sei«. Und diese eindeutige und unbequeme irische Identität war das, was ihr Freund Sean O'Faolain ihr »zerrissenes Herz und ihren zwiespältigen Verstand«[11] nannte – eine Sicht, die in der neueren anglo-irischen Bowen-Forschung dominiert. »Ambivalenz« ist das Schlüsselwort in bezug auf Anglo-Irisch-Sein, und auf die Bowen ist es in verstärktem Maße angewandt worden. Selten wird ihr Anglo-Irisch-Sein so ungebrochen beschrieben wie von der irischen Schriftstellerin Patricia Craig, die von »Robustheit und Anstand« spricht, »die Elizabeth durch Erziehung und Temperament besaß«.[12] Häufiger wird ihr Anglo-Irisch-Sein als Auslöser für »Elegie und Krise«[13] in ihrem Schreiben angesehen. »Ihre eigentlichen Themen«, schreibt Roy Foster, »sind Enteignung, Betrug, Grausamkeit, Verrat.«[14]

Gemeinsam mit anderen irischen Schriftstellern wie Sean O'Faolain, Frank O'Connor und Liam O'Flaherty transportiert ihre Sprache (so der Kritiker John Hildebidle) »Desillusionierung« und »Einsamkeit«, »ein radikales Unbeteiligtsein«. Dieses Unbeteiligtsein, schreibt er, stehe nicht nur für das Gefühl des Außenseiters oder Vertriebenen: Es durchdringt all ihre fiktiven Formen der Liebe – die meist ein gewalttätiger, gefährlicher Zusammenstoß ist –, jedes unsichere und unzuverlässige Zuhause und das brüchige Ich ihrer Geschichten. Ihre Romane und Erzählungen vermitteln »ein gefährliches Gefühl der Nicht-Existenz«.[15] Dieses Gefühl der »Nicht-Existenz«, behauptet einer der engagiertesten Anhänger Elizabeth Bowens, W. J. McCormack, sei typisch für die Entfremdung der Anglo-Iren. »Die Instabilität der Sprache« in ihren Romanen (besonders in *The Heat of the Day*), die Faszination des Verrats, das schwankende Identitätsgefühl in ihrem Werk spiegele, so schreibt er, Mißtrauen und Unsicherheit einer ganzen Klasse.[16] Und Declan Kiberd vertritt in seiner post-kolonialen Interpretation irischer Literatur die These, daß hinter allem, was Elizabeth Bowen schrieb, die Sehnsucht nach »einem sicheren Identitätsgefühl steckt«: »Sie schrieb weniger, um ein Ich wahrzunehmen, sondern um es zu erfinden, ein Ich, das auf dem Bindestrich zwischen ›Anglo‹ und ›Irisch‹ balancierte.«[17]

Diese neue Lesart einer janusköpfigen Bowen, die zwischen zwei Ländern gefangen ist und deren Stilisierungen eine tiefe Identitätskrise verraten, konzentriert sich dramatisch auf ihr Tun im Krieg. Und dies ist eine außergewöhnliche Geschichte. Hier ist also eine irische Schriftstellerin mit einem Haus in der Grafschaft Cork und einer anglo-irischen Familie, deren Wurzeln in Irland bis ins siebzehnte Jahrhundert reichen, die ihren Wohnsitz nach England verlegt und einen Engländer heiratet, aber oft über Irland schreibt und auch ihr Haus in Irland behält. Im Krieg ist sie meist in London, unterstützt die englischen Kriegsaktivitäten und reagiert (wie viele Engländer) mit stoischer Gelassenheit auf Fliegeralarm und Bombardierungen. Zwischendurch hält sie sich in Dublin auf, wo sie für den britischen Geheimdienst Berichte über die irische Neutralität und die Stimmung der Iren gegenüber England, Deutschland und dem Krieg verfaßt. Ihre irischen Freunde haben keine Ahnung von dieser Tätigkeit. Auf diesem Hintergrund entsteht ihr Kriegsroman *The Heat of the Day*, der von Treulosigkeit und Verrat handelt – von Liebe und einem Land.

In diesen geheimen Berichten steht viel Kritik an Irland. In ihren Augen ist »Eigeninteresse« die Basis der Neutralität. Ihr mißfallen die Engstirnigkeit, die »Klaustrophobie und Ruhelosigkeit«, die »Stagnation«, die sie in Dublin infolge der Neutralität empfindet. Sie erzürnt sich über die »Swivellers« – die irischen Wendehälse –, die den Krieg der Briten ablehnen, und über die Leute, die, wie sie findet, einen krankhaften Hang zum Faschismus haben. Sie ist sich der Gefahr des katholischen Antikommunismus und des Antisemitismus bewußt. Dennoch, und trotz alledem, versteht sie Irlands Position und findet, »Eire« (wie sie es immer nennt) habe »seine Selbstachtung« in die Neutralität »investiert«. Zum ersten Mal äußert Eire eine *freie* Meinung. Und mit typischer Objektivität und Ironie kommentiert sie das gegenseitige Mißtrauen zwischen beiden Ländern: »Ich wünschte, England wäre sich mehr seiner Geschichte bewußt – und Irland weniger.«[18]

Diese Berichte zitiert Robert Fisk ausführlich in seinem 1983 erschienenen Buch über die irische Neutralität, *In Time of War*. Bei der Neueinschätzung der Bowen wurde seitdem häufig darauf zurückgegriffen. Ein in diesem Zusammenhang nützliches Buch voll genau recherchierter Details stammt aus der Feder einer amerikanischen Akademikerin, Heather Bryant Jordan. Sie interpretiert die Bowen wesentlich als Kriegsschriftstellerin, die die gewaltigen Umwälzungen in ihrer Welt während des Ersten Weltkriegs, der »Unruhen« und des irischen Bürgerkriegs sowie während des Zweiten Weltkriegs registriert. Jordan gründet ihre These auf ein (unveröffentliches) Hörspiel von 1949, das auf 1918 zurückblickt und in dem die Erzählerin sagt: »Ich kann mich gar nicht ohne Krieg vorstellen.« Sie sieht die Aktivitäten der Bowen während des Krieges als Intensivierung ihrer »gespaltenen« anglo-irischen Sicht und *The Heat of the Day* als Versuch, dieses »Hin-und-Hergerissensein« auf einen Nenner zu bringen. Letztendlich sieht sie die Bowen als Schriftstellerin, die mehr »Risiken einging, als ihr lieb waren«, weil ihre Themen zwangsläufig Krieg und Verrat hießen.[19]

Die Betrachtungsweise der Bowen als irischer Schriftstellerin mit geteilter Loyalität, für die Verrat geradezu eine fixe Idee war, wird durch ihre Tätigkeiten im Krieg bestätigt. Sie stützt McCormacks These, daß *The Heat of the Day* gleichermaßen von der irischen Neutralität wie vom Krieg in England handele. Sie erklärt auch die eigentümliche Tatsache, daß die Bowen den verräterischen Liebhaber Robert Kelway zum Nazi machte – und nicht zum kommunistischen Spion oder Sympathisanten. Der Grund mag sein, daß sie im neutralen Irland auf antibritische, profaschistische Tendenzen stieß. McCormack nennt dies »einen irischen

Wesenszug« im Roman.[20] Foster sieht die Bowen im Krieg selbst als »eine Art Spionin«.[21]

Spione und Verräter müssen eine Fassade wahren. Das gleiche taten die Anglo-Iren, eine »Rasse« (wie sie es nannte), für die wachsames Unbeteiligtsein typisch war. Declan Kiberd findet es nicht überraschend, daß die Bowen »zur Expertin des Todes des Herzens« wurde. »Unzugänglichkeit ... in Gefühlssachen« war ihr anglo-irisches Thema. Und wie die Anglo-Iren konstruierte sie um die Gefühlsblockade »einen prätentiösen Stil«. Kiberd leitet davon die Vorstellung des anglo-irischen Schriftstellers als Dandy – wie Oscar Wilde – ab, der eine Rolle spielt und mit aller Macht eine lässige Fassade aufrechterhält. Dandys sind die »endgültigen, dekadenten Blüten« der Klasse, die jede Rolle spielen, aber nicht sie selbst sein können, und die einen gefährlichen Drahtseilakt vollbringen, weil »die Darstellung jederzeit abstürzen kann«[22], wenn man nur die äußere Form hochhält.

Die Verbindung zu Wilde wirft nicht nur die Frage ambivalenten Stammesgefühls auf, sondern auch die der sexuellen Ambivalenz. Feministische Betrachtungen der Bowen haben sich weniger mit dem irischen Kontext beschäftigt. Besonders interessant ist es allerdings, wenn beide Lesarten überlappen. Irische Kritikerinnen weisen darauf hin, daß Elizabeth Bowen Frauen »als impotente Kriegsopfer« darstelle, »die im öffentlichen Leben keinen Platz haben«.[23] Oder daß sie in ihren Romanen beim Machtzusammenbruch in den Herrenhäusern ein entstandenes Vakuum mit extrem manipulativen weiblichen Figuren fülle – »Zerrbildern« jener Macht.[24] Die Prüderie, mit der sie sexuelle Beziehungen behandle, lasse sich teils auch als Produkt der repressiven irischen Geschichte betrachten. Besonders Eibhear Walshe sieht die Bowen in ihrem Buch im irischen Kontext »post-kolonialer Zensur« und »in der Kultur tiefverwurzelter Angst vor gleichgeschlechtlicher Lust«.[25]

Elizabeth Bowen als engagierte Feministin darzustellen fällt schwer angesichts ihrer eigenen Ablehnung solcher Begriffe (»Ich bin keine Feministin und werde es niemals sein«[26]), ihres gespannten Verhältnisses zu Virginia Woolfs politischen Ansichten über die Unterdrückung der Frau[27] und der Vermeidung feministischer Polemik in ihrem Werk. Und obwohl sie mit viel Gefühl, Scharfsinn und Interesse über weibliche Beziehungen schreibt, kann man sie wahrlich keine lesbische Autorin nennen. Dagegen sprechen ihre Lebensgeschichte und auch die Tatsache, daß sie der einzigen je in sie verliebten Lesbierin, der Schriftstellerin May Sarton, eher ironisch gegenüberstand. Zudem sind die Beziehungen in den meisten ihrer Romane ausgesprochen heterosexuell. Versuche, sie in ein enges lesbisches Raster zu zwängen, erscheinen also übertrieben. Renée Hoogland stellt in der Reihe *Lesbian Life and Literature* 1994 in ihrem Aufsatz über *Feminist Critical Theory and the Case of Elizabeth Bowen* die These auf, daß sich die Bowen nur auf eine – bisher nicht erlaubte – Art lesen lasse. Aus poststrukturalistischer, lesbisch-feministischer Sicht behauptet sie, man habe die Bowen bisher unterbewertet, weil sie »den Anforderungen der dominanten (männlichen) literarischen Bewegungen«

nicht entsprach. Hoogland sieht in den Romanen »eine scharfe Kritik an der patriarchalischen Ideologie«. Ihrer Ansicht nach handelt *Der letzte September* von »geschlechtsspezifischen Operationen ideologischer Diskurse«, und *The Heat of the Day* ist eine »Problematisierung der durch Geschlecht verursachten Narration auf verschiedenen sich überschneidenden Textebenen.« Bowens weibliche Figuren seien Opfer männlichen Handelns, das einer »phallogozentrischen dominanten Ideologie entspringt«. »Eindeutig«, so schließt Hoogland, »taucht die Frage lesbischer Sexualität in den meisten ihrer Texte auf.« Diese Tatsache zu übersehen oder zu leugnen sei ein Zeichen der Homophobie.[28]

Das ist dann doch ein stark einebnendes, unpraktikables Betrachtungsmodell für das schwer faßbare und komplexe Werk der Bowen. Dabei könnte eine flexiblere, weniger autoritäre lesbisch-feministische Betrachtungsweise durchaus interessant sein. Wenn Feminismus sich auch darauf bezieht, wie eine Schriftstellerin Sexualität, Sexual Politics, Liebe, Ehe und eine große Sehnsucht nach einer Lebensform außerhalb konventioneller Rollenerwartungen behandelt, dann ist die Bowen allerdings eine Feministin. Patricia Coughlan diskutiert in *Women and Desire in the Work of Elizabeth Bowen*, daß »wir Adrienne Richs Modell der Frau-zu-Frau-Interaktion ... und andere Beziehungsformen zwischen Frauen« auch als Teil eines »lesbischen Kontinuums« begreifen können. Wobei die gleichgeschlechtliche Lust möglich sei, aber nicht zwangsläufig auf der Tagesordnung stehe. In diesem Fall ließe sich Elizabeth Bowens intensive Behandlung »weiblicher Bündnisse«,

»gegenseitiger weiblicher Anziehung«, enger Mutter-Tochter-Beziehungen und »gegenseitiger Durchdringung von Lust und Freundschaft in weiblichen Beziehungen« als eine Form lesbischer Literatur definieren.[29]

Andere feministische Kritikerinnen haben ebenfalls besonders den Frauen im Werk der Bowen ihre Aufmerksamkeit gewidmet. Ihr Interesse an Frauenfreundschaften, sagt Diane Swanson, lasse sie das »traditionelle fiktionale Handlungsschema ›zwanghafter Heterosexualität‹« durchbrechen.[30] Harriet Chessman stellt die These auf, die weiblichen Figuren in den Romanen hätten keine für sie wirkende Sprache, sondern seien sprachlos oder stumm, »stünden per Geburt außerhalb des Diskurses, wenn sie nicht zu Verräterinnen würden und zur anderen Seite überliefen.«[31] Phyllis Lassner stellt Elizabeth Bowens Behandlung der Frauenrollen in den Mittelpunkt ihres kurzen psychoanalytisch-feministischen Buchs. Der Kernpunkt ihres Schreibens, erklärt Lassner, sei die »Gestaltung der Frauenrolle gegen die für diese Entwicklung verantwortlichen literarischen und gesellschaftlichen Traditionen«. Als Teil dieser Aufgabe beschäftige sich die Bowen mit »Natur und Ort weiblicher Sexualität«, der »Verbindung zwischen Kindern und Müttern« und der »emotionalen Lähmung« von Frauen, die auf »Haus und Mutterrolle« reduziert sind. Die Bowen als Teil einer »patriarchalischen Tradition« der Literatur zu betrachten hieße, sie abzuwerten, denn »ihr Werk stellt die ideologischen und sozialen Vorgaben der gesamten Tradition in Frage und revidiert diese«.[32]

Diese Neueinschätzungen stellen Elizabeth Bowen

mit Recht als eine subversive Schriftstellerin mit einem leidenschaftlichen Interesse am weiblichen Dasein dar, selbst wenn bei dieser Betrachtung, um diese These aufrechtzuerhalten, die Sozialkomödie, das unerwartete Fehlen eines Rezepts, die überraschende, hinterhältige Kuriosität in einem Großteil ihres Werks zu kurz kommen, weil sie sich nicht in ein festes Schema einordnen lassen.

Dieser Eigentümlichkeit der Bowen wird von zwei jungen britischen Akademikern, Andrew Bennett und Nicholas Royle, Rechnung getragen, die keinen Zweifel daran lassen, daß wir hier eine für unsere Zeit höchst bedeutende Schriftstellerin vor uns haben, die erst neuerdings anerkannt wird: »Sie entpuppt sich als Schlüsselfigur in mehreren wesentlichen Bereichen gegenwärtiger Studien und Interessen: der Frauenliteratur des zwanzigsten Jahrhunderts, der anglo-irischen und Minderheitenliteratur, der Literatur der dreißiger und vierziger Jahre, des Postkolonialismus und der Postmoderne.« Ihnen zufolge ist sie eine zutiefst originelle und extrem verstörende Schriftstellerin, zu deren Verständnis man das Instrumentarium eines post-Derridaschen Dekonstruktivismus benötige. Sie gehen also am weitesten in ihrer Betrachtung der Bowen vom historischen, kulturellen oder realistischen Standpunkt. Ihr Buch trägt den Titel *Elizabeth Bowen and the Dissolution of the Novel: Still Lives*. Die Bowen, so sagen sie, verkörpere »die Auflösung des Romans des zwanzigsten Jahrhunderts«. Ihre Romane lösen die Wirklichkeit auf, die Grenzen zwischen Leben und Tod, »persönlicher Identität, Patriarchat, gesellschaftlichen Konventionen und der Sprache selbst«. Sie handeln von Schwebezustand und Immobilität, Katatonie und »Gedankenhemmung«: Träumen, Heimsuchungen, Trance und Krämpfen; Aufschub und Unterbrechung der Zeit; Traumata, Geheimnissen, Trauer und Furcht. Identität ist bei Elizabeth Bowen immer »zerissen durch ständigen Angriff, Übergriff, permanentes Eindringen«. Ihre Fiktionen sind »unheimlich und gefährlich dramatisch«; jeder spielt viele Rollen; eine stabile oder einzelne Identität gibt es nicht. Vor allem erinnern ihre Texte ständig an sich selbst – als »Schreiben und Textualität.«[33] Diese Leseart führt dazu, daß sie großes Gewicht auf die beiden letzten Romane legen.

Mein Buch bildet das Gegengewicht zu dieser anregenden und originellen Neuinterpretation der Bowen; deshalb freue ich mich über die Wiederauflage. Ich zeige eine eher politische, realistische, gesellschaftlich wachsame und selbstbewußt beherrschte Schriftstellerin. Doch die Arbeit von Bennett und Royle bringt uns ins Bewußtsein, was an ihr außerdem so faszinierend ist: ihre Originalität, ihre Eigentümlichkeit, ihre düsteren Ungewißheiten. Alle Kritiken jüngeren Datums, egal wie unterschiedlich, sind sich einig: sie ist eine Stimme wie keine andere. Hundert Jahre nach ihrer Geburt und mehr als ein Vierteljahrhundert nach ihrem Tod gibt es noch viel über sie zu sagen. Sie ist, mehr denn je, eine Schriftstellerin, deren Wiederlesen sich lohnt, eine Schriftstellerin, die nicht mehr vergessen werden kann.

2
Einzelkinder

Jedes dieser Häuser mit seinem intensiven, im Mittelpunkt stehenden Dasein, ist durch etwas weitaus Dauerhafteres als nur physischen Raum isoliert: die Isolation ist angeboren; sie ist herkunftsbedingt. Möglich, daß Anglo-Iren, wie Einzelkinder, nicht wissen, wieviel ihnen fehlt. Ihr Dasein ist, wie das von Einzelkindern, eigen, unabhängig und verschwiegen.«

Als sehr junges Mädchen war Elizabeth Bowen geradezu übertrieben stolz auf ihr Land. Irland war für sie die Insel; die beiden in ihrer Sprache beinah gleich ausgesprochenen Begriffe verschmolzen für sie zur Heimat an sich. Dagegen war England in ihrem Bewußtsein eine untergeordnete Insel, ein Sub-Irland – eine Imitation.[1] Dieses Mißverständnis war typisch für ihren unbekümmerten, jugendlichen Chauvinismus, den sie trocken in ihren beiden Autobiographien dokumentiert, *Bowen's Court* (1942) und *Seven Winters* (1942). Bitha, wie sie genannt wurde, war das einzige Kind gutbürgerlicher Protestanten und Unionisten. Daß sie zu einer Minderheit gehörte, war ihr nicht bewußt. Ihr Vater war Rechtsanwalt, und ihre Mutter stammte aus einer angesehenen anglo-irischen Familie namens Colley. Die Tochter wuchs im Winter in Dublin auf, im Sommer auf

Bowen's Court, umgeben von Familien, die der ihren glichen und denen es offenbar gutging – die nach nicht hinterfragten Regeln lebten.[2] Niemand war schüchtern oder vulgär oder katholisch, und jeder hatte an der Haustür ein Namensschild aus Messing. Ihre erste Reise nach London, wo sie »Straße um Straße triste Anonymität« vorfand, bestärkte sie in ihrer Ansicht, Dublin sei grandios und besonders. »Alle wichtigen Menschen lebten in Dublin in meiner Nähe.«[3]

Elizabeth Bowens Ironie, wenn sie sich an die Arglosigkeit ihrer Kindheit erinnert, beleuchtet auch die Kurzsichtigkeit einer verschwindenden Elite. Der Ton, mit dem sie über sich als Kind schreibt, ähnelt jenem, mit dem sie sich über ihre anglo-irischen Vorfahren äußert. Dennoch spürte sie sehr früh Zweifel, die auch typisch für ihre Vorfahren waren und die später ihren literarischen Umgang mit ebendiesen beherrschten. Nie hält sie eine einfache Reaktion auf ihr Anglo-Irisch-Sein fest, weder als Kind noch später. Dublin erschien ihr zwar großartig, aber auch erdrückend und düster. Als Erwachsene beschreibt sie die melancholische Ausstrahlung der Stadt, »das Gefühl eines zunichtegemachten Ziels ... eine zähe, womöglich endlose Pause hängt über den großen Plätzen, den langen erleuchteten Straßen und dunkler werdenden klassischen Fassaden des achtzehnten Jahrhunderts«.[4] Als Kind entdeckte sie, daß nördlich ihres Hauses am Herbert Square »ein böser Geist am Werk war. Vielleicht riecht ein Kind Geschichte, ohne es zu wissen – Ich *wußte* nicht, daß ich den Grabstein der feinen Lebensart betrachtete.«[5]

Sie kam am 7. Juni 1899 am Herbert Place in Dublin zur Welt, ein Einzelkind, neun Jahre nach der Heirat der Eltern geboren. Ihre reizende, verträumte Mutter kümmerte sich mit übertriebener Sorge um sie. Ihr Vater Henry, der den Rechtsanwaltsberuf an den Nagel gehängt hatte, um in der »Land Commission« mitzuwirken, war überarbeitet und kaum ansprechbar.

Die ersten sieben Jahre war Bithas Kindheit idyllisch, behütet und protestantisch. Doch dann hatte ihr Vater einen schweren Zusammenbruch – die Diagnose lautete »Blutleere des Gehirns«. Bowen's Court war von da an ein melancholischer Ort und sollte es immer bleiben.

»Aneinandergereihte Innenräume im Stil des achtzehnten Jahrhunderts, rationale Proportionen und ebenmäßige Gesimse ... sagten meiner Phantasie nichts ... Ich fand sie ›traurig‹, brachte sie mit der Krankheit meines Vaters in Zusammenhang.«[6]

Im gleichen Sommer 1906, in dem die Krankheit ihres Vaters ausbrach, lernte Bitha Bowen sehr spät zu lesen; und sie begann zu stottern – bis an ihr Lebensende. Dem Schock der väterlichen Krankheit folgte die Trennung. Die Ärzte rieten Henry, nicht mit Frau und Tochter zusammenzuwohnen; also zogen Bitha und Florence, unterstützt von der Colley-Verwandtschaft, nach England. Sie wohnten – auf engem Raum und aufeinander angewiesen – in der Grafschaft Kent, in Folkstone, Hythe und anderen Küstenorten. Dieser Umzug nach Kent hatte für die Siebenjährige auch etwas Befreiendes. Die englische Villenarchitektur und die englische Geschichte setzten ihre Phantasie frei; gleichzeitig war sie »hin- und hergerissen«[7] bezüglich dieses anormalen, unklassischen Landes und entwickelte einen angriffslustigen Stolz auf ihre irische Herkunft. Kurz gesagt, entwickelte Elizabeth Bowen in ihrer Kindheit eine besonders ausgeprägte Form anglo-irischen Gespaltenseins zwischen Vertrauen und Zweifel; das Gefühl der Entwurzelung und Fremdheit wurde in ihrem Fall »durch einen Widerspruch zwischen Herkunft und Umgebung«[8] noch verstärkt.

Ihre Beziehung zu Irland glich, wenn nicht der des typisch abwesenden anglo-irischen Gutsbesitzers, so doch der eines nur teilweise Anwesenden. Mit der Zeit erholte Henry sich von seiner Krankheit. Doch als Elizabeth zwölf war, erkrankte die Mutter an Krebs. 1912 starb sie: Elizabeth Bowen verlor ihre Mutter also im gleichen Alter wie Virginia Woolf – mit dreizehn. Sie blieb in England, wo sie weiterhin die Harpenden Hall Schule in Hertfordshire besuchte. Anfangs stand sie unter schwerem Schock und trauerte maßlos.[9] Ihre Tante Laura Colley kümmerte sich um sie, bis sie später, während des Ersten Weltkriegs, die Schule wechselte und nach Downe House in Kent ging.

Während des Krieges lebte die junge Elizabeth Bowen entweder im Internat in England oder beim Vater auf Bowen's Court in Irland. 1914 besuchte sie die Bälle und Teegesellschaften in der Grafschaft Cork. Auf die Mitteilung, der Krieg sei ausgebrochen, fragte sie: »Können wir dann nicht zur Gartenparty gehen?«[10] 1917 verließ sie die Schule; trotz des Kriegs und der späteren »Unruhen« ging das gesellschaftliche Leben auf

Bowen's Court, wo der Vater zum zweiten Mal geheiratet hatte, unbeeinträchtigt weiter. Eine Weile war Elizabeth in einen englischen Soldaten verliebt.[11] Als 1921 die Häuser in der Nähe von Bowen's Court in Brand gesteckt wurden, war sie nicht in Irland, sondern auf einer Ferienreise nach Italien.

Ihre immer wieder unterbrochene Beziehung zu Irland setzte sich bis in ihr Erwachsenenleben fort. Mit zwanzig besuchte Elizabeth Bowen für zwei Trimester die Kunstschule in London, und dann begann sie zu schreiben. Sie zog in die Stadt in das Haus ihrer Großtante Edith und fing an, das literarische London »einzufangen«.[12] Ihre erste Kurzgeschichte veröffentlichte sie mit Hilfe von Rose Macaulay, und ihr erster Band mit Erzählungen erschien 1923, als sie vierundzwanzig Jahre alt war. Im gleichen Jahr heiratete sie den dreißigjährigen Alan Cameron, der im Ersten Weltkrieg verwundet worden war und einen Giftgasangriff überlebt hatte. Er war »Assistant Secretary for Education« – Bildungsreferent – in Northamptonshire.

Die Heirat mit Alan Cameron hatte zur Folge, daß Elizabeth Bowen in Zukunft nie dauerhaft in Irland leben würde. Alan Camerons Arbeit band sie an England, zuerst wohnte das Paar in Northampton, dann in Oxford, und 1935 zog es nach London.

Zwischen 1930 – jenem Jahr, in dem ihr Vater starb und sie Bowen's Court erbte – und 1952, dem Todesjahr Alan Camerons, verbrachte sie ausgedehnte Ferien in Irland und gab Feste dort – die Kriegsjahre ausgenommen, als das Reisen zwischen England und Irland Restriktionen unterlag. Ihre beiden Bücher über Bowen's

Court schrieb sie aus der Entfernung, örtlich wie zeitlich. 1928 entstand in Headington *Der letzte September.* Der Roman spielt in der Grafschaft Cork in den zwanziger Jahren: »Irland schien ungeheuer weit entfernt von Oxford... eine andere Welt.«[13] *Bowen's Court*, in dem sie die Geschichte des Hauses und der Familie bis 1914 erzählt, begann sie im Sommer 1939; im Dezember 1941 wurde das Buch fertig. Als Alan Cameron in den Ruhestand versetzt wurde, wollte das Paar nach Bowen's Court ziehen, doch Alan starb noch im gleichen Jahr. Elizabeth Bowen versuchte zwar, das Haus zu halten, aber finanziell war es nicht zu schaffen. 1959 verkaufte sie Bowen's Court an einen Landwirt der Gegend, der erklärt hatte, er wolle das Haus renovieren und selbst bewohnen. Doch er riß es schon kurz nach dem Kauf ab und fällte obendrein die meisten Bäume.

Elizabeth Bowen war sich bewußt, daß ihr Werk von der frühen Entwurzelung, der traumatischen Erkrankung ihres Vaters und des plötzlichen Tods ihrer Mutter stark geprägt war. Der Schock dieser Ereignisse ist in ihrem gesamten Schreiben zu spüren. Sie empfand dieses Schreiben selbst immer als eigentümlich anglo-irisch – zum Beispiel ihre theatralische Phantasie: »Für einen Großteil der restlichen Welt sind wir Halb-Fremde, für die das Dasein etwas von einem trancegleichen Spektakel hat.«[14] Dazu kamen die Gefühlswallungen ihrer Figuren. Stetigkeit befindet sich in ihren Romanen und Erzählungen immer unter Beschuß. Sie sind voller entwurzelter Personen, heimatloser Liebhaber und enterbter Kinder, die einer fremden Welt ihren Willen aufzwingen wollen.

Elizabeth Bowen hatte aufgrund ihrer Lebensgeschichte eine klare Vorstellung von Geschichte und Temperament der Anglo-Iren. Über ihre Familie schrieb sie mit einem in der Distanz geschärften Blick. Ihre frühen Reisen auf den Kontinent machten ihr bewußt, wie sehr die europäische Tradition in Irland fehlte, was – ihrer Ansicht nach europäisierten Fremden besondere Schwierigkeiten bereitete.[15] Ihre Zugehörigkeit zu Europa war ihr wichtig. Einer ihrer frühen Romane spielt in Frankreich, ein anderer in Italien; ihr lag an der französischen Literatur, besonders Proust und Flaubert liebte sie, und später schrieb sie ein Buch über Rom. Dennoch empfand sie für die Gegend Irlands, aus der sie stammte, eine Nähe, wie nur kindliche Vertrautheit sie entstehen läßt. Was sie über Irland schreibt, hat immer einen nostalgischen Unterton, egal ob in *The Shelbourne* – einem lebendigen, fast schrillen Bericht über Dublin vor der Teilung – oder in der schwebenden Atmosphäre des Irlandbesuchs in *The House in Paris*. Beide in Irland spielenden Romane, *Der letzte September* und *A World of Love*, haben etwas Rückwärtsgewandtes. *Der letzte September* spielt bewußt in einer verschwundenen Ära. *A World of Love* beschäftigt sich mit dem Erbe der Vergangenheit. Und beide Romane handeln von jungen Mädchen. Irland bedeutet – in manchen Erzählungen und in *The Heat of the Day* – Unerfahrenheit und Unreife. In *The Heat of the Day* nimmt der junge, herzerfrischende Roderick und nicht seine gequälte Mutter Stella das irische Zuhause als Erbe in Besitz. Aber Unschuld ist nicht immer nur tröstlich. In der brillanten Erzählung *Her Table Spread* wird diese anglo-irische

Unschuld zur peinlichen Ahnungslosigkeit. In einer anderen Erzählung, *Sunday Afternoon,* hadert während des Kriegs ein junges Mädchen aus der anglo-irischen Gesellschaft mit ihrem behüteten, hinterwäldlerischen Leben.

Elizabeth Bowen bringt ihr Gefühl für Irland in der Geschichte *The Happy Autumn Fields* am besten auf einen Nenner. Die Geschichte stammt von 1944, also aus der Zeit, als sie mitten im Krieg *Bowen's Court* schrieb – und ihr Haus in London bombardiert wurde. In *Bowen's Court* zitiert sie die gleichen viktorianischen Tagebucheintragungen, die sie zu *Happy Autumn Fields* inspirierten. Eine weltgewandte Frau findet während des Kriegs in London einen Packen Briefe und Urkunden über eine anglo-irische Familie im neunzehnten Jahrhundert. Der Schauplatz ist nicht festgelegt, könnte aber die Grafschaft Cork sein.[16] Gefangen in der modernen Gewaltsszenerie des Kriegs, versetzt die Frau sich in die viktorianische Jugend von Henrietta und Sarah – und in das Haus, das ihnen offenbar enorme Sicherheit verlieh.

Diese Rückblende aus einer wenig heimeligen Perspektive zu einem Bild der Beschaulichkeit ist ein typisches Beispiel dafür, wie Elizabeth Bowen irisches Material einsetzt. Ihr Heimweh nach dem Leben im Herrenhaus vor dem Abkommen von 1921 – das die Trennung des restlichen Irlands von Großbritannien bedeutete, während sechs Grafschaften im Norden bei England blieben – ist auch Heimweh nach ihrer eigenen Jugend. Als sie 1964 *Bowen's Court* für die zweite Auflage überarbeitete, ließ sie die einleitende Beschreibung des Hauses stehen, obwohl es nicht mehr existierte. »Lebendigkeit ist zeitlich unbegrenzt«, schließt sie. Wobei sie nicht nur an ihre eigene vergangene Jugend denkt, sondern an die Lebensform einer Klasse, die Ende des achtzehnten Jahrhunderts das Land regierte, danach an Bedeutung und Macht verlor und um 1920 nur noch eine isolierte Minderheit war. Dieser Untergang führte zu endlosen wehmütigen Klagen seitens der Anglo-Iren, zum Beispiel im *Journal of the Butler Society*, in dem Herbert Butler den Verrat der Anglo-Iren an den eigenen Traditionen beklagt:

»Ich bedauere, daß so wenige anglo-irische Emigranten sich dafür interessieren, was im Land ihrer Väter geschieht … Jedes Jahr wird der Einfluß der Anglo-Iren auf das hiesige Geschehen geringer.«[17]

Elizabeth Bowen hütete sich davor, in diesen Kanon einzustimmen: »Ich habe seinerzeit mehr als genug davon gehört.«[18] Deshalb sollte man nicht nur Wehmut aus ihren irischen Texten herauslesen – kühl und satirisch rümpft sie über diese untergehende Klasse und Gesellschaft die Nase. Die Beziehungen zwischen britischen Soldaten und dem anglo-irischen Adel in der Grafschaft Cork während der »Unruhen«, die sie liebevoll in *Bowen's Court* als »verwegen und sentimental« beschreibt, porträtiert sie in *Der letzte September* zwar auch mit nostalgischem, aber doch scharfem Blick. Mit einer verschwommenen, verzauberten Aura umgibt sie im Roman das Werben zwischen Lois und Gerald; doch ebenso witzig wie klug werden gesellschaftliche Verhaltensmuster dargestellt, die an die Beziehungen zwischen Offizieren und ansässiger Bourgeoisie in *Stolz und Vorurteil* von Jane Austen erinnern. *Bowen's Court* ist kein sentimentaler Rückblick, sondern eine sachliche Darstellung irischer Politik aus beschränkter anglo-irischer Sicht. Einige ihrer Vorfahren werden vielleicht ein wenig romantisiert, aber bestimmte anglo-irische Verhaltensmuster finden bei Elizabeth Bowen kein Pardon, da wird nichts schöngeredet.

Die beiden Bücher über Bowen's Court zeigen eine Art Doppelsichtigkeit – wie sie ein anglo-irischer Schriftsteller, historisch und vom Temperament her, haben mußte. *Bowen's Court* beschreibt Eigenarten, Versagen und Leistungen einer einzelnen anglo-irischen Familie vor dem Hintergrund der Geschichte. Das Buch beginnt mit der Besiedlung der irischen Insel unter Cromwell und endet 1914. Mit der Geschichte der Bowens wird die allgemeine Geschichte Irlands verwoben. Ein besonderer Schwerpunkt liegt auf dem späten achtzehnten Jahrhundert, als die Vorherrschaft der Protestanten ihren Höhepunkt erlangt hatte. Die viktorianische Ära auf Bowen's Court wird besonders liebevoll dargestellt, doch Elizabeth Bowen gelingt es, ein unparteiisches, sympathisches, aber kritisches Bild ihrer für eine ganze gesellschaftliche Klasse charakteristischen Familie zu zeichnen. Der Roman *Der letzte September*, der dem autobiographischen Text vorausgeht, beleuchtet die Erinnerungen ironisch. Im Roman sind Klasse und Tradition, die sie in *Bowen's Court* so behutsam beschreibt, inzwischen für Irland wirkungslos und überflüssig. Die Schriftstellerin führt uns die Absurdität,

Isolation und den Mangel an aktivem Einfluß dieser Klasse vor Augen – dazu deren hilflose, widersprüchliche Loyalitäten. Die einstige Größe ist zum Snobismus verkommen, Fanatismus zur Exzentrizität geschrumpft. Zusammengenommen zeigen die beiden Bücher die Schwierigkeiten anglo-irischer Autoren, objektiv und frei von Bedauern die Geschichte ihrer Familien zu schreiben. Rückschau, »Wehmut« müssen immer durch ironische Distanz ausbalanciert werden.

Diese Stimmungsmischung aus Bedauern und Parodie ist typisch anglo-irisch. Aber auch andere Eigenschaften in Elizabeth Bowens Werk stellen sie, trotz ihrer englischen Thematik und Affinität, in diese Tradition. In *Pictures and Conversations* findet man den Entwurf einer Autobiographie – Bowen über Bowen –, die sie folgendermaßen beginnen würde: »Herkunft. Meine eigene: Anglo-Irland und seine Eigenarten. Das Einsickern – glaube ich? – wenigstens einiger dieser Eigenarten in meine Bücher. Wie auch die Memoiren Jonah Barringtons, die Romane von Le Fanu und Maria Edgeworth und anderer beweisen.«[19] Diese Anerkennung der Einflüsse weist nicht nur einzelnen Werken Wichtigkeit zu, wie Sheridan Le Fanus *Onkel Silas*. Die Bemerkung »und andere« zeigt, wieviel sie der literarischen Atmosphäre diverser Schriftsteller verdankt. »Und andere« mag sich, wenn man die Hinweise in *Bowen's Court, The Shelbourne* und anderswo deutet, auf die Romane von Charles Lever und Lady Morgan (*Wild Irish Girl*) beziehen, auf George Moore (bei *The Shelbourne* besonders sein *Ein Drama in Musselin*) und auf

Somerville & Ross. Zusätzlich zu Barringtons *Personal Sketches of His Own Time* beschäftigte sie sich mit vielen anderen anglo-irischen Verfassern von Memoiren und Essays: Aubrey de Vere (Dichter – Gutsbesitzer, konvertierter Katholik[20]); J. D. Herbert, Autor von *Irish Varieties* (1836) – nostalgische Erinnerungen eines Gentlemans nach der Union; Dorothea Herbert, deren *Retrospections* aus dem achtzehnten Jahrhundert ein lebhaftes Bild anglo-irischen Gesellschaftslebens aus der Sicht eines jungen Mädchens zeichnen. Dazu mehrere Werke von lokaler Bedeutung wie Maurice Healys *The Old Munster Circuit* (1939) – ein anschaulicher Bericht über die Juristerei zur Zeit von Bowen's Court. Sie war auch an Berichten aus britischer Sicht interessiert, wie Arthur Youngs *A Tour in Ireland* (1780) und Trollopes irischen Romanen.

Aber inwieweit benutzte sie die anglo-irischen Werke nur als Hintergrundstudien? Und in welchem Maße teilte sie deren typische Eigenschaften? Man *muß* Elizabeth Bowen nicht als anglo-irische Schriftstellerin lesen, man kann sie genausogut neben E. M. Forster und Virginia Woolf oder in die Nähe ihrer englischen Zeitgenossen einordnen – L. P. Hartley, Henry Green, Rosamond Lehmann. Einige ihrer besten Romane, *To the North, The House in Paris* und *The Death of the Heart*, handeln nicht – oder nur sehr am Rande – von Irland. Bowen zählte genauso zur Londoner Literaturszene wie zum protestantischen Adel der Grafschaft Cork. Und der Begriff »anglo-irisch« ist, angewandt auf die Literatur, ein zweifelhaftes Etikett. George Dangerfield weist auf das Definitionsproblem hin:

»Yeats und die Erneuerer der irischen Literatur eroberten ihren Platz in der Welt, indem sie eine Literatur von großer Bedeutung, Einfühlsamkeit und Schönheit schufen: Sie beantworteten aber nicht gänzlich die Frage ›Was ist anglo-irisch?‹ Vielleicht die Sprache in Douglas Hydes *Beside the Fire* oder Lady Gregorys ›Kiltartan‹ – die Sprache der einheimischen Iren, in der englisches Vokabular mit gälischer Syntax verbunden ist. Oder es ist die Literatur, die Professor Daniel Corkery in seinem bedeutenden Buch *Synge and Anglo-Irish Literature* (Cork 1955) von seiner herben Kritik ausnimmt – Literatur in der englischen Sprache, verfaßt von Schriftstellern, die in Irland für das irische Volk schrieben. Zu jenen würde auch der Dichter des Jungen Irland, Thomas Davis, zählen: Yeats kann man nicht völlig dazurechnen.«[21]

J. C. Beckett schreibt in *The Anglo-Irish Tradition*, daß dieser Begriff nur benutzt würde, um alle in Irland gebürtigen, englisch schreibenden Schriftsteller »in einen Topf zu werfen«, »was nicht nützlich und eher irreführend sei«.[22] Seiner Ansicht nach sollte man zwischen Büchern mit irischer Thematik und solchen mit eindeutig anglo-irischer Haltung unterscheiden. Diese zweite Gruppe umfaßt so unterschiedliche Schriftsteller wie Burke, Swift, Berkeley, Goldsmith und Sheridan, die alle »unverkennbar und typisch anglo-irisch« sind und auf einer Tradition von »Swift bis Bernard Shaw« gründen.[23] Hier ordnet sich Elizabeth Bowen in ihrer Selbstbeschreibung ein.

Teils zählt sie auch deshalb zu den »typischen anglo-irischen Schriftstellern«, weil sie ein »Absentee« ist – eine abwesende Gutsbesitzerin. *Bowen's Court* ist fern von Cork entstanden; *Der letzte September* ist mit großem Abstand von jener jungen Elizabeth Bowen geschrieben, die sich während der »Unruhen« in einen britischen Offizier verliebte. J. C. Beckett weist darauf hin, daß hauptsächlich Anglo-Iren irisches Leben literarisch darstellen, dies aber häufig als »Zuschauer und nicht als Teilnehmer«. Selbst die oben erwähnten »Literary Revivalists« – die Erneuerer – bilden nur »einen kleinen, nicht repräsentativen Teil der gesamtirischen Erfahrung«.[24] Die anglo-irischen Schriftsteller hatten durchaus ihre Schwierigkeiten, die Kluft zwischen sich und dem irischen Volk zu überbrücken. Wie schwankend ihre Position war, spiegelt sich in ihrer Leserschaft. Für wen schrieben Anglo-Iren? Vorrangig nicht für die einheimischen Iren, sondern für ihre eigene Klasse (die in vielen Fällen »ihre eigene Geschichte vergessen hatte«)[25], und für die Engländer, die im achtzehnten und neunzehnten Jahrhundert Irland mit Amerika in einen Topf warfen – so Arthur Young:

»Wenn man Gesprächen unter Engländern über Irland Glauben schenken würde, so könnte man vermuten, daß die eine Hälfte moorbedeckt sei und die andere gebirgig und voll von Iren, die angesichts eines zivilisierten Wesens die Flucht ergriffen.«[26]

In *Bowen's Court* weist Elizabeth Bowen darauf hin, daß auch Arthur Young gelegentlich »dreist« oder unrealistisch in bezug auf Irland ist. Englische Beobachter konnten nicht umhin, festzustellen, daß die Iren den fatalen Hang hatten, ihrem Image, das die Engländer aufgrund ihrer Ignoranz, Schuldgefühle, Angst und europäisch beeinflußten kulturellen Standards hegten, noch eins draufzusetzen. Der Effekt wird in *Bowen's Court* beschrieben (wenn sie die englische Politik der Vor-Unionszeit beschreibt, die gern Anglo-Iren und Iren voneinander unterschied).

»Es war schwierig für England, die gebürtigen Iren nicht als Fremde von einem anderen Stern anzusehen, schlimmer noch, als Untermenschen – Kartoffelesser, die den Zeh des Papsts verehrten. Das Elend des irischen Daseins entsprach der irischen Mentalität: ihre Bedingungen zu verbessern konnte man ins Reich der Fabel verbannen. Um das englische Gewissen zu entlasten, schuf man den humorigen ›Paddy‹ – abgebildet als Kapriolen schlagender Menschenaffe in Cruikshanks Illustrationen zu *Maxwells Irish Rebellion in 1798*. Gleichzeitig finden nüchterner gesinnte Anglo-Iren entsprechend angenehmere Kunstfiguren in den Romanen Charles Levers. Diese Propaganda wirkte vermutlich dann am stärksten, als man sich ihrer noch nicht bewußt war. Beide Klassen in Irland sahen sich in diesem Zerrspiegel: der Adel wurde eleganter, die Unterschicht komischer. Wir sind oder werden auf jeden Fall die würdeloseste Rasse auf Erden – solange es Publikum gibt, müssen wir es bedienen.«[27]

Beide, Iren und Anglo-Iren, neigen demnach dazu, die Vorurteile der Engländer auszureizen. Im obigen Text illustriert Elizabeth Bowen die unglückselige Beziehung zwischen zwei Nationen. Sie nennt sie »eine Mischung aus Angeberei und Mißtrauen, fast so schlimm wie Sex in der Öffentlichkeit«.[28] Diese Beziehung schreit geradezu nach komischer Betrachtungsweise. Eine der charakteristischsten anglo-irischen Seiten der Bowen ist ihr Humor. So erinnert das Komödiantische in *Der letzte September* an die Satiren von Somerville & Ross, an deren Sir Harold Burgrave (»Ihr Iren seid alle Diebe«) in *The Big House of Inver* oder Miss Evelyn Hope-Drummond in *Die wahre Charlotte*. Anglo-irischer Humor grenzt immer ans Groteske. Der irische Hang zur Aufschneiderei übertreibt die Exzentrizität des isolierten Herrenhausdaseins. Romane über Romane ergehen sich in humorigen Darstellungen des verschrobenen Gutsherren, der seinen Hirngespinsten oder seiner Flasche nachhängt (Lord Dysart, zum Beispiel, in *Die wahre Charlotte*); oder in dramatischen Legenden von heroischen Großtaten längst verstorbener Vorfahren (wie das Duell am Strand zu Beginn von *The Big House of Inver*); oder in traurigen Geschichten von verrücktgewordenen, einsamen alten Frauen, die in ruinösen Häusern ihr Leben fristen. Die Vorliebe der anglo-irischen Schriftsteller für makabre, groteske Figuren – wie Maria Edgeworth mit *Castle Rackrent* – kam dem Genre der Schauerromane entgegen, ebenso wie das Werk von Sheridan Le Fanu. *Onkel Silas* ist finster und nebulös, hat aber auch Züge einer bizarren, groben Komödie (so die Figuren Mme de la Rougierre und Cousine Milly). Das Anglo-Irische mischt sich auch gern mit Komik und Gewalt, wie es in Jonah Barringtons Memoiren deutlich wird. Sie strotzen vor haarsträubenden Anekdoten – frühen Beispielen von »irischem Witz« – wie über einen durchgedrehten Loyalisten, der seine Frau im Bett erwürgt und schreit: »Du infernalische Papisten-Rebellin! Du Unions-Irin!«, oder über »einen Mann, der sich selbst versehentlich enthauptete ... ein typisch irischer Fehlgriff«.[29] Barringtons Memoiren zeigen, wie reichhaltig das Material war, das einem anglo-irischen Schriftsteller zur Verfügung stand. Auch wenn J. C. Beckett bedauert, daß die Überbetonung des »Bizarren und Exzentrischen« anglo-irisches Leben in ein falsches Licht gesetzt habe und auch Maria Edgeworths Romane dem nicht entgangen seien, weil »Absurdes oder Groteskes immer eher im Gedächtnis bleibe als Wohlbekanntes«.[30] Die Versuchungen, denen der anglo-irische Schriftsteller ausgesetzt ist, sind also eindeutig. Solange die Leser lieber glaubten, Irland sei eher komisch als bedrohlich, war es kein Wunder, daß anglo-irische Schriftsteller zum Sensationellen oder Grotesken tendierten. Dorothea Herberts *Retrospections* zeigen, worauf sie zurückgreifen konnten:

»Er (Edward Eyre, ein Cousin der Herberts, Erbe eines enormen Anwesens) gab Geld aus und schacherte mit Wucherern zum Klang von hunderttausend Pfund, die ihn sein ganzes Leben vor Gericht und in Armut hielten – Er hatte eine gläserne Kutsche ... Er saß von Kopf bis Fuß in einem Anzug munterster Farbe aus Seide oder Satin, mit persischem Muster in anderer Farbe gefüttert – Er trug Satinschuhe ... Sein Haar war wie bei einer Frau frisiert ... Manchmal trug er einen Muff, manchmal einen Fächer, und immer bis zu den Augen in tiefstem Karmin – Sein Benehmen und Handeln waren so gewagt wie sein Gewand … Wir waren alle vernarrt in ihn … Er lebte in romantischster Zurückgezogenheit mit … zwei sehr großen gefleckten Spaniels der Leopardensorte, die er Miss Dapper und Miss Kitsy nannte und an Tochter Statt und als Miterbinnen adoptiert hatte … Tee und Kaltwasser waren seine einzigen Getränke und Konfekt oder Saures jeder Art seine ständige Nahrung.«[31]

Aus dieser Tradition erbt Elizabeth Bowen ihren Hang zum Extremen und Grotesken. Aber auch ihre Absage an diese Komik folgt einem Muster: daß ein anglo-irischer Schriftsteller Irland verlassen mußte, um über sein Land zu schreiben, war nichts Neues. Die Ortsveränderung hinterließ immer Spuren. In vielen irischen Geschichten der Bowen tauchen sie auf, die unglücklichen Besucher – englisch geworden und in eine Umgebung zurückgekehrt, die sie inzwischen zwar objektivieren können, aber um den Preis der Entwurzelung, des Fremdseins in beiden Welten.

Trotz aller Objektivität gründet *Bowen's Court* auf einer politischen Haltung, die Elizabeth Bowen mit vielen der protestantischen Adligen teilte. Sie beklagt zum Beispiel die historische Tatsache der »Act of Union« – des Unionsgesetzes –, das ihrer Ansicht nach »ein schlechter Handel war … gegen den ausdrücklichen Wunsch des Landes … erzwungen von einem nicht repräsentativen Parlament«. Sie kritisiert die schwache

Seite des anglo-irischen Temperaments, »einen fatalen Mangel sowohl an Begeisterung als auch Entschiedenheit«. Nur so wurden die Anglo-Iren laue Anhänger Henry Grattans, des Vorsitzenden der »Patriot Party« – der Partei der Patrioten –, der 1782 eine kurze Phase der Unabhängigkeit für Irland erwirkte. Und sie geht streng mit all jenen ins Gericht, deren politische Unterstützung erkauft oder durch sonstige Bestechung erreicht wurde (wobei sie nicht die Bowens meint). Sie befürwortet die, ihrer Ansicht nach, vernünftige Form des Unionismus im frühen zwanzigsten Jahrhundert –, bei der die »Interessen der Großgrundbesitzer« ausgespart wurden; diese Politik der Konservativen, fand sie, hatte ein »erwachsenes und stabilisiertes Irland« zum Ziel.[32] Auf Disraeli und Balfour hält sie große Stücke und empfindet das Konzept einer paternalistischen, schrittweisen Macht-»Übergabe« als angemessen, bei der England die Rolle des »erfahrenen, wohlwollenden Beraters« spielen sollte. Ganz in der Tradition Edmund Burkes liegen ihre Sympathien in der Irlandpolitik bei jenen Konservativen, die einen aufgeklärten Imperialismus vertraten. Gladstones Politik des »Disestablishment« und der »Home Rule« lehnt sie ab. Vor allem folgt sie der typischen anglo-irischen Linie, wenn sie die politische und gesellschaftliche Blütezeit des späten achtzehnten Jahrhunderts wieder heraufbeschwört, die Zeit des Grattan-Parlaments, der »Volunteers« und der Anfänge von Bowen's Court, das 1775 gebaut wurde. Auch in zahllosen anderen Erinnerungen wird der Untergang der feinen Dubliner Gesellschaft nach der Bildung der Union bedauert, das Verkommen der guten

Sitten, der Verlust der Ziele und der Macht. Man griff auf die »guten alten Zeiten« zurück, »als Dublin gedieh, lange bevor die Union geplant war, als Hochadel und Landadel auf ihren Gütern im Land ihrer Geburt lebten und der Wohlstand dieses Landes ihnen Ruhm und Stolz bedeutete«.[33]

Das Klagelied, das Männer wie Barrington und Herbert nach der Union anstimmten, paarte sich mit großem Lokalstolz und eindeutigen Vorstellungen über die wahre Lebensqualität. Obwohl Elizabeth Bowen die anglo-irische Selbstbeweihräucherung und Selbsttäuschung scharf verurteilt, vertritt auch sie manche dieser Vorstellungen. Dennoch ist *Bowen's Court* in erster Linie ein erfreulich lokales Buch. Die allgemeineren historischen Passagen basieren auf Ereignissen in Munster, und die darin beschriebenen Großgrundbesitzer zählen zu den wenigen Landadeligen des nordöstlichen Cork. Die historischen Schlüsselereignisse, wie die Besiedlung durch Cromwell oder die Jakobinischen Kriege, werden in ihren Auswirkungen auf die Gegend dargestellt. Loyalismus wird anhand der Kingston-Familie demonstriert, die in Michelston ein Schloß für König George IV. baute – der nie kam. Die »Herrschaft der Hirngespinste«, in die sich der Adel im neunzehnten Jahrhundert verstieg, gipfelt in »Big George« Kingston, der Amok lief, als seine Pächter gegen seinen Kandidaten stimmten. Die »Unruhen« werden am Beispiel der Orte Fermoy, Mallow und Michelstown geschildert, in deren Umgebung Häuser und Kasernen zerstört wurden. Die antijakobinischen Tendenzen des protestantischen Adels um 1740 zeigen sich im Minutenbuch der »Moyallow

Loyal Protestant Society«. Die Größe Irlands im achtzehnten Jahrhundert verdeutlicht die Schriftstellerin an der lebhaften Schilderung des Kurortes Mallow – des »irischen Bath«. Elizabeth Bowen berichtet in ihrer Schilderung des Untergangs nach der Union, wie der Landadel Mallow den Rücken zukehrt und lieber ins englische Kurbad Bath reist.

Der eindeutige Ortsbezug ist verbunden mit einer ebenso traditionellen Wertschätzung der Beziehungen zwischen Großgrundbesitzer und Pächter (die ihren grotesken Ausdruck im Wahnsinn des »Big George« finden). Eine der interessantesten Passagen in *Bowen's Court* ist ein humoriger Vergleich englischer und irischer Großgrundbesitzer.

»Der englische und der irische Landedelmann nehmen sehr unterschiedliche Plätze ein: der erste kommt von außen, und der zweite ist ein Einheimischer... Der englische Landedelmann kann, oder konnte bis vor kurzem, sich mit dem Pfarrer zusammentun und die niederen Klassen zu gesunder Aktivität zwingen; sein übertriebenes Gewissen sagt ihm, er sei, wo er ist, um den Armen beizubringen, was was ist... Der irische Landedelmann mischt sich, teils aus Faulheit, aber auch weil er ein anderes Feingefühl besitzt, nicht ins Leben der ihn Umgebenden- und ihm Untergebenen ein... Die meisten von ihnen sind Katholiken, und er ist meistenfalls protestantisch, die Barriere des anderen Glaubens hält sie von ihm fern... Zwischen den Klassen herrscht, zumindest in Irland, eine wohlerzogene, leicht zynische Toleranz, die darauf beruht, daß diese Klassen sich gegenseitig in Frieden lassen. In vielen Fällen gibt es auch eine lebendige, schlichte und spontane Zuneigung zwischen den begüterten Familien und der irischen Bevölkerung in der Umgebung – was angeblich seine Wurzeln darin hat, daß man seine Kinder zum Stillen zu den einfachen Leuten gab, was bis vor kurzem gang und gäbe war. In Krisenzeiten verbündet man sich immer; gegen Außenseiter, bei finanziellen Schwierigkeiten gegen die Obrigkeit.«[34]

Sie fährt fort und vergleicht diesen Zustand mit dem vorrevolutionären Rußland, was auch die Tschechowsche Atmosphäre in *Der letzte September* erklärt. Sie sieht eindeutig nichts Schlechtes am Großgrundbesitz an sich, berichtet in *Bowen's Court* von den guten Beziehungen zwischen den Bowens und den »Landleuten«: »Immer wenn ich in England bin, fällt mir das auf, und ich fühle mich einsam.«[35] Zwischen dieser Bemerkung und Jonah Barringtons Beschreibung des großväterlichen Hauses in Cullenaghmore, wo er eine »glückliche auf Gegenseitigkeit beruhende Beziehung« zwischen Großgrundbesitzer und Pächter vorfand,[36] ist wenig Unterschied. Der Glaube an eine besondere Beziehung, die man am besten »in Ruhe läßt«, ist ein häufiges Thema in der anglo-irischen Literatur. Manchmal nimmt es eigentümliche selbstverliebte Formen an:

»Seine Pächter verehrten ihn, und nie heiratete eine Tochter, ohne daß man um seine Einwilligung bat, die er immer gab, und dem Mädchen ein Hochzeitskleid obendrein. Er war ein Kauz ... Einmal, als er in einem

Anfall von Mißmut einen Arbeiter grob anfuhr, stellte ihn ein auf die Form bedachter Verwandter zur Rede. ›Du redest mit ihnen wie mit Hunden!‹ Seine Antwort lautete: ›Und glaubst du nicht, daß sie sich von mir lieber wie Hunde behandeln lassen als von dir wie feine Herren?‹«[37]

Elizabeth Bowens Vorstellungen über das Großgrundbesitzertum sind jenen Aubrey de Veres im obigen Zitat nicht so fremd.

Ihre konservative Haltung sollte man nicht als Versnobtheit abtun. In *Seven Winters* beschreibt sie geistreich, wie verwirrt sie als Kind war vom »Naserümpfen meiner Mutter über reiche Leute und von der beharrlichen Wertschätzung des Geldes seitens meiner Gouvernanten«; sie beschreibt ihren jugendlichen Chauvinismus und ihren Widerwillen, wenn der Katholizismus zur Sprache kam:

»Der Unterschied zwischen den beiden Religionen schien seine heikle, unangenehme Aura mit jenen zwei anderen Unterschieden zu teilen – dem der Geschlechter und der Klasse. So schnell keimt in einem Kindergemüt die Prüderie und wächst heran, daß ich mich an eine fast sexuelle Schüchternheit angesichts römisch-katholischer Themen erinnern kann.«[38]

In ihrem Essay über ihre Schule, *The Mulberry Tree*, und in ihrer späteren autobiographischen Skizze *Pictures and Conversations* beschreibt sie, wie die frühe anglo-irische Sensibilität für »Oben« und »Nicht-

Oben« in ihrer englischen Mädchenschule von einer zwanghaften Beschäftigung mit Verhaltensregeln und gesellschaftlichen Status verdrängt wurde. Dieses komplizierte Klassenbewußtsein sollte man nicht herunterspielen. Aber sie besitzt ein sicheres Gespür für Vulgäres, bewundert die klassische Redlichkeit und hegt (in ihrer Besprechung der Memoiren Lord Dunsanys 1937) heimliche Sympathien für das, was sie »adlige« Kunst nennt, die den bourgeoisen »Mangel an Beiwerk« umgeht.[39] Die Abneigung der Bowen gegenüber Neureichen, deren geschmacklos überladene Villen und Pseudo-Tudor-Architektur (»Waikiki« in *The Death of the Heart* oder Robert Kelways Elternhaus in *The Heat of the Day*), wirkt auf englische Leser heute geradezu böswillig, wird jedoch verständlicher, wenn man sie mit Maria Edgeworths Beschreibung in *The Absentee* vergleicht, wo die hochgestochene Ehefrau eines Kolonialwarenhändlers ein Herrenhaus kauft und mit gräßlichem gotisch angehauchtem Schnickschnack füllt – »ein bißchen hier, ein bißchen da«.[40]

Ob man Elizabeth Bowen versnobt nennen will oder nicht, auf jeden Fall paßt sie ins konservative Muster. Ihr Glaube an den moralischen Effekt von Grundbesitz, an wohlwollenden Imperialismus, Tradition und Privatbesitz weisen auf den geistigen Einfluß eines Edmund Burke. In *The Anglo-Irish Tradition* erklärt J. C. Beckett den Einfluß Burkes auf die orthodox imperialistische Einstellung der Anglo-Iren des neunzehnten Jahrhunderts. Aber was die Bowen geerbt hat, ist weniger eine politische Haltung als eine Einstellung zur gesellschaftlichen Position des Individuums:

»Das Streben nach Bereicherung ist immer eine auf lange Sicht angelegte Leidenschaft. Begrenzt man den menschlichen Besitz auf kurze Dauer, zerstört man jene löbliche Habsucht, die jeder weise Staat als vorderste Prinzipien seiner Größe hegt. Wer Menschen nur temporären Besitz erlaubt und zur Maxime macht, daß sie nie etwas anderes haben können, treibt sie unweigerlich temporären Freuden in die Arme; und diese Freuden sind nie die Vergnügen der Arbeit und des freischaffenden Fleißes, denn der läßt sie in der Gegenwart darben und alles in die Zukunft investieren; sie sind vielmehr die eines gedankenlosen, eitlen und zerstreuten Lebens.«[41]

»Für diese Leute – meine Familie und deren Umgebung – gründete die Idee der Macht zumeist auf Eigentum (Eigentum, das allerdings durch Gebrauch oder Mißbrauch von Macht erworben wurde). Man kann sagen, daß, solange das Eigentum existierte, die Machtgier wie ein Schwert einigermaßen sicher in seiner Scheide blieb. Zumindest gab der Besitz meinen Leuten die Mittel, Macht auf direktem, konkretem und deshalb begrenztem Wege auszuüben ... Ohne Besitz zur Maxime machen zu wollen – was unnötig ist, denn er wird wohl kaum abgeschafft –, gebe ich zu bedenken, daß Machtliebe gefährlicher ist, wenn sie wahl- oder zwangsweise aus einem materiellen Nichts handelt. Von den Besitzlosen haben wir alles zu fürchten.«[42]

Der Ton ist modern. Er besitzt die gleiche unaufdringliche Mehrdeutigkeit von E. M. Forsters *What I Believe* und riskiert nicht Burkes Dogmatismus. Aber die Argumentation ist verblüffend ähnlich. Elizabeth Bowen erbt aus dem anglo-irischen Ideal des achtzehnten Jahrhunderts einen säkularisierten, vernunftbetonten Konservativismus, der davon ausgeht, daß Eigentum moralisch heilsam und anständiges Sozialverhalten der Ausdruck einer großen Idee sei. In *The Shelbourne* und in *Bowen's Court* wird ein deutlicher Schwerpunkt auf die Beziehung zwischen Architektur und Verhalten gelegt. Martin Burkes »Weitsicht« in den zwanziger Jahren des achtzehnten Jahrhunderts, als er zwischen eine Reihe Dubliner Häuser ein größeres Gebäude plazierte, wird nicht des eindrucksvollen Gebäudes wegen bewundert, sondern auch wegen der repräsentativen »Idee gesellschaftlichen Lebens«. Das Shelbourne Hotel war ein Monument des gesellschaftlichen Standards im Dublin nach der Union; es behielt eine bewundernswerte »Nonchalance«, »wahrte tapfer die Form« bis in die Zeit der »Unruhen«. Wenn Bowen den Osternachmittagstee in der Lounge während der Aufstände beschreibt, als St. Stephens Green unter Beschuß stand, liefert sie ein Beispiel für ihre Überzeugung, daß »Verhalten ... die Moral aufbaut«.[43]

Wenn sie sich in *The Shelbourne* übertrieben bemüht, ein Hotel aus dem neunzehnten Jahrhundert zum Symbol zu machen, so überzeugt dagegen die Darstellung des Herrenhauses in *Bowen's Court* als Ort, der »auf einen gewissen Lebensstil schließen läßt«.[44] Es ist schon häufig betont worden, daß das irische Herrenhaus Symbolwert habe[45] und eine Machtidee verkörpere, die seit deren Untergang im zwanzigsten Jahrhundert geradezu ironisch wirke. Aber die Bowen legt genausoviel Wert auf Stil wie auf Macht. Sie vertritt die These, daß die Erbauer der Herrenhäuser des achtzehnten Jahrhunderts ihren Machttrieb unter ein Stilkonzept *subsumierten*, das diesen zügelte, in Schranken hielt und dabei die Bewohner zu besserem Verhalten aufforderte. Sie beharrt deshalb auf der sich selbst bestätigenden, egozentrierten Existenz des Herrenhauses als einer Form des Egoismus, gleichzusetzen mit einem literarischen Kunstgriff: »Wie Flauberts ideales Buch über das Nichts erhält es sich durch die innere Kraft seines Stils.«[46]

Elizabeth Bowen mißt dem Herrenhaus bewußt keine übertriebene Bedeutung bei. Aber sie beschreibt Bowen's Court als »ein Haus von 1775, das kühn Licht hereinläßt und auf triumphierende Weise ernst ist«.[47] Auch in einem Essay von 1940 mit dem Titel *The Big House* verfolgt sie diese moderaten Ziele. Denn schließlich ist das »Big House« in Irland nicht wirklich groß: »In England würde man sie Landhäuser nennen, mehr nicht ... Nannte man sie mit leichtem Unterton ›groß‹ – ein wenig geringschätzig, ironisch?« Die »Größe« macht sich weniger am Volumen als am Stil fest: diese Häuser waren für einen »großzügigen Lebensstil« gebaut:

»Eine gewisse Größe, etwas Unpersönliches, war schon vorhanden. Nach einer Ära der Habgier, Grobheit und Panik, nach einer Ära des Hausens in verkohlten oder verlassenen Ruinen (wie meine Vorfahren es wahrhaftig unter Cromwell taten) wollten jene neuen Siedler, die man Irland aufgezwungen hatte, etwas dem Dasein hinzufügen ... sie spürten die europäische Idee und setzten diese in die Tat um – suchten das Humanistische, Klassische und Disziplinierte.

Manchmal ist es gut, sich einer Idee zu verschreiben, auch wenn man ihr nicht gerecht werden kann.«[48]

Bowen's Court handelt vom Verlust dieser Idee. Es ist die Geschichte dessen, was mit einer Minderheit geschieht, wenn sie das Vertrauen verliert, das es ihr ermöglichte, so zu bauen wie im achtzehnten Jahrhundert. Es beschreibt ein »großes«, unpersönliches, ehrwürdiges Lebenskonzept – »tradionelle heilige Verpflichtung und Schönheit« –, das den Rückzug antritt. *Bowen's Court* steht also in engem Zusammenhang mit den Romanen der Bowen, die sich alle darum drehen, wie man in einer Welt lebt, in der Verwurzeltsein, Besitztümer, Dauer – die »Güter« Burkes – auf dem Spiel stehen; und in der die Idee vom anständigen Leben zum »kleinen, überschaubaren Privatleben« verkommen ist.[49]

Der »Zusammenbruch«, der für die Anglo-Iren um 1820 nach der Bildung der Union seinen Lauf nahm und sich in den neogotischen Verschnörkelungen des Gefühls, der Literatur und Architektur manifestierte, tut – so Bowen – immer noch seine Wirkung. »Der gesamte gesunde Entwurf« der Gesellschaft des achtzehnten Jahrhunderts ging verloren, und es verlangt harte Disziplin – sogar »Genie« –, um mit den Neurosen, der Zersplitterung fertig zu werden, die aus den Zwängen des »privaten Lebens« entstehen. Diese Idee (die sie besonders in ihrer irischen Erzählung *Summer*

Night äußert) führt zu einem harten Vergleich zwischen dem Daseinskonzept des Herrenhauses und der modernen Lebensqualität. Dieser Vergleich beherrscht *Bowen's Court*, und dabei kommt die konservative Haltung der Bowen am deutlichsten zum Ausdruck.

»Bildung ist nicht so wichtig, wie die Leute denken. Nichts, was er gelernt hatte, und sicherlich nichts, was er nicht gelernt hatte, beeinträchtigte Henrys Lebensbegabung, seinen angeborenen Sinn für Stil und seinen Hang zur Grandiosität ... Er lebte in einer spießbürgerlichen, versnobten, begrenzten und im großen und ganzen ziemlich uneleganten Gesellschaft. Aber er hatte es zu etwas gebracht und lebte bis zu seinem Tode inmitten seiner Kinderschar und in Achtung dessen, was wie eine bleibende Ordnung aussah. Und wohin brachten uns unsere edlen Gefühle, unser Kunstsinn, unsere Vertraulichkeit, unsere anregenden Gespräche, unser Wunsch, frei zu sein von Bindungen an Klasse und Geschlecht und Nationalität, unser Wunsch, allen gerecht zu werden? Ins Jahr 1939.«[50]

Das klingt gefährlich nach einer grob-romantischen Gegenüberstellung von edler Unschuld des achtzehnten Jahrhunderts und moderner Verweichlichung. Aber *Bowen's Court* verherrlicht die »grandiose Idee« anglo-irischer Aufgeklärtheit nicht naiv. Elizabeth Bowen ist sich zu sehr der schweren Erbschaft bewußt, die das Herrenhaus seinen Erben aufbürdet – der physischen und finanziellen Folgeeffekte der »grandiosen Idee« –, um diese uneingeschränkt positiv darzustellen. Sie hält die »Erbauer der ersten Generation« für Opfer eines absurden Fanatismus, der fixen Idee der Selbstverewigung und Eigenwerbung, die für die Nachkommen nur Ungutes bedeuten konnte. Von George Moore I erzählt sie, wie seine ursprünglich bescheidenen Baupläne zwangsläufig dem Größenwahn geopfert wurden, womit er seinen Nachkommen etwas zwischen einer *raison d'être* und einem Fluch aufhalste – eben ein irisches Gut.[51] Zu viele Mitglieder des protestantischen Landadels hatten Ende des siebzehnten Jahrhunderts und später das »Hirngespinst Versaille im Kopf«, das »ihre Konten schrumpfen ließ und ihr Privatleben aufs Spiel setzte«.[52]

Spricht sie über die Bowens allgemein (eine Familie, die sich – wie sie fand – mit der Zeit »eher besserte, während die Anglo-Iren insgesamt sich eher schlimmer aufführten«),[53] lobt sie die Disziplin, mit der sie diese »viel zu großartige Idee von sich« hochhielten. Aber genauer betrachtet weist die Geschichte der Bowens alle Probleme auf, die aus dem Größenwahn »der Erbauer« herrührten.

Die Bowens waren nicht nur aufgrund ihres »eher besseren« Verhaltens eine ungewöhnliche anglo-irische Familie, sondern auch weil sie ursprünglich aus Wales stammten – ap Owen wurde im sechzehnten Jahrhundert zu Bowen –, von der Halbinsel Gower. Sie waren also »hybride« Anglo-Iren, zollten England eher ihren Respekt, als daß sie treu ergeben waren, und an Irland band sie nur ihr Trachten nach Grund und Boden. Und Bowen's Court war eigentlich ungewöhnlich, weil es so abgelegen lag: Die Bowens waren also mehr auf sich gestellt als andere anglo-irische Familien. Sie zählten auch nicht zum wirklich wichtigen Landadel, wie sie in ihrem Bericht über die unheilsame Schacherei klarstellt, die zum Unionsgesetz führte: »Ich muß betonen, daß die Bowens solche Brocken verschmähten, aber ich fürchte, daß ihnen auch nichts dergleichen angeboten wurde: sie waren Landadlige aus einer entlegenen Gegend, spielten im öffentlichen Leben keine Rolle, lebten nicht auf großem Fuß, es lohnte sich, kurz gesagt, nicht, sie zu kaufen.« Dennoch fühlt sie sich veranlaßt, sie in mancher Hinsicht zu loben. Sie verließen Haus und Land nicht. Sie behandelten die »Landleute« gut, besonders während der großen Hungersnot, als die protestantischen Grundbesitzer mit dem Bann belegt wurden. Sie ließen sich zu Unionszeiten nicht »in die Flucht schlagen«. Es gibt wiederholt Berichte, daß einzelne Familienmitglieder ihre Rolle mit großem Elan in Angriff nahmen: Robert, ein jüngerer Sohn des »Erbauers«, der von seinem älteren Bruder die Verwaltung des Guts aufgebürdet bekam, wird wegen seines enormen Pflichtgefühls bewundert; Roberts Sohn Henry, der Bowen's Court mit zwanzig erbte – und eigentlich, so nimmt sie an, ein romantischer junger Mann war, der lieber in Paris gelebt und die Oper besucht hätte –, »widmete sich seinen Pflichten mit der Entschlossenheit und dem Starrsinn derer, die der Welt den Rücken zugekehrt haben«. Er wurde Friedensrichter, baute Straßen und hielt das Haus instand.[54]

Aber die Bowens legten durchaus auch die Schwächen ihrer Klasse an den Tag: den Hang zu fixen Ideen, den Drang zur Macht, die Neigung, »Tatsachen zu umgehen und sich in Phantasien zu ergehen.«[55] Diese Eigenschaften führten zu fatalen Rechtsstreitigkeiten, mangelndem Realitätssinn in finanziellen Angelegenheiten und gelegentlich auch zu harten Auseinandersetzungen zwischen Vätern und Söhnen. In der Geschichte der Bowens läßt sich ein Gerichtsprozeß verfolgen, der seine Wurzeln im siebzehnten Jahrhundert hat und bis 1843 immer wieder aufflammt. John, der zweite Bowen in Irland (Sohn des hitzköpfigen walisischen Colonels Bowen, dem Cromwell 1653 die Ländereien um Farahy übereignete), heiratete die Tochter eines reichen Cromwell-Anhängers namens John Nicholls, der auf Schloß Kilbolane etwa 26 Meilen von Farahy entfernt lebte. Nicholls hatte John Bowen finanziell im Griff, doch als Johns Frau starb, zog John von Kilbolane fort und hinterließ dem reichen Großvater seine drei Söhne. Der älteste, John Bowen II (E. Bowen behandelt die Familiengenerationen wie Dynastien), baute später ein Herrenhaus auf dem Grund und Boden von Kilbolane Castle. Als der alte John Nicholls starb, ging das Gerücht, er habe einen großen Schatz in verschiedenen Teilen des Schlosses versteckt; und sein Enkel, der Erbauer von Kilbolane House, zog wegen dieses Schatzes gegen einen verwandten Nicholls mehrfach vor Gericht. Das Jahr 1690 war für die Bowens der Beginn einer fatalen fixen Idee:

»Dieser Wahn bezüglich des Nicholls-Schatzes war der Ursprung des Wahns bezüglich Kilbolane. Er beherrschte die Bowens über Generationen, warf ihr Leben aus dem Gleis, ließ sie vor Gericht ziehen, was viel Geld kostete. Keiner weiß – es steht nirgends –, ob es den Schatz wirklich gab. Wir wissen nur, daß der gesamte Schatz – in der von den Bowens erträumten Größenordnung – nie gefunden wurde. Je länger er verborgen blieb, desto größer wuchs er in der Phantasie.«[56]

Nicht nur alle möglichen verborgenen Schätze geisterten den Bowens durch den Kopf. Die generelle Frage nach dem rechtmäßigen Eigentümer Kilbolanes beschäftigte Generationen; denn dort, und nicht in Farahy, »bauten die Bowens ihr erstes Haus und setzten in Irland ihren Grundstein«.[57] Selbst Elizabeth Bowen muß zugeben, daß sie den alten Wahn nachvollziehen konnte, als sie, während sie über Bowen's Court schrieb, Kilbolane einen Besuch abstattete; sie hätte gern an beiden Orten gleichzeitig gelebt. Diese Wehmut mag angenehm gewesen sein; gar nicht angenehm waren die wiederholten Prozesse der Bowens, jene Teile von Kilbolane Castle an sich zu bringen, die in den Besitz der ursprünglichen Bewohner – Nachbarn des John Bowen II von Haus Kilbolane – übergegangen oder im Besitz jener Familien waren, denen die Bowens selbst ihre Schloßanteile verkauft oder verpachtet hatten.

Dabei gab es für die Bowens, auch ohne die Kilbolane-Prozesse, reichlich Gemüts- und Finanzprobleme. Der Sohn des Erbauers von Haus Kilbolane, Henry Bowen II, brachte wie so viele anglo-irische Erben Geld in die Familie, indem er 1716 eine reiche Erbin namens Jane Cole heiratete (deren Nachname die Bowens von da an im Stammbaum führten). Beider Sohn, Henry Bowen III, »der Erbauer« von Bowen's Court, ging nun wieder wegen Schloß Kilbolane und seinem Schatz vor Gericht. Der Prozeß zog sich von 1759 bis 1764 und war in jeder Hinsicht ein großes Verlustgeschäft. Das Haus, das eigentlich im Geviert gebaut werden sollte, konnte aus Geldmangel nicht vollendet werden, und Henry selbst starb und hinterließ ein Chaos und einen Schuldenberg in Höhe von 40.000 Pfund. Überdies war er wohl ein ausgesprochen schlechter Vater, dessen Kinder sich zum Schlechten entwickelten. Dennoch rechnet Elizabeth Bowen diesem Vorfahren hoch an, daß er seine Ideale im Bau des Herrenhauses verwirklichte.

Der Sohn von Henry III, der griesgrämige, ausschweifende Henry Bowen IV – an dem die Familiengeschichte kaum ein gutes Haar läßt –, versuchte immerhin, die Familienfinanzen zu stabilisieren. Er verkaufte 1790 den Kilbolane-Besitz der Bowens (ein unglückseliger und widersprüchlicher Verkauf, der den Prozessen Tür und Tor öffnete) und gab Bowen's Court in die Obhut seines jüngeren pflichtbewußten Bruders Robert. Elizabeth Bowen bewundert Robert Cole Bowens ehrliche, hochherzige Haushaltsführung. Aber seine Witwe und seine Tochter entfachten den Kilbolane-Streit aufs neue und versuchten die Güter, von denen Henry IV sich getrennt hatte, wieder in ihren Besitz zu bringen. Sie verloren ihren Prozeß 1843. Obwohl dieses Fiasko mit der entsetzlichen Hungersnot zusammenfiel und deshalb zuerst von geringer Tragweite war, hatte es doch weitreichende Nachwirkungen. Der Enkel von Henry IV (Elizabeth Bowens späterer Großvater), in dessen Namen Mutter und Großmutter vor Gericht gegangen waren, mußte drakonische Maßnahmen ergreifen, um Bowen's Court zu unterhalten. Elizabeth Bowen beschreibt anschaulich – in einem der dichtesten Teile des Buchs – das viktorianische Leben auf Bowen's Court, das schwere, erdrückende Mobiliar, den endlosen Kindersegen, das eng miteinander verwobene, selbstgenügsame Leben der Mädchen (der Tanten, aus deren Tagebüchern sie lange eindrucksvolle Passagen zitiert) und die beklemmend durchorganisierte Führung der Domäne: »Dies war Privatleben, wie es im Buche stand.«[58]

Elizabeth Bowens furchteinflößender Großvater Robert war ein tragischer Despot und litt offenbar an einer Altersdemenz. Er hatte eine ausgesprochen schlechte Beziehung zu seinem ältesten Sohn Henry. Dieser hatte von seiner Bildungsreise auf den europäischen Kontinent das Pockenvirus nach Bowen's Court eingeschleppt. Seine Mutter, die ihn pflegte, starb daran. Der Vater verließ mit dem Rest der Kinder in panischer Angst das Haus. Henry beschloß, später Rechtsanwalt und kein Gutsherr zu werden, was zum unversöhnlichen Bruch zwischen Vater und Sohn führte. Robert fand sein Lebenswerk verraten. Henry dagegen pochte auf den »freien Willen, wider die Vorbestimmung«. Elizabeth Bowen vermutet, daß er sich im Grunde gegen einen Ort auflehnte, den nur – wie er fand – »Roberts Egoismus zusammenhielt«. Rachsüchtig, wie Robert war, versuchte er Henry zu strafen, indem er Wälder rodete, Teile der Domäne verkaufte und ihn in seinem Testament mit einem Almosen abspeiste (er konnte ihn nicht enterben, weil Bowen's Court immer an das älteste Kind ging). Doch im Grunde waren dies erbärmliche Formen der Selbstkasteiung:

»Der unaufhaltsame Untergang von Bowen's Court wurde mit Roberts Testament besiegelt: im Dunkel, in dem er inzwischen zunehmend hauste, ersann er die Zerstörung seines Lebenswerks. Heute tun mir seine kunstvollen, nun in den Angeln rostenden Zaungatter, seine grasüberwucherten Schotterstraßen, dachlosen Hofgebäude, rostigen Maschinen mit schlaffen Antriebsriemen, die einst den Hof mit ihrem Geratter belebten, weh – um seinetwillen. Ich stelle mir Giottos *Zorn* vor, die Figur, die sich das Herz aus der Brust reist.«[59]

Beides, der Kilbolane-Konflikt und die Familienfehden, waren für Elizabeth Bowen ein schweres Erbe. Sie hielt einen Standard hoch: wie Dublin im frühen neunzehnten Jahrhundert bewies sie ein typisch anglo-irisches Talent und wahrte »tapfer die Fassade.« Dafür gibt es viele Zeugen – Hubert Butler erinnert sich voll Zuneigung an die grenzenlose Gastfreundschaft in Bowen's Court (und London); nie habe Elizabeth ihn spüren lassen, in welchen Geldnöten sie steckte. Virginia Woolf beschrieb die Lage im Herrenhaus 1934 in einem Brief an Vanessa Bell sarkastischer (was allerdings auch ein Beweis für die Unfähigkeit der englischen Oberschicht ist, sich in die Lage der Anglo-Iren hineinzuversetzen):

»Von Architektur kann keine Rede sein: alle Dörfer sind häßlich; ganz aus Schiefer aus dem Jahr 1850: Elizabeths

Zuhause ist lediglich ein großer Kasten aus Stein, aber voll von italienischen Gesimsen und heruntergekommenem Mobiliar aus dem achtzehnten Jahrhundert und ganz zerlöcherten Teppichen – trotzdem wahrt sie beharrlich die morsche Form, macht sich zum Dinner fein und so weiter.«[60]

Der Verkauf des Hauses 1959 war wohl Elizabeth Bowens Versuch, der Realität ins Gesicht zu sehen. Aber auch sie fiel in gewisser Hinsicht einem Selbstbetrug zum Opfer, indem sie dem Käufer glaubte, er würde es nicht abreißen lassen.

Geschichte und Schicksal von Bowen's Court sind aus dreierlei Gründen interessant. Zum einen wegen der lebhaften Darstellung des Hauses in *Bowen's Court*. Wie eine Romanfigur wird das Haus dem Leser lieb und teuer: sein Ende ist traurig. Zum anderen finden der Untergang von Bowen's Court und der Verlust der »großen Idee« ihren Widerhall im übrigen Werk der Schriftstellerin, selbst wenn es nicht von Irland handelt. Und drittens gehört die Geschichte von Bowen's Court zur großen Tradition anglo-irischer Literatur. Elizabeth Bowen faßt das typische Schicksal des Herrenhauses und seiner Besitzer in ihrem Essay *The Big House* von 1940 zusammen:

»Viele dieser genialen Erbauer verstarben hochverschuldet und hinterließen ihren Familien die Bürde großer Herrenhäuser, die kaum einer sich leisten konnten. Der Untergang folgte auf dem Fuße. Ein bescheidenerer Lebensentwurf hätte letztendlich mehr Frieden mit sich gebracht: große Häuser, glorreich begonnen, konnten nur mit Mühen und Opfern unterhalten werden... Ehemänner und -frauen mühten sich gemeinsam, das Anwesen zu halten... ihre Kinder wurden menschenscheu, hochmütig, unwissend im Hinblick auf den Rest der Welt... Herrenhausbewohner waren Behinderte... durch ihren Stolz, ihren Unwillen über den Untergang und durch ihre Trennung von der Umgebung, in der ihr Kampf weitergeführt wurde. Mitleid hätte sie erstaunt. Ich bezweifle auch, daß sie jemals Selbstmitleid spürten: sie waren besessen und einigermaßen exaltiert. Sie hatten als Eroberer begonnen und wollten sich nicht von dieser Tradition trennen. Diese Herrenhausbewohner lassen nur einen Klassenunterschied zu: instinktiv ›klassifizieren‹ sie jeden, der seine Armut durchscheinen läßt.

Ein Plus für die Herrenhausbesitzer ist, daß sie ihre Mühsal so nonchalant überspielten und so lange etwas für wichtig hielten, was eigentlich kaum von Wert war... Heutzutage scheint man sich darüber einig zu sein, daß diese Opfer sinnlos waren. Das neue demokratische Irland spricht dem Herrenhaus nicht mehr seinen Rang ab, eher staunt es darüber. Warum sich abkämpfen und in einem zugigen Kasten wohnen, auf einer Domäne, der das Land abhanden gekommen ist, einer Domäne, auf der die Disteln nicht zu bändigen sind, weitab von Nachbarn, Golfplätzen, Tennisclubs, Kinos, Autobussen, Eisenbahnen, Läden?«

Die Antwort liegt natürlich immer noch in einer »Idee«:

»Leben in einem von Bäumen umgebenen Herrenhaus hat Charakter: dies macht wohl den Zauber aus. Die unfaßbaren Geister der Vergangenheit, der Toten, die hier lebten und innerhalb dieses Gemäuers der gleichen Routine folgten, fügen jeder Minute und Stunde etwas hinzu – eine besondere Ordnung, einen Daseinsgrund. Dies ist die Ordnung, die Lebensform, die Tradition, der die Herrenhausbewohner immer noch viel opfern.«[61]

Hier wird ein Bogen zu vielen anglo-irischen Romanen und Memoiren geschlagen, angefangen bei Maria Edgeworths exakten Beschreibungen von Gutsherren, die ihre Häuser verließen, oder Dorothea Herberts Erinnerungen an ihre Mutter, »die viele Jahre am Ende ihrer Weisheit war, als es hieß, die Bedürfnisse eines zerfallenden Hauses und einer wachsenden Familie zu stillen«[62], oder die Tagebücher der Lady Gregory (»Ich denke, das Land wäre ärmer ohne Coole«)[63], bis hin zu den zeitgenössischen Romanen, zum Beispiel von Jennifer Johnston, die in *The Gates* und *The Old Jest* den Untergang des Herrenhauses beschrieben hat.

Bowen's Court schildert eine gemäßigte, weniger sensationelle Version der Tradition. Wenn Maria Edgeworth in ihren Romanen die Von-der-Hand-in-den-Mund-Existenz auf Schloß Rackrent, Sir Condys liebenswerte Geldsorgen und die schändliche Abwesenheit der Clonbronys darstellt, zeigt sie, was aus den Bowens hätte werden können, wären sie zögerlicher, schicksalsergebener und weniger verantwortungsbewußt gewesen. Jedenfalls sieht Elizabeth Bowen durchaus Affinitäten zwischen ihren Vorfahren und den bunten Helden der Edgeworth, besonders »Henry IV und seine Frau, die Ehrenwerte Catherine Bowen«, die nächsten in der Erbfolge nach dem »Erbauer«, »deren Eleganz und Vorliebe fürs Kartenspiel« sprichwörtlich wurden. Die Ehe von Henry IV ging in die Brüche, und die in den Herrenhäusern so typische »Langeweile« ergriff ihn. (George Moore, der Sohn des Erbauers von Moore Hall und Großvater des gleichnamigen Autors, sagte über sein Haus: »So schön es ist und so sehr ich es liebe, konnte ich nicht immer die Langeweile von seiner Schwelle fernhalten.«[64]) Henry war ein schlechter Gutsherr, ein ruheloser, vergnügungssüchtiger Liederjan, der Bowen's Court 1816 mit »verschlossenem Herzen« verließ. Elizabeth Bowen sieht ihn und seine Frauen von allen ihren Vorfahren am meisten wie fiktive Stereotypen:

»Sie schienen mehr den modisch-moralischen Romanen einer Maria Edgeworth als der Bowenschen Vergangenheit entsprungen.« Auch »wie Henry V Dublin erlebte, erinnerte immer noch ein bißchen an Lord Colambre in Edgeworths *The Absentee* (1812), der positiv überrascht war, daß seine dummen abwesenden Eltern den jämmerlichen Zustand Dublins nach der Union übertrieben hatten.«[65]

Elizabeth Bowen bemüht sich jedoch in *Bowen's Court*, Klischees in jeder Form zu meiden, wenn sie zeigt, wie sich die Bowens von anderen Landadligen unterschieden. Die stereotypen Versatzstücke anglo-irischer Romane und Memoiren – die Jagd- und Trinkszenen, Rechtsstreitigkeiten, Verkäufe, ruinierten Domänen, exzentrischen Familienmitglieder, Geldehen, Ehen und außerehelichen Kinder zwischen Adel und Landbevölkerung, Agenten, die ihre Arbeitgeber betrügen und die Bauern unterdrücken oder die Macht im Haus an sich reißen, »Absenteeismus«, die Dubliner Gesellschaft und die Sehnsucht nach der Zeit vor der Union – kommen in der Familiengeschichte der Bowens nicht vor. Dafür jedoch in vielen anderen Romanen. Die Klischees und Übertreibungen anglo-irischer Lebensart, wie sie in den Romanen dargestellt wird, finden sich so häufig wieder, daß nicht alles Karikatur sein kann.

Wie sehr sich Geschichte und Fiktion in der anglo-irischen Literatur decken, wird deutlich, wenn man *Bowen's Court* mit dem Roman von Somerville & Ross *The Big House of Inver* (1925) vergleicht, den Edith Somerville nach dem Tod von Violet Martin (Martin Ross) geschrieben hat. Der Roman schildert eine tragischere Variante des anglo-irischen Untergangs, gleicht aber in mancher Hinsicht der Geschichte der Bowens. Im ersten Kapitel wird beschrieben, wie Mr. Robert Prendeville zur Regierungszeit von Queen Anne das Herrenhaus erbaut. Doch bald beginnt der Niedergang der Prendeville-Familie durch Isolation, »Verschwendung«, »Umgang mit Frauen aus der Landbevölkerung, Kämpfen, Trinkgelagen, Glücksspielen«. Das Buch erzählt eine rasantere, weit weniger ehrenhafte Geschichte als die der Bowens. Aber die Prozesse der Prendevilles um ihre Besitztümer, die fanatische Entschlossenheit der Bastardin Shibby Pindy, das heruntergekommene Haus für ihren Halbbruder wiederzubeleben, und der immer noch zu spürende Einfluß der ursprünglichen »großen Idee« haben einiges mit *Bowen's Court* gemein:

»Inver House verkörperte eine jener großen Gesten der Vernunft früher irischer Architekten, von denen manche immer noch Irlands Anspruch rechtfertigen, ein zivilisiertes Land zu sein.«[66]

Bowen's Court handelt ebenfalls vom Versuch, diesen zivilisatorischen Anspruch hochzuhalten. Und es hat den gleichen thematischen Schwerpunkt wie *The Big House of Inver*, nämlich den beängstigenden selbstzerstörerischen Effekt einer Obsession. Die wirkungsvollsten Teile des Romans handeln von Shibbys »großer Idee«, das Haus zurückzufordern. Das zentrale Thema von *Bowen's Court* ist die Erforschung des Motivs, das die Bowens an Haus und Hof band, lange nachdem die ursprüngliche Pracht unter der Last der finanziellen Bürde versunken war. Beide Bücher ziehen den eigentümlichen, spiritualisierenden Effekt des Ortes in Betracht. Elizabeth Bowen weiß viel zu sagen über die Unmöglichkeit, »in Irland vollständig solide oder materiell« zu sein: »Die Vernunft versöhnt einen nie mit dem Leben: nichts stillt die Bedürnisse, die sich nicht erklären lassen.«[67] In *The Big House of Inver* verkörpert erstaunlicherweise die rücksichtslose, pragmatische Shibby mit ihrer über allen Materialismus hinausgehenden Gier jenen geradezu mystischen Zustand.

The Big House of Inver handelt auch von den Folgen der Blutsbande zwischen den Ständen, zwischen dem alten Prendeville-Adel und den Bauersleuten. Invers

Untergang wird am deutlichsten von jenem Mädchen gesehen, das halb englisch und halb bäuerlich ist:

»Sie mußte am Herrenhaus vorbeigehen, das groß und geheimnisvoll, scharf umrissen dastand. Still wartete sie am schönen alten schmiedeeisernen Tor, das eigentlich den großen Kieskreis vor der Eingangstür schützen sollte, aber nun schief und immer offen in seinen Angeln hing. Der Kies war von Unkraut übergrünt; eine Ziege stand auf den Hinterbeinen und fraß den Efeu an der Mauer des Vorhofs. Peggy sah nachdenklich das Haus an, wägte seinen Zustand und seine Geschichte ab. Es war so stattlich und doch so dürftig; so großartig und so heruntergekommen. Es erinnerte sich an seine herrschaftliche, glänzende Vergangenheit, und jetzt mußte es diese miserable Gegenwart erdulden, verlassen, der Verwüstung anheimgegeben. Peggy schien, als betrachte das Haus auch sie durch seine vielen Fenster abschätzig und streng und befände sie mit ihrem groben Wollmantel und Rock und ihrem Spazierstock als eine Schande, wie sie da stand, wo einst Lady Isabella so oft in Seide mit ihrem Vierspänner vorbeigefahren war.

›Es denkt, ich und meine Leute sind die Kanaillen, die es seiner Domäne beraubt haben!‹ dachte Peggy... Sie betrachtete den Stein über der Eingangstür, in den eine gepanzerte Faust gemeißelt war, mit dem anmaßenden Motto: ›Je prends!‹

›Nimm nur!‹ spottete sie lachend, ›aber festhalten kannst du es nicht, das können nur ich und meine Sorte!‹«[68]

Zweierlei Bezüge gibt es zu *Bowen's Court:* zum einen die Unwirksamkeit des anglo-irischen Adels im zwanzigsten Jahrhundert, zum anderen die Faszination ruinöser Orte, die in der anglo-irischen Literatur vorherrscht. Somerville & Ross interessieren sich besonders für die Erben der »großen Idee«. In *Die wahre Charlotte* (1894) gibt es einen selbstkritischen, kultivierten, unfähigen Erben, Christopher Dysart, der für einen Landadligen nicht sportlich genug ist und nicht die Energie besitzt, irgend etwas anderes in Angriff zu nehmen. Er ist ein Mann, der nicht in seine Zeit paßt und sich vor seiner eigenen Klasse nicht retten, diese auch nicht verbessern kann – der sich zudem seiner Unzulänglichkeiten völlig bewußt ist. Elizabeth Bowen empfindet Sympathie für jene ihrer Familienmitglieder, die die Verantwortung für das Herrenhausdasein nicht tragen wollten, nichts damit anfangen konnten, und die vom Temperament her – hätten sie nicht die Armut gefürchtet – einen ganz anderen Weg eingeschlagen hätten. Einige ihrer Vorfahren gleichen also durchaus anglo-irischen Romanfiguren. Wie Somerville & Ross hat sie einen Sinn für den stark matriarchalischen Einfluß in anglo-irischen Familien. In mehreren Generationen der Bowens tauchen jene »charakterfesten Frauen«[69] auf, die die Szenerie beherrschen – bis zu dem Punkt, daß sie auch familiäre juristische Auseinandersetzungen nicht scheuen. Somerville & Ross zeigen, was aus solchem Starrsinn werden kann, wenn bäuerliches Blut dazukommt; sie beschreiben die furchterregende Machtgier alternder Frauen wie Shibby und Charlotte und die Exzentrizität von Damen der Oberschicht wie Lady Dysart.

Mehr noch als in seiner Personendarstellung gleicht *Bowen's Court* der übrigen anglo-irischen Literatur in seinem »romantischen, endemischen Sinn für Ruinöses«.[70] Ruinen sind in der Gegend von Bowen's Court alltäglich. Die Kasernen in Fermoy, einst Mittelpunkt gesellschaftlichen Lebens, gingen im Bürgerkrieg in Flammen auf und verfallen nun ausgebrannt oberhalb der Stadt. Das Schloß in Michelstown, erbaut von »Big George«, Ort der Gartenparty, bei der die fünfzehnjährige Elizabeth vom Kriegsausbruch erfuhr, ist nun »kaum mehr als ein Erdhügel«; »Gras wächst, wo die Salons waren«. »Geschichte löst sich in Luft auf« in der irischen Landschaft, oder sie hinterläßt eine Geisterspur, »herrschaftlich oder bescheiden, militärisch oder häuslich«; sie zeigt Wunden der Gewalt« oder »schlicht den trostlosen Weg des Niedergangs«.[71]

Untergangsatmosphäre ist in der anglo-irischen Literatur gang und gäbe. Lady Gregorys Tagebuch der zwanziger Jahre ist voller Beschreibungen von Herrenhäusern ihrer Kindheit, die inzwischen zerstört sind:

»Das Haus – die Ruine – ist sehr traurig, nur die Mauern stehen, geschwärzt, und die langen Höfe still, all die vielen Gebäude leer, Meierei, Wäscherei, Kuhställe, Wagenremisen, Ställe, Zwinger, Schmiede, Sägewerk und Tischlerei. Manche der Dächer fallen ein. Ich fürchte, das Haus wird nie wieder aufgebaut. Doch die Straße am Wildpark und die Allee sind wunderschön, Fluß und Hügel und die Bäume im Herbstlaub. Alles still, was in meiner Kindheit so voll Leben und Bewegung und bis jetzt nie verlassen war.«[72]

Die verfallenen Schlösser und Häuser, die abgebrannten Meiereien und verlassenen Mühlen in *Bowen's Court* und *Der letzte September* gleichen dem verlassenen Anwesen in Maria Egdeworths Roman *The Absentee* (»Überwucherte Wege, verwildertes Buschwerk, ungepflegte Schonungen; feine Bäume, die gefällt wurden«[73]) oder der Ruine des Hauses Inver oder dem unbenutzten grasbewachsenen Kai in *Die wahre Charlotte*.

Aber das romantische Interesse an Ruinen schließt nicht die keltischen Bräuche und Wahrzeichen ein (zumindest nicht in diesem Zweig anglo-irischer Literatur). Elizabeth Bowens Irland läßt das Gälische außer acht. Ihre Ruinenbegeisterung erinnert eher an Arthur Youngs Suche nach dem »Malerischen« im achtzehnten Jahrhundert als an Standish O'Gradys leidenschaftliches Plädoyer für die verlorene irische Vergangenheit. Sie interessiert sich für den Untergang der eigenen Kultur, nicht die Auslöschung einer einheimischen Kultur durch die englischen Kolonisatoren. Sie ist sich dessen allerdings bewußt. Bowen's Court, sagt sie, wurde als »Negation des mystischen Irland« gebaut. Es waren Häuser wie dieses, Adelige wie die Bowens, die die gälische Kultur »mit ihrer unendlich klagenden Poesie in den Untergrund zwangen«. Es herrschte eine vollkommene Trennung zwischen der Blütezeit des protestantischen Adels und der von ihm lange beherrschten Sprache und Tradition. Und diese Trennung hielt auf manchen Sektoren selbst während und nach der irischen literarischen Renaissance an. Elizabeth Bowens Eltern im Dublin des späten neunzehnten Jahrhundert blieben »unberührt« vom Tun eines Yeats und dem mystischen, nationalistischen Dichter und Journalisten George Russel (Pseudonym »AE«); Elizabeth Bowen selbst erfuhr von der irischen Renaissance zum ersten Mal um 1916 in der Schule in England.[74]

Die Geschichte der Anglo-Iren handelt von einer zweifelhaften Position, einer Kultur in einer Welt, von der sie, wenn auch unbewußt, getrennt lebte. Zahlreiche Schriftsteller betonen die Gefühllosigkeit des protestantischen Adels gegenüber dem gälischen Irland. Hier der Romancier George Birmingham:

»Wir bauten unsere Georgianischen Häuser und manche der öffentlichen Gebäude in Dublin geräumig, würdevoll und schön; ein Stil, der uns als Nation auszeichnet. Aber in dieser Architektur gibt es nicht die geringste Spur irgendeines keltischen Gefühls.«[75]

In den Anfängen der anglo-irischen Gesellschaft zu Beginn des achtzehnten Jahrhunderts entpuppte es sich als tragische Ambivalenz, daß diese Gesellschaft »genausowenig gälisch wie englisch« war. Im Untergang empfand der protestantische Adel schließlich seine Isolation innerhalb des von ihm bewohnten Landes: »Die Aristokratie befindet sich nicht weniger im Exil (als die vorhergehenden gälischen Bewohner), obwohl sie in Irland in ihren Häusern und auf ihren Domänen ausharrt. Sie ist im geistigen Exil, ... vom Leben der Gemeinschaft ausgeschlossen.«[76] Sean O'Faolain betont dies auch in *The Irish* (1974):

»Sie waren ... eine Enklave. Sie residierten in Irland. Es war ihr Land, nie ihre Nation. So daß ihre Leistungen meistens weit entfernt vom Leben der (inzwischen stark unterdrückten) einheimischen Iren waren und sie sich deshalb eher in der englischen als irischen Kultur einen Namen machten.«[77]

Es ist eine Ironie des Schicksals, daß jene Anglo-Iren, die sich im neunzehnten Jahrhundert für die gälische Geschichte begeisterten, »unbewußt auf den Niedergang ihrer eigenen Tradition deuteten«:

»Diesem nebulösen, aber aufregenden Konzept eines goldenen und heroischen Zeitalters entsprang die Idee einer gälischen Nationalität, eines Irlands, das nicht nur die englische Macht, sondern auch die englische Kultur ablehnte und seine Unabhängigkeit nicht nur durch eine eigene Regierung, sondern eine eigene Sprache zum Ausdruck brachte.«[78]

Vielleicht hatten, wie George Dangerfield in *The Damnable Question* annimmt, die anglo-irischen Befürworter des »Irish Literary Revival« im Gegensatz zu den übrigen irischen Großgrundbesitzern das »Home Rule Movement« (die Selbstbestimmungsbewegung) und die Bodenreformen der achtziger Jahre des neunzehnten Jahrhunderts kommen sehen »als unausweichbares Schicksal, das ihrer Klasse bevorstand«.[79] Aber sie konnten kaum ahnen, daß ein romantisches Interesse an Cuchulain und Queen Maeve zur Idee einer De-Anglisierung Irlands und der Sinn Fein führen würde.

Elizabeth Bowen pflegte keinen Kontakt zu jenem anglo-irischen Flügel, der sich für die gälische Kultur stark machte, sei es politisch oder rein literarisch. Ihr Fazit – Umständen, Temperament und Erziehung entsprechend – hieß ein vorstellbares anglisiertes anglo-irisches Dasein; hieß Schreiben über englische Themen, aus englischen und europäischen Einflüssen heraus; hieß auf Irland bezogen, mit ihrer Kunst wie mit ihrem Leben das Verschwinden des protestantischen Adels zu dokumentieren. Dies setzte sie Angriffen seitens jener irischen Schriftsteller aus, die sich, wenn auch in englischer Sprache, dem Leben und Schreiben in und über Irland widmeten. Sean O'Faolain drängte Elizabeth Bowen 1937 (bevor er *Der letzte September* gelesen hatte), ein Buch über Irland zu schreiben. Nach seiner Lektüre schrieb er ihr dann, sie solle doch ein Buch über Bowen's Court schreiben, »das sich des Irlands vor seinen Toren zumindest bewußt sei ... das die Spaltung zumindest insofern bedauerte, als es deren Existenz zugab«. Er wollte ein Buch über den Adel »jetzt«. Aber die Kluft zwischen Regent's Park und der Grafschaft Cork, das mußte selbst er zugeben, war zu breit:

»Ich schreibe wie ein Narr. Sie werden den Wagen nachschauen, die ruhig über die Straße in den Park rauschen, und den anmutigen Bewegungen der Boote oder Leute oder kleinen Bäume. Dieses Irland wirkt dabei grob und unordentlich, wie ein Mann im Armenhaus, der frei und reich tut. Sie werden sagen, diese Leute sind ein einziges Chaos, was geht mich das an; das ist Sache eines Sozialreformers, nicht einer Schriftstellerin.«[80]

Die Spaltung zwischen den Anglo-Iren und Irland, die O'Faolain anspricht, ist eine Spaltung, die Elizabeth Bowen sowohl ausdrückt als auch verkörpert. Sie bringt damit eine Geschichte ins Bewußtsein, die lange unbewußt war. Die Bowens, sagt sie, hatten eine »unbewußte« Beziehung zur Geschichte. Sie hatten wenig Ahnung von der Zweischneidigkeit ihres Besitzes Bowen's Court. Ihre Aufgabe als letzte der Bowens und erste fern des Herrenhauses – die es am Ende seinem unabwendbaren Schicksal übergab – war, diese Beziehung zur Geschichte bewußtzumachen. Was die Bowen als Tragödie der Anglo-Iren darstellt, ist deren Mangel an Einsicht in die Zweischneidigkeit und Isolierung ihrer Position:

»Wenn Irland sie nicht akzeptierte, war ihnen dies nicht bewußt – und in dieser Unbewußtheit der endgültigen Ablehnung, dieser Unbewußtheit, daß man sie aus einem geheimen, oppositionellen Dasein heraus wachsam betrachtete, liegt meines Erachtens die naive Würde der Anglo-Iren, die Tragödie sogar. Sie selbst fühlten sich irisch und handelten als Iren.«[81]

Diese Situation erreichte während der »Unruhen« und des Bürgerkriegs in den zwanziger Jahren einen schmerzlichen Höhepunkt. Die anglo-irischen Familien in ihren Herrenhäusern, die sich fernab von nationalistischen Ideen dennoch von England verlassen fühlten – durch das Abkommen von 1921 ihrem Schicksal überlassen –, mußten tatenlos zusehen, wie ihre oder ihrer Nachbarn Häuser in Flammen aufgingen und wie ihre wohlvertrauten Pächter gegen englische Soldaten kämpften, die sie selbst wiederum zum Tee einluden oder mit denen sie Tennis spielten. Die Domänen wurden zu Inseln; das Leben fand isoliert statt, oder diese Besitztümer wurden als Sinnbild der unterdrückten Vergangenheit zerstört. Diese Periode in der anglo-irischen Geschichte ist Thema des zweiten Romans, den Elizabeth Bowen schrieb, *Der letzte September*, »das mir natürlich von allen meinen Bücherm am meisten am Herzen liegt«.

»Die Handlung spielt während der ›Unruhen‹ – das heißt des alles überziehenden bewaffneten Konflikts zwischen der irisch-republikanischen Armee und den britischen Streitkräften, die immer noch in Irland stationiert sind. Überfälle aus dem Hinterhalt, Verhaftungen, Gefangennahmen und Brandstiftung, Repressalien und Vergeltungsmaßnahmen versetzten Land und Leute in Angst und Anspannung ... Während der Unruhen war die Lage anglo-irischer landbesitzender Familien wie der Naylors von Danielstown (dem Bowen's Court des Romans) nicht nur zwiespältig, sondern viel herzzerreißender, als sie es sich anmerken ließen. Überkommene Loyalität gegenüber Britannien (oder zumindest ein Verwachsensein) – wo ihre Söhne zur Schule gingen, in dessen Kriegen ihre Söhne seit Generationen kämpften und dem sie, als Adlige, ihr Land und ihre Macht verdankten – zog sie in die eine Richtung: ihre irische Mentalität in die andere. Ihre gespaltene Haltung gegenüber den Engländern ... ist ein hervorstechender anglo-irischer Wesenszug.«[82]

Für einige der Familien bedeuteten die Unruhen das Ende ihres Herrenhausdaseins. (Eines der Opfer jener Zeit ist Onkel Bill Bent in *The House in Paris.*) Bowen's Court brannte nicht ab wie die benachbarten Häuser Rockmills, Ballywater, Convamore, die alle in einer Nacht zerstört wurden;[83] aber »ich habe es vor meinem inneren Auge so oft brennen sehen, daß das schreckliche letzte Ereignis im *Letzten September* realer ist als alles, was ich wirklich erlebt habe«.[84] Das Buch ist ein Rückblick auf eine verschwundene Ära und auf die vergangene Jugend der Schriftstellerin. Elizabeth Bowen erklärt dazu, dieses Buch sei allerdings »weit, weit vom Autobiographischen entfernt«: Als sie selbst, wie die Lois im Roman, neunzehn oder zwanzig war und auf Bowen's Court lebte, sei sie eher unausgefüllt und vergnügungssüchtig gewesen. Doch solche Zeiten der Dürre, zitiert sie Proust, »tragen oft künstlerische Früchte«.[85] Auch das Motto in *Der letzte September* stammt von Proust: »Ils ont les chagrins qu'ont les vierges et les paresseux.«

Es ist Prousts Paradoxon, daß die intensivste Kunst aus dem bißchen Leben kommt, das man eigentlich am wenigsten genossen hat, aus dem Jammer der Untätigkeit und Unerfahrenheit. Daraus erklärt sich der Spannungsbogen des Buches zwischen Elegie und Erwartung. Der Roman ist eindeutig in der Vergangenheit angesiedelt. Von seiner ersten Seite an (»Damals trugen Mädchen weiße gestärkte Röcke«) wird bewußt »das Damals« betont, das Gefühl einer Ära, »die ein für allemal vorbei ist«.[86] Eine melancholische herbstliche Vergänglichkeit hängt über allem. Das gesellschaftliche Leben wird sorgfältig wie ein Zeitdokument wiedergegeben. Gleichzeitig ist der Roman sperrig, überladen und überdreht. Zwar nicht im Zentrum des Geschehens, aber an der Peripherie des familiären Bewußtseins unterbrechen die »Unruhen« ständig die Geschichte: Vielleicht sind Gewehre in der Schonung vergraben; Patrouillen kreisen mit ihren Wagen im Dunkeln auf dem Grundstück; Lois, die zwischen den Strauchrabatten spazierengeht, trifft auf einen Fremden im Trenchcoat, »der aus den Bergen kam und eine Abkürzung durch ihren Besitz machte«. Die Leute reden über die Ereignisse, allerdings verlassen sie ihre Deckung nicht. Die anglo-irische Familie spielt das Geschehen herunter (»Etwas, das durch die englische Presse gegangen ist, hat offenbar die Vorstellung beflügelt, daß dieses Land gefährlich ist.«), die Besucher sind verwirrt und gereizt, die britischen Soldaten machen prosaisch nüchterne Bemerkungen. Im Verlauf des Romans nimmt das Gefühl der Bedrohung zu: Kasernen gehen in Flammen auf, ein Herrenhaus in der Nachbarschaft wird nach Waffen durchsucht, nahe Truppen werden beschossen, ein Pächter wird von offizieller Seite gesucht und später verhaftet. Die beiden Tragödien am Ende sind vorhersehbar.

Die Spannung konzentriert sich auf Lois, das einzige Kind. Sie ist die neunzehnjährige verwaiste Nichte der Naylors und lebt in Danielstown, bekommt Besuch, lädt zum Tee ein, geht mit den Soldaten tanzen und besucht die Nachbarn. Wie andere junge Frauen in Elizabeth Bowens irischen Geschichten ist Lois ruhelos, mit sich im uneins, sehnt sich nach dem Ende ihrer behüteten Jugend, möchte, daß endlich etwas geschieht. Die

Bowen zeichnet ein brillantes Bild der Heranwachsenden – befangen, unfertig, schnell peinlich berührt durch Persönliches, empfänglich für Illusionen und Drama. Wobei diese Charakterstudie weder rührselig noch nostalgisch ist.

Lois' Seelenzustand steht im Einklang mit der Lage des Hauses und der Familie. Ironischerweise nimmt ihre Ungeduld die tragische Zerstörung des Hauses vorweg. Sie möchte, daß alles lodert: das hieße wenigstens was Neues. Das Leben in Danielstown ist für ihren Geschmack zu langsam und wohlerzogen; es kommt ihr vor »wie eine Galgenfrist oder auch wie ein Prolog, der zu lange, mit unnötiger Bedeutungsschwere und verschwenderischer Aufmerksamkeit für Details ausgespielt wird«. Ihr Wunsch, endlich mit Macht in die Zukunft katapultiert zu werden, wird ihr zum Verhängnis: als beschwöre ihre Ruhelosigkeit das Ende von Danielstown mit herauf. Dennoch kann man sie mit dem Haus selbst vergleichen. Um sie herum ist ein Krieg, den sie weder versteht noch billigt.

»Wie kommt es, daß es in diesem Land mit seiner derart gewalttätigen Realität für mich nichts als Kleider und das Gerede der Leute gibt? Ich könnte genausogut in einem Kokon sein.«

Lois kann in ihrer Unwissenheit, ihrer behüteten Abgeschirmtheit, ihrer rastlosen Erwartung der Zukunft nur auf das zurückgreifen, was um sie herum stattfindet: das gesellschaftliche Leben der Familie, der Besucher, der britischen Soldaten. Sie ist, wie eine der desillusionierten Älteren feststellt, »schlicht krank vor Verlangen«, aber nichts hält ihren Erwartungen stand. Das Buch ist voll Ernüchterung, enttäuschender Besuche, vorzeitiger Abreisen, unpassender Gefühle: die bei Lois allesamt – an sich und innerhalb des Hauses – »zur Entdeckung eines Mangels« führen.

Lois ist umgeben von desillusionierten Personen (ein wiederkehrendes Thema der Bowen), die über das schmerzliche Stadium des Wartens hinaus sind und sich, so gut sie können, in der Erwachsenenwelt durchschlagen.

Die interessanteste Figur ist Hugo Montmorency, eine Frühversion des Zuschauers, wie schon Henry James ihn in seinen Romanen skizziert hat, der seines eigenen Unvermögens überdrüssig ist – in den irischen Erzählungen der Bowen wird er immer wieder eine Rolle spielen. Lois gleicht der jungen Maria aus Bowens späterer Erzählung *Sunday Afternoon* (1941) – ein ungestümes Mädchen, das behütet und rastlos zwischen ihren gesitteten, älteren anglo-irischen Verwandten lebt und in Kriegszeiten vom anglisierten Henry besucht wird, der sich »zwischen zwei Generationen gefangen« und in beiden Ländern wie ein Fremder vorkommt. Henry verläßt am Ende der Erzählung die enttäuschte Maria, nennt sie »Miranda« und rät ihr dringend, ihre verzauberte Insel nicht gegen die gewöhnliche Brutalität der modernen Welt einzutauschen. Sie antwortet darauf: »Ihnen merkt man an ... Sie werden alt.«[87] Mr. Montmorency, der unglücklich mit einer zerbrechlichen, liebevollen älteren Frau verheiratet ist, dessen Haus verkauft und dessen Leben eine Mischung »aus Wahrnehmung des Bedauerns« und Mangel an Aussichten darstellt, wirkt in Lois' Augen geradezu aufreizend unzulänglich. Besonders widerstrebt ihr, daß er sich in die romantischste Besucherin auf Danielstown verliebt, Marda, welterfahren, versiert und im Begriff, sich wohlhabend nach London zu verheiraten. Zum irischen Leben hat sie keinerlei Beziehung. Marda erscheint Lois so vielversprechend und glamourös, wie ihr Mr. Montmorency deprimierend vorkommt; aber beide Charaktere sind dazu geschaffen, die »enteigneten« oder »ins Exil geschickten« Anglo-Iren gehörig zu entzaubern. Ihr Gespräch über die Unruhen ist im Roman der direkteste Ausdruck des Unvermögens ihrer Klasse.

»›Wie weit, meinen Sie, geht dieser Krieg noch? Können wir irgendwann einmal etwas anderes tun als ihn nicht zur Kenntnis nehmen?‹

›Fragen Sie mich nicht‹, sagte er, holte aber tief Luft wie unter der Last der Allwissenheit. ›Ein paar hundert Tote mehr, denke ich, auf unserer Seite – was keine Seite ist – ziemlich furchtsam, ziemlich isoliert, nichts anderes zum Ausdruck bringend als das zähe Festhalten an etwas, das es nicht mehr gibt – und nie gegeben hat.‹«

Auf der Suche nach anderen Haltungen und Vorbildern stößt Lois auf den komischen Stoizismus der älteren Generation, die keinerlei Veränderung und Bedrohung wahrhaben will; oder auf den verunsichernden Zynismus ihres neunmalklugen Cousins Laurence, der in Oxford studiert und sich für einen Sozialisten hält, der wie Lois von großer Ungeduld gepackt, aber bei weitem brutaler ist: »Das Ganze könnte genausogut auf dem Balkan stattfinden. Manchmal wünsche ich mir wirklich, ich hätte auch eine Waffe.« »Ich wäre zu gern dabei, wenn dieses Haus in Flammen aufgeht.« Im Gegensatz dazu steht die unangemessen schlichte Gewißheit des »idealen« britischen Soldaten Gerald Lesworth, der Lois aufrichtig umwirbt – das genaue Gegenteil Montmorencys, der vergeblich Marda nachstellt. Gerald ist die einzige wirklich romantische Figur des Romans. Wie Jacob in Virginia Woolfs *Jacobs Zimmer* (nur nicht so klug) ist er das Ideal des jungen Engländers, hübsch, wortkarg, begeisterungsfähig, unkorrumpierbar, sich seiner Sache sicher – Gerald »betrachtete Liebe nicht als ein Geben und Nehmen von Gefühlen, sondern als etwas Absolutes«. Seine Darstellung birgt genausoviel Nostalgie wie die Schilderung Danielstowns. Gerald ist altmodisch: ein Soldat wie vor 1914, den die Geschichte noch nicht eingeholt hat. Er mag das Persönliche an seiner Arbeit nicht – die verwirrenden Beziehungen zwischen gesuchten Mitgliedern der IRA und den Familien, bei denen er Tennis spielt. Ansonsten sind seine Ansichten über den Krieg eindeutig:

»›Also, die Situation ist durch und durch verfahren. Doch Recht bleibt Recht.‹

›Warum?‹

›Hm … vom Standpunkt der Zivilisation aus. Außerdem kämpfen sie nicht sauber.‹

›Ja, ja, den Geist der Public School suchen Sie in Irland vergeblich. Doch sagen Sie mir: Was meinen Sie mit ›vom Standpunkt der Zivilisation aus‹?‹

›Na – unseren.‹«

Als Gerald von Heckenschützen getötet wird, faßt Lois ihn in Gedanken mit einem Satz zusammen, der in seiner Absolutheit von ihm stammen könnte: »Er hat mich geliebt, er hat an das Britische Empire geglaubt.« Aber Geralds Tod, der große Schock, der die Unruhen bis nach Danielstown bringt und dem Niederbrennen des Hauses vorangeht, ist nicht die größte Tragödie für Lois. Elizabeth Bowen vermeidet jede absehbare Romantik und läßt bereits vor Geralds Tod beider Beziehung scheitern. Wie alles übrige ist auch Gerald für Lois eine Enttäuschung. Seine Liebe kann die Starre nicht aufbrechen, in der sie gefangen ist. Tief innen läßt er sie kalt.

Das von Lois erlebte Versagen der Liebe ist im Roman das stärkste Bild der Impotenz und Isolation. Dieses Versagen findet sprachlich in dramatischen Klischees statt: »›Ich verstehe dich nicht‹, rief er gequält ... ›Aber was habe ich getan? Was habe ich nicht getan?‹« Bei Elizabeth Bowen reden Liebende häufig in apokalyptischen Phrasen, um die Bedeutung ihres Versagens zu betonen. Aber die vereitelte Liebe funktioniert in *Der letzte September* auf der Basis des im Roman allgegenwärtigen Gefühls der Unwirklichkeit und des Unbehagens. Meisterlich entwickelt Elizabeth Bowen eine unheilvolle Spannung und hält sie über einen langen Zeitraum aufrecht. Sie tut dies mit harten, makabren Bildern, eigentümlichen Redewendungen, düsteren Details. Ihr kultivierter Schreibstil ist dazu geschaffen, den Leser nervös zu machen – wie in den Gespenstergeschichten *The Cat Jumps* oder *The Demon Lover*. In *Der letzte September* schleichen sich ständig irritierende Bilder ein. Lois kehrt von ihrem nächtlichen Zusammentreffen mit dem Fremden im Gebüsch zurück, und die Blattspitzen fühlten sich auf ihren nackten Armen wie »Zungen toter Tiere« an. Und das »Reiseplaid, das Mrs. Montmorency in der Eingangshalle fallen ließ, liegt wie eine Leiche über dem glänzenden Parkett ausgebreitet«. Figuren werden wie Bilder, wie Träume wahrgenommen. Wir sehen Lady Naylor und Mrs. Montmorency »im Profil unter den Westfenstern sehr eng nebeneinander unter einem grünen Schirm über die Vizeregentschaft der Aberdeens reden«; oder Tennisspieler auf dem oberen Platz »huschten vor der dunklen Wand aus Bäumen wie aus hellgrünem Samt ausgeschnittene Figuren«. Die generell bizarre Atmosphäre gipfelt in der Tanzveranstaltung, die in einer der Offiziersbehausungen hinter der Clonmore Kaserne stattfindet, wo Lois auch Daventry kennenlernt, einen Soldaten mit einer schweren Kriegsneurose:

»›Unser junger Freund‹ – Er zog seinen Stuhl nah an sie heran; sie hatte ein Gefühl, als schlösse sich ein Tor.

›Sagen Sie mir eins –‹

Doch der fröhliche Lärm, der bisher hinter der Tür gleichmäßig und mächtig wie ein Wasserfall vorbeigerauscht war, zersplitterte mit einem Krachen. Stille setzte ein, hart und wuchtig. ›Gott sei Dank! Sie haben das Grammophon umgeworfen!‹ Daventry schlug sich aufs Knie, distanziert, als übe er die Geste. Dann lachte er trocken auf. ›Kaputtgemacht‹, sagte er, und bei dem Gedanken wurde er ganz heiter. Gleichzeitig ertönte ein allgemeines Kreischen. Es war kaputt, funktionierte nicht mehr. Also wirklich, dachte sie, du mit deiner diabolischen Lache!

›Na schön‹, sagte Daventry und ließ seinen Whisky wieder kreiseln, ›es war ein netter Abend.‹«

Daventry, der die Nachricht von Geralds Tod überbringt, eröffnet die einzig wahre Realität hinter der vergänglichen begrenzten Geschichte des Romans: »Das Leben, das sie einen Moment lang als Ganzes sah, war ein einziger Akt des Begreifens, der Furcht vor dem Tod.«

Auch wenn *Der letzte September* schwermütig und beunruhigend wirkt, ist es dennoch eine bissige Gesellschaftskomödie. Elizabeth Bowen wird diesen Ton wiederaufgreifen, besonders in *The Death of the Heart*. In manchen Situationen wird die Zeit perfekt wiedergegeben: die Tennisparty in Danielstown, der Tanzabend hinter den Kasernen, der Besuch bei den Careys in Mount Isabel (»üppiges schweres Silber, Hände, die behutsam das Worcester-Porzellan hielten, Hunde, die bettelnd die Schnauzen unter dem Tischtuch heraufstreckten«), der Tee in Mrs. Fogartys Wohnzimmer in Clonmore (eine dem Ort Fermoy, nahe Bowen's Court, nachempfundene Kleinstadt). Die Soldaten singen »The Green Eye of the Little Yellow God« und »The Shooting of Dan McGrew«, das Zimmer »roch nach Tapete, Tee und Teekuchen, blankgewichsten Sam Brownes, den ledernen Offizierskoppeln mit Schulterriemen, und dem Nuit d'Amour auf Mrs. Vermonts Taschentuch«, und jedermann ist »gutgelaunt und sehr irisch«. Das Vordringen der »Unruhen« ist dramatisch, doch nicht frei von Groteske:

»Castle Trent ist letzte Nacht nach Waffen durchsucht worden. Natürlich haben sie keine gefunden. Die Trents sind der Meinung, daß die ganze Aktion total stümperhaft durchgeführt worden ist und gar nichts mit der I.R.A. zu tun hat. Die Männer haben ein paar Stiefel mitgehen lassen. Die Trents glauben, einer der Beteiligten war der Cousin eines Gärtners aus Ballydarra, der die Familie haßt. Er hat eine ziemlich überflüssige Nachricht hinterlassen mit einem Schädel und verkreuzten Knochen; reichlich dämlich, finde ich.«

Die Rede, die Laurence halb im Ernst, halb überdreht hält, zeigt, wie behutsam der Dialog den Ton der anglo-irischen Haltung zu den Unruhen einfängt. Die Naylors sind köstliche »Typen«. Sir Richard ist als stoischer Exzentriker zwar komisch, aber überzeugend: seine Weigerung, die Unruhen ernst zu nehmen; seine Zweifel an der Besatzungsmacht (»In der britischen Armee, habe ich gehört, steht der Sozialismus hoch im Kurs«); seine naive Vorstellung: »Jetzt, da die Tage kürzer werden, sollte es mit diesen Hinterhalten und Scharmützeln und Räuber-und-Gendarm-Spielen nachlassen«; und seine Alpträume (»seine Freunde schneiden ihn, und er entdeckte, daß er zur britischen Truppe in Irland gehörte«). Lady Naylors wohlkalkulierte Anfälle von Zerstreutheit und ihre Fähigkeit, Unpassendes, wie den mittellosen britischen Soldaten, der in ihre Nichte verliebt ist, zu ignorieren, verleihen ihr die Robustheit einer anglo-irischen Lady Bracknell. Lady Naylor hegt dezidierte Ansichten über die Engländer und deren barbarische Angewohnheit, schon morgens Besuche abzustatten und über ihre Verdauung zu reden. Ob Trübsinn und Feindseligkeit der englischen Unterschicht oder die Tücken der Ortsbezeichnungen – sie weiß, wovon sie spricht:

»Seine Mutter, sagt er, wohnt in Surrey, und du weißt genausogut wie ich, was Surrey ist. Absolut nichts; es fängt ja praktisch schon in Südlondon an. Wann hat man je einmal von jemandem gehört, der in Surrey wohnt, und wenn doch, hat er nie von all den anderen gehört, die in Surrey wohnen. Wirklich, insgesamt finde ich, daß alle Engländer schwer einzuordnen sind. Sie sind reizend und höflich, aber ich frage mich oft, ob sie nicht ein wenig oberflächlich sind: Aus den nichtigsten Gründen packen sie ihre Siebensachen zusammen und ziehen sechs Grafschaften weiter…«

Wie Jane Austen weiß Elizabeth Bowen, wovon sie spricht. Sie kennt den Unterschied zwischen anglo-irischem und britischem Snobismus haargenau. Sie skizziert Lady Naylors Verhältnis zu den Ehefrauen der britischen Offiziere mit spitzer Feder; die Ehefrauen selbst zeichnet sie jedoch so, daß sich ihre wahre Sympathie eher auf seiten des Herrenhauses vermuten läßt. Mrs. Vernon ist mit ihrer Vulgarität und Penetranz eine Figur, die im Bowenschen Werk mehrfach auftaucht. Diese Karikaturen der Mittelschicht wirken heute arrogant, wenn nicht böswillig. Aber im Kontext der zwiespältigen Beziehungen zwischen Anglo-Iren und Briten entbehren Mrs. Vernons Kommentare nicht der Komik: »Ich hatte keine Ahnung, daß Tipperary wirklich ein

Ort ist, bevor ich nach Irland kam« ... »Also ich mag es zu Hause gern bunt und gemütlich« ... »Wenn man schon in Irland ist, muß man auch ein wenig unkonventionell sein.«

»›Ich finde ja, es ist alles sehr schrecklich für Sie. Und ich finde, Sie schlagen sich tapfer, so wie Sie auf ihrem Posten bleiben und durchhalten. Wer hätte je gedacht, daß die Iren einmal derart illoyal würden. Ich meine natürlich die niederen Klassen. Ich weiß noch, wie meine Mutter 1916 – als diese schreckliche Rebellion ausbrach – gesagt hat: ›Ich bin zutiefst schockiert, ich werde die Iren nie wieder so achten wie bisher.‹ Wissen Sie, sie hatte uns, die ganze Bagage, zu einer großen Liebe für die Iren und die irischen Lieder erzogen. Ich habe immer noch ein kleines Schwein aus Mooreichenholz, das sie mir einmal von einer Ausstellung mitgebracht hat. Sie hat immer gesagt, die Iren seien das lustigste Volk der Welt und hätten Herzen aus Gold. Natürlich war von uns nie jemand in Irland gewesen.‹

›Nun, dann hoffe ich, daß wir Sie jetzt, da Sie hier sind, nicht enttäuschen‹, sagte Mrs. Carey, ganz die freundliche Gastgeberin. ›Das wunderschöne Wetter haben Sie sicher alle genossen.‹

›Na ja, wir sind ja nicht hierhergekommen, weil wir was genießen wollen. Wir sind gekommen, um uns um Sie alle zu kümmern, und sind natürlich heilfroh, daß wir das können. Nicht daß ich das Land nicht mag; es ist so malerisch mit den putzigen Bergen, und die Hühner flitzen aus den Katen rein und raus, genau wie Mutter immer erzählt hat. Aber, wissen Sie, man kann sich nicht dagegen wehren: Man macht sich die ganze Zeit Sorgen um Timmie – das ist mein Mann – und die Jungs: Manchmal sind sie die ganze Nacht draußen auf Patrouille oder oben in den Bergen.‹

›Schrecklich. Und finden Sie das Klima hier ermüdend?‹«

Wie Elizabeth Bowen die *Grande-dame*-Pose von Mrs. Carey und die Platitüden der Engländerin gegeneinanderstellt, entwickelt sich zu einem der komödiantischen Höhepunkte des Romans. Die satirische Darstellung illustriert die zwiespältige Beziehung zwischen Anglo-Iren und Engländern; sie ist aber auch ein nostalgischer Abgesang. Die »große Idee«, der Familienstolz, das geradezu mystische abseitige Dasein – alles Themen in *Bowen's Court* – sind hier schon zu lächerlichen Exzentrizitäten degeneriert; in den zwanziger Jahren kann die ethnische Überlegenheit nur noch als Komödie dargestellt werden. Sir Richard, dessen Weigerung, die Situation anzuerkennen, nicht der Komik entbehrt, ist am Ende eine pathetische Figur: »er war wirklich ein alter Mann und außerhalb der ganzen Geschichte; er wußte nicht, was er tun sollte«. Lady Naylor, von Lois als »intrigant wie ein Kardinal« beschrieben, ist ein schwaches Abbild jener mächtigen Matriarchinnen in *Bowen's Court*. Ihr Horizont ist beschränkt; ihr Wirkungsfeld darauf begrenzt, die Hochzeit zwischen Lois und Gerald zu verhindern, ein Komplott, den der Lauf der Ereignisse letztendlich überflüssig macht. *Der letzte September* ist ein geistreicher Roman, in dem jedoch das Eingeständnis des Verlusts vorherrscht.

Wie *Bowen's Court* zeichnet diesen Roman ein starkes Ortsbewußtsein aus. Betrachtet man beide Bücher zusammen, sieht man das Haus aus unterschiedlichen Perspektiven. Im ersten Kapitel von *Bowen's Court* und insgesamt in *Der letzte September* wird der Verlust des Hauses und der Umgebung durch Gegenüberstellung von Hell und Dunkel heraufbeschworen. Das Haus sieht bei jedem Wetter anders aus. Im Regen ist es ein »kaltes Gehäuse … und durch das dunkle Innere hohl wirkend«. Im frühen oder späten Sonnenlicht, das durch die breiten Fenster fällt, ist es »lichtdurchsiebt«.[88] Im Herbst scheint es gütig, »vielversprechend«. Die bloße Strenge, die felsenhafte Höhe des Hauses ist allgegenwärtig; drinnen hat der große, kalte Salon mit seinen Spiegeln etwas von »einem Eispalast«. Von fern bleibt diese kühle, lichte Qualität des Hauses verborgen. In der hellen, leeren Landschaft (wie Bowen die Landschaft der Grafschaft Cork immer wieder – in diesen beiden Büchern und ebenso in *The Happy Autumn Fields* – beschreibt), wirkt das Haus geheimnisvoll und unfaßbar:

»Unter ihnen, gen Süden bildeten die Bäume von Danielstown ein deutliches, dunkles Rechteck, einen Teppich auf dem grünen Land. In der Mitte reflektierte das glänzende graue Dach den Himmel wie eine dorthin gefallene Brosche und funkelte ein wenig. Bei diesem Anblick kam es Lois vor, als lebten sie in einem Wald; die Rasenflächen wurden von der dunklen Last der Bäume überlagert. Sie wunderte sich, warum die Bewohner von Danielstown nicht erdrückt wurden; dann wunderte sie sich noch mehr, daß sie keine Angst hatten. Aus dieser Entfernung wurde auch ihre Isoliertheit offensichtlich. Das Haus schien sich vor Angst tief zu bücken, sein Gesicht zu verbergen, als sähe es mit Lois' Augen, wo es sich befand. In seinem entsetzten Erstaunen angesichts des weiten, hellen lieblich lieblosen Landes, des widerwilligen Busens, an den es sich schmiegte, schien es seine Bäume dicht um sich zu scharen. Vom Fuße des Berghangs, wo der Wald von Danielstown begann, breitete sich das Land flach wie Wasser aus ... nur die Bäume des Gutes waren dunkel und verströmten Dunkelheit. Von ihnen aus würde sich die Dämmerung durch die Wege nach draußen schieben, sich bleiern über die Rasenflächen legen, in dem Kessel des Gartens sammeln, die Mauern verstärken, die Beetumrandungen verwischen, als sei ein Ascheregen gefallen. Die Dämmerung würde überall dort liegen, wo man hinschaute, als wäre sie in den eigenen Augen, als befände sich der Quell der Dunkelheit in der eigenen Wahrnehmung. Von oben betrachtet, wirkte das Haus in seiner Baumgrube wie ein Depot, in dem sich die Finsternis speicherte ...«

Die Landschaft mit ihrem wechselnden Eigenleben ist kühn, bloß und unbarmherzig. Das Haus scheint von oben nicht stolz und erleuchtet, wie von innen, sondern gebückt, gefährdet, eine isolierte Insel, »einzigartig, unabhängig und geheimnistuerisch«.

3

Die Heimatlosen

Sie sah, daß die Ereignisse nirgends hinführten, die Krise eine Illusion war und daß augenblickliche, heftige Leidenschaften wie Funken vom Geist entfacht wurden, nur um zu vergehen. Nichts ließ sich einfädeln. Man hat die Macht, vollends zu leben: der günstige Augenblick bietet sich nicht.«

Elizabeth Bowen machte sich bereits Mitte der zwanziger Jahre einen Namen als Schriftstellerin. Sie und Alan Cameron hatten Northampton verlassen und waren in ein schönes Haus in Old Headington gezogen, an den Stadtrand von Oxford, wo Cameron 1925 eine Funktion im Bildungsressort der Stadt übernahm. Hier begann sie voller Elan zu schreiben und zu veröffentlichen: drei Erzählbände und drei Romane erschienen während der Oxforder Jahre von 1926 bis 1934. In Oxford bewegte sie sich in Kreisen, die ihr besonders lagen: John und Susan Buchan, David Cecil, Maurice Bowra, Isaiah Berlin, Cyril Connolly, John Sparrow. Mit Alan fuhr sie regelmäßig nach Bowen's Court. Ihr Vater starb dort 1930, und sie wurde Eigentümerin des Hauses.

Anfang der dreißiger Jahre reiste sie ausgiebig und verbrachte auch mehr Zeit in London, wo sie neue Freundschaften schloß: William Plomer, Ottoline Morrell und, peu à peu, Virginia Woolf. Sie begann Kritiken für den *New Statesman* zu schreiben, den *Tatler*, den *Spectator* und andere Zeitschriften. 1923 wechselte sie den Verlag; ging in England zu Gollancz (nach dem Krieg zu Jonathan Cape, wo William Plomer ihr Lektor war), in den Vereinigten Staaten zu Knopf. Zu Beginn der dreißiger Jahre galt sie als eindrucksvolle literarische Persönlichkeit.

Ihre Romane, die vor und nach *Der letzte September* erschienen – *The Hotel* (1927), Bowens Erstling, und *Friends and Relations* (1931) – sind allerdings weniger gelungen. Sie lehnen sich dicht an ihre literarischen Vorbilder an, führen aber mehrere für Bowen typische Themen ein (wie den verderblichen Einfluß älterer Frauen oder den Zwang familiärer Bindungen). So gesehen sind es interessante Vorläufer ihrer Hauptwerke. Das Anglo-Irische ist darin kein Thema. Zusammen mit dem darauffolgenden wesentlich besseren *To the North* (1932) zeigen diese Romane, daß Elizabeth Bowen nicht allein in die Tradition von Edgeworth, Le Fanu oder Somerville & Ross gehört. Wie Joyce Cary, der aus seiner anglo-irischen Erfahrung zwei Romane schrieb – *Castle Corner* (1938) und *A House of Children* (1941) –, dessen Werk jedoch weit darüber hinausgeht, läßt sich diese Autorin aus unterschiedlichen Blickwinkeln wahrnehmen. Idee und Ton von *Der letzte September* und *Bowen's Court* sind typisch für ihr gesamtes Werk. Doch bereits mit ihrem ersten Erzählungsband suchte Elizabeth Bowen sich im englischen und europäischen Kontext zu etablieren.

Dennoch ist aufschlußreich, daß von ihren drei frühen Romanen *Der letzte September* mit Abstand der beste ist. Stimmung und Inhalt wirken natürlich und selbstverständlich. Dagegen scheinen englische Themen und Szenarien in den übrigen frühen Romanen eher »einstudiert«, und erst im dramatischen und selbstbewußten *To the North* erlangt Elizabeth Bowen auch hier wieder ihre Meisterschaft.

The Hotel und *Friends and Relations* haben, wie ihre linkischen jugendlichen Helden, etwas Verkrampftes. Manchmal schreibt die Bowen gestelzt, weil sie sich nicht von ihren Vorbildern löst; manchmal, weil sie bewußte Stilübungen unternimmt. Aber in *The Hotel* fehlt ihr häufig das nötige Selbstbewußtsein. Obwohl sie in frühen Kurzgeschichten wie *Encounters* (1923) und *Ann Lee's* (1926) schon eine eigene Stimme entwickelt hatte, verunsicherte sie der Schritt zum Romangenre offenbar. Im Endeffekt wirkt dieser Roman deshalb in Handlung und Schauplatz wie ein kurioses Konglomerat aus E. M. Forsters *Zimmer mit Aussicht* (1908) und Virginia Woolfs Erstling *Die Fahrt hinaus* (1915) – wobei die Dialoge obendrein an Henry James erinnern.

Der Roman spielt in einem von Engländern bewohnten Hotel an der italienischen Riviera. Hauptfigur ist ein verwirrtes, leidenschaftliches Mädchen namens Sidney, das unter der Fuchtel einer raffinierten, im Grunde gefühllosen älteren Frau, Mrs. Kerr, steht. Die Ankunft Rolands, des verzärtelten Sohnes von Mrs. Kerr (er ähnelt Laurence in *Der letzte September*), führt dazu, daß Sidney von ihrer Freundin fallengelassen wird. Sidney ist tief enttäuscht über Mrs. Kerrs offensichtlich

»ordinäre« Absichten und verlobt sich mit einem farblosen ältlichen Pfarrer namens Milton. Doch während eines Gebirgsausflugs mit gefährlicher Wende begreift Sidney, daß sie zum Spielball geworden ist – daß sie eine Träumerin ist; sie bricht die Verlobung, und die Hauptpersonen verlassen das Hotel.

Das Komödiantische an diesem Roman – groteske Frauenpaare, junge Frauen auf Männersuche, zeternde Ehepaare, denkwürdige Picknicks, mißlungene Tennispartien – erinnert an Woolf und Forster. In *Die Fahrt hinaus* besteht allerdings eine deutliche Trennung zwischen den »komischen« Figuren und Rachel Vinraces emotionaler Entwicklung. Die Gäste des südamerikanischen Hotels werden mit Zootieren verglichen und grotesk karikiert. In gewissem Maße trifft auch *The Hotel* diese Unterscheidung. Wenn Sidney sich ausmalt, daß man die Hotelfassade abnähme und dahinter ein Puppenhaus zum Vorschein käme, dessen Insassen nach starren Regeln funktionieren, ähnelt das Rachels klinischem Interesse an den marionettengleichen Existenzen in kleinen »schachtelartigen Quadraten«.[1] Wie Rachel verabscheut auch Sidney das »Erwachsenenleben« im Hotel – Ehen, Streitereien zwischen Frauen, die »raffinierten Machenschaften« der Mädchen auf Männersuche. Wie in *Die Fahrt hinaus* ist das Hotel mit seinem gesellschaftlichen Leben ein isolierter englischer Mikrokosmos, dem sich Sidney entziehen muß, um zu sich zu kommen. Häufig klingt sie auch wie Rachel: »Sie malte sich ein tiefgründiges Leben aus, in dem Gefühle nicht mehr kollidierten und Freunde wie gemalt am Rande der eigenen Stille auftauchten.« Ihre intensive

Beziehung zu Mrs. Kerr gleicht Rachels Verhältnis zu ihrer Tante Helen – beide werden dabei mit dem Leben an sich konfrontiert, Sidney allerdings übler. Und Sidneys Ringen um ihre wahren Gefühle für James Milton ähnelt Rachels Suche nach Übereinstimmung mit Terence. Beide erleben ähnliches: ein Picknick, bei dem sie auf ein küssendes Paar treffen; einen Spaziergang, bei dem sie sich der wilden Natur wehrlos ausgesetzt fühlen.

Zur Gegenüberstellung von Komödie und Gefühlswelt gesellt sich die Suche nach Wahrheit – in einem komischen, mit E. M. Forsters Romanen vergleichbaren Kontext. Elizabeth Bowen leiht sich bei Forster manche Details aus – einen Regenmantel, der von einer der Anstandsdamen während eines Picknicks ausgebreitet wird; einen italienischen Bauern, der wie zufällig einem jungen Mann den Weg zur englischen »Belissima« weist. Und sie übernimmt den emotionalen »Tumult« der engen Provinzwelt – anders als Virginia Woolf, die »wirkliche« Erfahrungen vom alltäglichen oberflächlichen Leben trennt. Sidney ist wie Lucy Honeychurch zutiefst verunsichert und löst enttäuscht ihre Verlobung. Rachel dagegen wendet sich von ihren Mitmenschen ab und stirbt schließlich an einem Fieber.

In *The Hotel* liebäugelt Bowen auch mit Proust (»Er war überzeugt ... das es in ihr irgendwo ein Bedürfnis geben mußte, das dem seinen entsprach«; »Die verrinnende Gegenwart war gespenstisch, jeder Augenblick verbrauchte sich in Erwartung des nächsten«) und zeigt ihre Affinität zu Henry James; zum Beispiel, wenn sie darstellt, wie Mrs. Kerr das Mädchen Sidney ausnutzt.

Machtmißbrauch älterer Frauen gegenüber unerfahrenen Mädchen taucht auch in *The House in Paris* und *The Death of the Heart* auf. In späteren Werken läßt Elizabeth Bowen James hinter sich. Doch in diesem Frühstadium ist Mrs. Kerr allzu offensichtlich eine Mischung aus Mrs. Gereth und Mme Merle – und spricht wie einem James-Roman entlehnt:

»›Die Vorstellung von einer Person‹, erklärte sie ihm, ›verbietet manche Erwägungen – wie Stoff, der sich weigert, gewisse Farben anzunehmen. Finden Sie nicht auch? Ein Beispiel: Jede andere, jede Frau, die kürzlich durch mich so verärgert und im Stolz verletzt und enttäuscht wurde wie Sidney bedauerlicherweise, nähme Sie, angesichts der gewährten Gunst, beim Wort; und es wäre die unweigerliche, wenn auch womöglich schäbige, aber wirksame, vollkommene kleine Geste. Man hätte geradezu darauf gewartet, nicht wahr? Und – so gesehen – durchaus applaudiert. Der Gegenschlag verdient Applaus, der angemessene kleine Vergeltungsschlag, besonders, weil man ihn selbst nie vollbringen konnte‹«.

Manchmal klingt jedoch die eigene Stimme der Bowen durch. Meist dreht es sich dabei um das Leben im Hotel – wie schon in den Kurzgeschichten *Breakfast* in *Encounters* und *The Secession* in *Ann Lee's*. Elizabeth Bowen versieht den Schauplatz Hotel mit einem hochempfindlichen Ton, der eindeutig der ihre ist:

»Die Glastüren hinter und neben ihr blitzten beim Öffnen und Schließen, die Treppe führte hinauf und herab und bog ins Vergessen, und wie der Lift den Schacht hinunterglitt und hinter den Gittertüren wartete, bildete alles so sehr eine expressionistische Szenerie. Es steigerte den Eindruck, den sie hinterließ – einer Abwesenden, rein mechanisch und ins Stocken geraten.«

Obwohl sie sich hier besonders modernistisch gibt – der erste Absatz von *To the North* erzielt auch ohne das Wort »expressionistisch« diesen Effekt – funktioniert die obige Beschreibung beängstigend gut. Das Unbehagen gegenüber Hotels und deren Gästen taucht bei Elizabeth Bowen immer wieder auf. Hotels sind für sie Orte der Heimatlosen an der Peripherie des Mittelschicht-Daseins. Die Beschreibung einer alternden Dame und ihrer Gründe fürs Überwintern in der Fremde zeigt bereits, was diese Schriftstellerin am besten kann:

»Wenn der Winter mit diesen langen Abenden kommt, fängt man an, sich kaum noch menschlich zu fühlen, bleibt Abend für Abend im leeren Zimmer. Man kann nicht immer ausgehen oder Leute besuchen oder Leute zu sich einladen. Wenn ich meine Wohnzimmertür schließe, bin ich sofort rastlos; es fühlt sich so unnatürlich an, wenn man sich mit niemandem einschließt. Wenn ich sie öffne, hört man die Dienstboten lachen oder sonst etwas Irritierendes. Ich lese gerne, komme aber schnell zu dem Schluß, daß die Bücher so schlecht sind; dann erkenne ich natürlich, daß es unfair ist, von einem Buch Ersatz für menschliche Gesellschaft zu erwarten. Wenn das Telefon läutet, man eine menschliche

Stimme hört und dann einfach unterbrochen wird, bringt einen das schlicht aus der Fassung; und wenn es den ganzen Abend nicht läutet, beginnt man sich zu sorgen und denkt alles mögliche über seine Freunde. Einmal saß ich bei offener Tür, und, glauben Sie mir, ich konnte vier verschiedene Uhren in verschiedenen Ecken der Wohnung ticken hören – ich habe sie gezählt. Nicht daß ich nervös wäre, natürlich nicht, aber ich fühle mich dann – wenn Sie verstehen, warum ich so etwas Außergewöhnliches sage –, als existierte ich nicht. Wenn wirklich jemand vor der Tür steht oder das Telefon tatsächlich läutet, staune ich, daß ich immer noch da bin.«

Es zählt zu den größten Stärken der Bowen, wie sie äußerliche Details benutzt, um eine Atmosphäre der Leere und Unwirklichkeit zu schaffen und »einen Mangel zu entdecken«. In *Friends and Relations* weisen Nebensächlichkeiten – Angewohnheiten, Stammbäume, Mobiliar, Läden – auf die innere Angst und Leere einer mit viel Krimskrams gemütlich dahinlebenden Provinzfamilie der oberen Mittelschicht. In den frühen Romanen setzt eine Kritik an Klasse und Gesellschaft ein, die später in die Kritik an der Michaelis Familie in *The House in Paris* und den Quaynes in *The Death of the Heart* münden wird. Sie gipfelt in der Theorie, die Elizabeth Bowen in *The Heat of the Day* vertritt – nämlich, daß ein solches Umfeld der perfekte Nährboden für Verräter ist.

Friends and Relations könnte ein Romantitel von Ivy Compton-Burnett sein. Diese hatte 1925 *Pastors and*

Masters und 1929 *Brothers and Sisters* veröffentlicht (*Männer und Frauen* erschien im gleichen Jahr wie *Friends and Relations*). Elizabeth Bowen nannte Ivy Compton-Burnett eine Schriftstellerin, »die den Machtkampf in der Keimzelle der englischen Mittelschicht darstellt«.[2] Wie die Romane von Compton-Burnett dreht sich *Friends and Relations* um eine weitverzweigte Familie und porträtiert die Manierismen einer ganzen Klasse. Ansonsten ähnelt Bowen der Compton-Burnett wenig. Sie schreibt anders: der Erzählstil in *Friends and Relations* ist kunstvoll und hat nichts vom lakonischen, einfallslosen Stil der Compton-Burnett mit ihren schlichten Dialogen. Und verglichen mit den familiären Schlachtfeldern der Compton-Burnett sind die Gruppenkonflikte der Bowen ausgesprochen harmlos. Das Familiengeheimnis in *Friends and Relations* ist eine eher »zufällige« Beziehung zwischen den Ehemännern zweier Schwestern. Laurel, die hübsche Tochter der Studdards aus Cheltenham, heiratet den gutaussehenden Edward Tilney; Janet Studdard, die dunkelhaarige verschlossene Tochter, verlobt sich daraufhin mit Rodney Meggatt. Aber Rodneys Onkel und Vormund, ein Großwildjäger namens Considine Meggatt, war, wie sich herausstellt, der Mitangeklagte im Scheidungsverfahren der Mutter des jungen Edward. Die Eltern Studdard und die Töchter überspielen diese Peinlichkeit geschickt – und Considine und die weltmüde Lady Elfrida Tilney sind inzwischen »gute Freunde«. Aber Edward, dessen Kindheit von der mütterlichen Schande überschattet war, nimmt die Situation nicht ohne weiteres hin und möchte seine

Kinder vor Considine und Elfrida schützen. Dieser immer noch wunde Punkt in der Familie ist allerdings nur die Spitze des Eisbergs. Im Verlauf des Romans zeigt sich, daß Janet ihren Mann Rodney geheiratet hat, obwohl – oder gerade weil – sie seine Beziehung zur Familie Tilney kannte. Sie wollte auf diesem Wege eine Beziehung zu Edward erzwingen. Die Liebe zwischen Janet und Edward – sie unterdrückt dieses Gefühl, und er bringt es nur zögerlich zum Ausdruck – läßt das Familiengeflecht nach zehn Jahren beinah zerbrechen. Doch die Liebe ist nicht stark genug, um gegen die Macht der Familie, gegen die Welt und die nächste Generation zu bestehen.

Diese Familiengeheimnisse sind allerdings unbedeutend – verglichen, zum Beispiel, mit Ivy Compton-Burnetts *Brothers and Sisters*, wo der Fluch des Inzests über einer Familie hängt. Elizabeth Bowen beschäftigt sich gern mit der Wirkung dramatischer Leidenschaft auf die nächste Generation. Aber nie sind ihre Familienmitglieder so extrem wie bei Compton-Burnett, die – Zitat Bowen – »in Gruppen übereinander und über ihre Häuser herfallen wie Bomberformationen«.[3]

Auch andere literarische Einflüsse machen sich in *Friends and Relations* bemerkbar – zum Beispiel von Katherine Mansfields *Prelude*, wenn das Ende der Liebesgeschichte mit dem Satz kommentiert wird: »Die Aloe hatte nicht geblüht.« Auch Virginia Woolf hat ihre Spuren hinterlassen; besonders die Mutter-Kind-Szene im Schlafzimmer gleicht der Szene in *Zum Leuchtturm*, in der Mrs. Ramsay ihre Tochter Cam ins Bett bringt:

»Janet drehte das Kissen um; Hermione, ihre Wange am kühlen neuen Kissen, war fast eingeschlafen. Ihre Arme lösten sich. Ihr Gesicht war einem schimmernden, glatten Strom nah; sie bewegte sich wie dieses lebendige Ding unten in den Blättern, das sie nie entdeckte, und schüttelte zu jemandes Verwunderung die flachen breiten Blätter über sich. Sie lag versteckt wie ein Wiesenläufer, fern wie ein Kuckuck, nah wie eine nistende Schwalbe unterm Dach. Einmal kam sie hoch durch die hohlen starken Stämme, klopfte Licht von den Blättern und murmelte: ›Es ist beinah der nächste Tag.‹«

Aber am meisten schuldet Elizabeth Bowen auch diesmal Henry James. Der Roman handelt von Kompromissen und unterdrückten Emotionen. Dabei kommen manche mehrdeutigen Formulierungen zum Einsatz, mit denen ein schwer faßbarer Text geschaffen wird, der sich durch immanente Überinterpretation der eigentlichen Interpretation entzieht:

»Womöglich hatte er sie nie bewegt. Es war ihm unmöglich, jetzt wie damals, genau zu sagen, wann er sich dem Versagen verpflichtet hatte. Sie machte die Leidenschaft ungeschehen ... Weil sie jetzt nur noch ihn hatte, schickte sie ihn zu guter Letzt fort. Vielleicht hatte sie ihn verletzt, vielleicht sogar lebensgefährlich. Dann hatte sie beständig den leichtfertigen Mann in ihm gesucht, passend zur leichtfertigen Frau in sich. Unter ihrem tränenlosen Abschiedsblick, ihrem letzten tragischen Nicht-Bedauern, in Paris, war er gewiß zu Staub geworden.«

In *Friends and Relations* hatte sie sich selbst die Hände gebunden (Virginia Woolf sagte: »Ich finde, Sie sind wie jemand, der mit einem verhedderten Seil Lasso wirft«[4]). Der Roman dreht sich zu sehr um das Leben an der Oberfläche, das die Leidenschaften in Grenzen hält. Die Manierismen, durch die sich Liebe und Leid ausdrücken, entsprechen dabei der Gesellschaft, in der sich die Figuren bewegen.

Friends and Relations spielt in Cheltenham, Knightsbridge und auf dem Landsitz der Meggatts – klar umrissenen Orten. Die Handlung selbst kommt durch diverse Familientreffen ins Rollen, die den Roman thematisch in Gang halten: »Denn solange wir leben, vermutlich fünfzig Jahre, werden wir uns immer treffen und über unsere Pläne unterhalten. So sind wir erzogen worden. Du mußt verstehen, was eine Familie ausmacht; es ist durchaus möglich, so normal zu sein; durchaus möglich, nicht soviel zu sagen.« Genau wie Janet feststellt: »Es *gibt* nur eine Welt« für diese Leute. Die Frauen, die ausbrechen wollen, wie Lady Elfrida, können sich nie von den Folgen befreien. Liebe scheint unter diesen Umständen (wie in den meisten Mittelschichtfamilien damals) »eine sehr hohe Form umstürzlerischer Unordnung« zu sein, eine »ungelegene Grausamkeit«. Das Leben sollte »angenehm und nicht leidenschaftlich sein.« Deshalb spielen Elfridas Bedauern, Janets Zorn und Laurels Ängste in angenehmer, gesitteter Atmosphäre, und ihre Gefühlsausbrüche wechseln mit komischen Versatzstücken. Theodora Hirdman ist dafür das beste Beispiel. Sie ist typisch Bowen: ein penetrantes, schrecklich hochgestochenes Schulmädchen – die fabelhafte Karikatur einer damals fortschrittlichen Mädchenschulabsolventin:

»Die Mädchen in Mellyfield betrieben schon früh ihre Charakterstudien. Anschauungsobjekt waren ihnen ihre persönlichen Belange, die sie zur Schau stellten, diskutierten und veränderten ... Jeder wußte ... daß Jennas Unehrlichkeit von einem nervösen Widerstand herrührte; daß Marise, wenn überhaupt, ihren überwältigenden Ordnungssinn überwinden mußte, daß Hester, seit sie sechs war, durch ihre Intoleranz sämtliche Freundschaften zunichte gemacht hatte; und daß man darüber hinwegsehen mußte, wenn Ludmilla beim Spielen quiekte, weil es von ihrer schlechten Erbmasse kam.

So daß Jenna (die sich panisch immer ins rechte Licht setzte) später zu Marise zusammenfassend sagte: ›Wenn wir alle Theodora nicht mögen, muß es daran liegen, daß sie aggressiv ist, oder? Ich meine, nicht daß sie schlecht aussieht oder schlecht riecht oder ordinär ist. Also ich frage mich, *warum* –‹

›Sicher ist sie aggressiv, sie kann sich nicht mal frisieren, ohne mit ihren Sachen auf dem Toilettentisch herumzuscheppern wie beim Kochen.‹

›Vielleicht ist sie unglücklich.‹

›Ich glaube nicht, daß sie unglücklicher ist als wir‹, sagte Marise ein wenig pikiert.

›Aber wir *wissen* wenigstens, daß wir unglücklich sind.‹«

Theodora ist in Janet verliebt, und ihre lesbischen Gefühle werden teils lächerlich und penetrant dargestellt, teils als energischer Widerstand gegen die Konvention. Der Roman gewinnt jedesmal an Lebendigkeit, wenn diese Figur auftaucht. Aber grundsätzlich handeln sowohl *The Hotel* als auch *Friends and Relations* von der Unfähigkeit zur echten Krise oder Tragödie. Der Begriff »ein großes Nicht-Stattfinden« wird in *Friends and Relations* geprägt. Jede Kollision unterschiedlicher Willensäußerungen (wie es sie schmerzlicher und extremer in späteren Romanen gibt) wird an dieser Stelle noch unterdrückt. Die Heldinnen sind unfähig, ihre Gefühle in die Tat umzusetzen oder ihre Ansprüche geltend zu machen:

»Sidney nahm keine Notiz vom Gesagten; sie schien nichts gehört zu haben. Sie stand so leblos und sachlich zwischen Teresa und Mrs. Kerr wie ein junges Mädchen in einer Geschichte, die ein Mann erzählt: nur der erwarteten Gedanken und Gefühle fähig, ohne eigene Persönlichkeit entsprach sie lediglich den dreierlei Vorstellungen, die man von ihr hatte: Miltons Verlobte, Tessas junge Cousine, Mrs. Kerrs Schützling und seit kurzem deren Freundin.«

»Sie (Janet) stand machtlos da und durchschaute ihr Leben, ihre nicht wiederzugewinnende Geistesverfassung. Diese beinhaltete, wie ein Haus, das lange ohne Gefühl bewohnt und einfach verlassen wurde, leer wieder besucht, einen großen Zorn über ihre vergangene Abwesenheit.«

Die späteren Romane sind vielschichtiger und dramatischer, weil die Figuren zu drastischen Handlungen fähig sind: Sie besitzen Machtwillen oder Kompromißlosigkeit oder absolute Unschuld.

Der nächste Roman, *To the North*, unterscheidet sich von *Friends and Relations* auffällig im Ton. Schon der Anfang läßt mehr Kraft ahnen:

»Gegen Ende April blies zur Begrüßung der heimkehrenden Reisenden ein Nordwind kalt über die Mailänder Bahnsteige. Unsichere Gedanken an zu Hause füllten das Bahnhofsrestaurant, in dem die Engländer gegenüber der Uhr unbehaglich beim Frühstück saßen. Der Italien-England-Expreß – Chiasso, Luzern, Basel und Boulogne – fährt um 14.15 Uhr und ist kein *train de luxe*. Gen Norden kamen zwar noch die Ebenen, die Seen, die Schluchten des Tessins, doch als die messingvergitterten Glastürflügel des Restaurants blitzten und aufschwangen, war das bunte Parkrund draußen mit seinem flinken Netz von Straßenbahnen eigentlich das letzte, was sie von Italien wahrnahmen.«

Dieser Anfang täuscht. Die Abreise aus Italien ist im Grunde unwichtig; und die auf den Zug wartende Cecilia Summers, die »junge Witwe«, ist nicht die Heldin. Der Ton ist seltsam doppeldeutig. Es klingt, als würde wieder – wie in *The Hotel* und *Friends and Relations* – ein Gesellschaftsstück erzählt. Pelzmantel und Kosmetikkoffer sind zu Beginn Cecilias Erkennungsmerkmale; beim Lunch gerät sie an einen jungen Mann, auf dessen Zigarettenetui sein Name eingraviert ist: »Markie«. Er trägt eine alte Harrow-Krawatte und hat viele

Freunde in Rom. Beider brüchiger Dialog (»Sieht wie ein See aus. Ja, wirklich. Genau.«) paßt zur Weltlichkeit der Geschichte. England, Cecilias Heimat, ist angenehm: wir begegnen wieder der Welt der Studdarts und Tilneys. Cecilia teilt sich mit Emmeline, der Schwester ihres verstorbenen Mannes Henry, eine elegante Wohnung in St. John's Wood. Emmeline leitet ein Reisebüro, das sie aus eigener Tasche finanziert. Der »makellose« Julian Tower, »Erbe eines allzu florierenden, mehr als zweihundert Jahre alten Betriebs«, interessiert sich für Cecilia. Beide jungen Frauen sind mit Lady Waters verwandt, einer englischen Lady Naylor, einer komischen Figur, für die nur ihr eigenes soziales Umfeld Realität ist. In diesem wohlhabenden, soliden Kontext zweifelt Cecilia, ob sie Julians Werben nachgeben soll, und Emmeline verliebt sich in Markie. Ähnlich wie in *Friends and Relations* entwickeln sich diese Gefühle, während die Protagonisten beim Lunch sitzen, Parties besuchen, Kleider anprobieren oder einkaufen gehen:

»Julians Schwester brauchte nach ihrer Reise eine Massage, dann wollte sie zur Anprobe zu ihrer Corsetière, außerdem sich einen neuen silbernen Topf zum Milcherwärmen fürs Schlafzimmer kaufen, ein Schwätzchen mit ihrem Arzt halten und einen dieser vielgepriesenen Regenmäntel für ihren Hund erstehen. Sie mußte dringend in ihr Hutgeschäft, das dermaßen versteckt eine Treppe hoch in Mayfair lag – man hätte meinen können, man müsse dreimal klopfen oder würde erst durch eine Gitterklappe inspiziert.«

Dennoch, der erste Abschnitt des Romans irritiert. Klar ist, daß die materielle Welt bald ins Wanken geraten wird. Die Details über den Italien-England-Expreß lassen Unheil vermuten. Jahreszeit und Reisende sind »ungewiß«. Hin- und hergerissen zwischen Vorfreude und Verlust sitzt man »unbehaglich« im Restaurant, wartet auf den Reisebeginn. Keiner rührt sich, aber das Schwingen der polierten Restauranttüren und die durch den Park rauschenden Straßenbahnen – gewaltsame, sich wiederholende Bilder – beschwören Bewegung herauf; Begriffe wie »messingvergittert« und »Netz« wirken klaustrophobisch. Daß die Reisenden »gegenüber der Uhr« sitzen, macht die Zugfahrt zum Symbol einer Lebensreise, Reise ins Jenseits (wie die furchterregende Taxifahrt in der Geschichte *The Demon Lover*). Die blasierte Unterhaltung zwischen Cecilia und Markie ist keineswegs spaßig. Als der Zug »kreischend in Richtung Luzern floh« und »seine Passagiere hin- und herschleuderte, als hockten sie auf einem Drachenschwanz«, sieht sich Cecilia in der Hölle:

»Und in einer späteren Welt verdiente sie womöglich genau so einen Gefährten: der sie aus nächster Nähe musterte – ob der Geist noch Materie zu bieten hätte – kalt und abschätzig.«

Cecilia und Markie sind eine Strafe füreinander, weil sie so sind, wie sie sind (wir erfahren, »daß keiner der beiden besonders nett« ist). Das Symbol der Höllenfahrt kommt nicht durchgängig zum Einsatz, doch die Sprache bringt Grausamkeit und Gewalt ins Spiel. »Auf einer langen Reise ... springt das Gehirn wie eine aufgeschreckte Katze von Gegenstand zu Gegenstand.« Der düstere Ton der letzten Seite des Romans – Emmelines verzweifelte Fahrt mit Markie (den sie liebt und der sie betrogen hat) »gen Norden« und in den Tod – ist im Gewaltpotential des ersten Kapitels bereits angelegt.

Schon in *Der letzte September* benutzte Elizabeth Bowen Geralds Tod als Merkmal vergangener Unschuld – Merkmal eines Verrats persönlicher oder nationaler Natur. Max in *The House in Paris* und Robert in *The Heat of the Day* haben später eine ähnliche Funktion. Die Schriftstellerin besteht auf der Unausweichlichkeit dieser Tode und betrachtet sie keinesfalls als Sensation. In *To the North* führt uns ein wohlgeordnetes Muster von Bildern in geradezu klassischer Anordnung zu Mord und Selbstmord.

Emmeline, die Heldin des Buchs, ist nicht ganz von dieser Welt. Sie wirkt ätherisch, engelsgleich, »blaß und klar«, »eher transparent als stofflich«. Als Julian sie zum ersten Mal trifft, trägt sie ein silbernes Kleid und trinkt Eistee in einem Erker, »der geradezu beängstigend von weißem Licht durchflutet ist«. Es heißt mehrfach, daß sie kurzsichtig sei und damit von ihrer Umgebung abgekoppelt; »ein kurioser, distanzierter Blick, kaum wie der einer Frau«, erscheint beim Gespräch manchmal in ihrem Gesicht. Die Arbeit im Reisebüro gibt ihr etwas Pragmatisches, Kompetentes, bringt sie aber auch mit Ferne und luftiger Erhabenheit in Verbindung – in die unmittelbare Nähe jenes Punkts, an dem es keine Umkehr mehr gibt. Bevor sie Markie trifft, ist sie eine eisige Jungfrau, ein Engel vor dem Sündenfall: »nichts war ihr lieber als der Lichtkreis der Leselampe auf ihrem einsamen Kissen«.

Andererseits hat Markie, wie Cecilia gleich feststellt, etwas Diabolisches. (Sofort sieht sie »seine flinken Augenlider, wie bei einem liebenswürdigen Reptil«.) Er ist der erste einer Reihe von Antihelden in Elizabeth Bowens Werk, dem die Quellen des Glaubens und des Idealismus verschlossen sind. Sein Gott heißt Vernunft (Markie ist ein vorzüglicher Anwalt). Das Bedrohliche an Liebe und Leidenschaft blendet er aus und konzentriert sich auf die Befriedigung sinnlicher Bedürfnisse. Jede Form von Unannehmlichkeiten ist ihm zuwider. In diese Katagorie gehören für ihn: das Leid (»unpassend im rationalen System«), die Ehe, eine erstickende Angelegenheit, die freie Natur und unkontrollierbare Maschinen (er kann nicht Auto fahren und ist früher nie geflogen). Er wird Emmeline verlassen, weil ihre Spiritualität ihn ängstigt: »Man kann nicht im Wolkenkuckucksheim leben«, erklärt er. Seine Furcht rührt aus der Tatsache, daß er eben *doch nicht* völlig vernunftbetont ist. Er ist ein »unbehaglicher Moralist«, ein Gefühlsmensch, der seine Gefühle unterdrückt. Elizabeth Bowen mag Typen wie Markie nicht, aber sie zeigt uns nur zu gern, wie ihm als verdammte Seele in seiner Haut zumute ist:

»Am Rande seines Verstands quälte ihn der Aberglaube: wie Eingeborene vor dem Anrücken mächtiger Streitkräfte hatten sich Sehnsüchte, Gefühle, jeglicher Sinn fürs Immaterielle vor seinem Verstand ins zerklüftete Hinterland zurückgezogen, wo sie ihn – weil er mit den

Eroberern auf Kriegsfuß stand – unkontrollierbar bedrohten. Wie Wilde, die an einem Jahrmarktstag in die Stadt kamen, umherstoben und schacherten ... kroch ihn das Gefühl aus ungeahnten Regionen an. Dagegen hielt sein Verstand seine kleinliche, überklare Lebensansicht streng in Grenzen.«

Cecilia macht sich nicht viel aus Markie (»Das ganze Seelen- und Verdammnis-Getue langweilt mich dermaßen«); aber Emmeline schmilzt vor seinem Drängen dahin (Julian ist neidisch, weil Markie »soviel Eis gebrochen hat«).

»Denn hier war Markie: in seiner Gegenwart war Vergnügen etwas Einsames, Arktisches, nur fürs eigene Herz; für Emmeline so trist wie ein Garten voll Eisblumen. Die Nordlichter, die den kalten Blumen Farbe gaben, wurden ihre Feinde; wenn ihr Herz warm und weich wurde, spürte sie den inneren Kampf mit dieser kalten einsamen Region. Sie sehnte sich dann nach Gemeinheit und Fehlbarkeit, wollte den Spiegel zerbrechen und die Erde berühren.«

In dieser metaphorischen Sprache liegt mehr Spannung als in den lauen Formulierungen von *Friends and Relations*. Dennoch wirken die elementare Bildersprache, die unheilschwangeren Reisebilder im Zusammenhang mit Emmeline und Markie gelegentlich überfrachtet. Immerhin zahlt sich der Einsatz an den beiden Höhepunkten aus: dem Wochenende, an dem Emmeline in Paris verführt wird, und ihrer letzten Autofahrt. Markies Nervosität und Emmelines Übermut (endlich ist sie in ihrem Element) während des Flugs nach Paris nehmen sein Empfinden vorweg, sexuell »übers Ziel hinausgeschossen und in einem letzten, ihrerseits begeisterten, Höhenflug ins Hintertreffen geraten zu sein«. Emmeline witzelt über das gewaltige Tempo der Pariser Taxen – »wie in (dem Gedicht von Robert Browning) *The Last Ride Together*. All dies deutet auf die große Schlußkatastrophe. Emmeline, wieder ganz in Silber, fährt zur Rache mit Markie gen Norden, zurück in das Element, dem er sich widersetzt hat. Ihr Blick ist todessehnsüchtig. Zwar versucht Markie, sie auf den Boden der Tatsachen zurückzuholen, doch sie steigert sich in ihren Geschwindigkeitsrausch. Alle Andeutungen über ihre Arbeit (über die sie die Kontrolle verloren hat), Leidenschaft und unirdische Unschuld bewahrheiten sich.

»Etwas gab nach.

Eine große Idee: Abreise – Expreßzüge fauchten unter Krach aus Bahnhöfen, Ozeanriesen verließen die Docks, Schatten aufsteigender Flugzeuge, Karawanen tauchten in Wüstentälern auf... Sie war wie besessen, aufs äußerste angespannt... Wie die Erde unter den Flugzeugflügeln bedeutungslos schrumpfte und sank, fiel die Liebe nach unsichtbarem Plan unter Emmeline in die Tiefe... Sie verlor sich in ihrem eigenen Wesen, einer beengenden Hülle.«

Emmeline und Markie, im Grunde eher Figuren in einer Sittenkomödie, müssen als tragische Protagonisten enden. Die strenge Form der Romanhandlung –

zwei Frauen, zwei Liebhaber, eine Reise am Anfang und eine Reise am Ende – grenzt die freie Entfaltung der Figuren ein, so wie die Bildersprache, die als konsequentes Muster das Buch durchzieht. Selbst wenn der Schwerpunkt auf der Komik liegt (die traditionell spielerisch und beweglich ist), wirkt die Freiheit höchstens wie ein Spielzeug – oder wie Emmeline findet, wenn sie über Gerda Blighs Ehewünsche und alberne Unentschlossenheit nachdenkt, wie ein »Fehler«. Cecilia und Julian, zwar weniger extrem und bei weitem handfester als das tragische Paar, sind ebenso in ihrer Entscheidungsfreiheit eingeschränkt:

»Allnächtlich kehrte ihr Gefühl zurück, sie selbst sei ein viel zu allgemeines Geschenk für die Welt ... ein Allerweltsroman.«

»Etwas war in ihm, daß er nicht einmal die simpelste Beziehung zustande bringen konnte und eine Beziehung nur als etwas ansah, das man zustande bringen mußte.«

Sie schwanken also, sind unentschlossen, entschließen sich dann doch zur Heirat; offenbar eine gute Idee und eine echte Entscheidung (obwohl die Bowen typischerweise den entscheidenden Augenblick übergeht – wie um dessen Bedeutung zu schmälern). Aber Cecilia, die ständig vor irgendeiner Entscheidung steht (Soll sie sich zum Dinner eine Rose anstecken? Soll sie nach Amerika reisen?) ist ebenso ein Opfer wie die so offensichtlich »zwanghafte« Emmeline. Ihr erster Mann, Emmelines Bruder Henry, starb kurz nach der Hochzeit. Dementsprechend ist sie verbittert, ihr Gefühlshaushalt ist durch den Tod angegriffen – was man ihr nicht vorwerfen kann. Aber vielleicht kann man ihr vorwerfen, daß sie Markie und Emmeline zusammengebracht und sich dann aus deren Beziehung herausgehalten hat. Es klingt an, daß Julian und Cecilia womöglich Emmelines Tragödie hätten verhindern können und daß sie deswegen später Schuldgefühle haben. Aber die Vorstellung einer moralischen Verantwortung wird von der Unausweichlichkeit der Ereignisse beiseite geschoben. Auch in Emmelines Beziehung zu Markie gibt es den Konflikt zwischen freiem Willen und Schicksal. Beide glauben an den freien Willen. »Sie hatte sich aufgegeben. Sie war ihr eigenes Opfer«, denkt Markie. Es ist der Standpunkt des Anwalts: »Gerechtigkeit … blieb Markies kalter Bundesgenosse.« Aber Emmeline ist der gleichen Meinung: »Man bringt sich selbst um«, sagt sie zu ihm. Beide geben allerdings zu: »Sie war wie gebannt, wie in Trance, von dem gewissen Etwas, das Markie – trotz seiner selbst – hatte.«

Markie ist ein Raubtier und Emmeline sein Opfer. Aber wie Portia in *The Death of the Heart* ist sie für die verdorbene Erwachsenenwelt so gefährlich wie diese für sie. Ihre Unschuld, ihr maßloses »Schwelgen« in Liebe, »ihre übertriebene Vorstellung vom Leben und von ihm« machen Markie angst. Er spürt, daß ein Opfer schnell zum Rächer werden kann.

Seine Befürchtung gipfelt in einer theatralischen Passage über die Tragödie – die am weitesten vom Realismus entfernte Romanstelle:

»Ihre Umrisse werfen unbekannte Schatten: Leidenschaft kennt kein Verbrechen, nur die eigenen Bewegungen; Stahl und Strick passen zum Kuß. Unschuld geht mit Gewalt, Gewalt ist unschuldig, kalt wie das Schicksal; zwischen dem Kuß der Geliebten und der Klinge liegt nicht ein Haarbreit und kein Unterschied; jede Tür führt zum Tod ... Der Vorhang fällt, das Buch wird geschlossen – aber wer sagt, daß es nicht so ist?«

Der exaltierte Ton will nicht ganz überzeugen. Dennoch liegt hier der wesentliche Kommentar zur Bedeutung des Romans – zum Konflikt zwischen tragischer Notwendigkeit und individueller Tugend und Unschuld.

Auf diese Weise wird der Realismus außer Kraft gesetzt. Manchmal tritt die tragische Förmlichkeit des Romans offen zutage; in anderen Fällen, wie in der Anfangspassage, dient der Realismus als Deckmantel. Es gelingt Bowen, Emmelines »extremen Charakter« plausibel zu machen, weil sie diesen in der Wirklichkeit verwurzelt. Sie kombiniert Emmeline mit Cecilia – »eine ruhige Verbindung heimeliger Vertraulichkeiten«. Emmelines Konflikt zwischen ihren Verpflichtungen gegenüber Cecilia und Markie und dem Hin und Her der Geschichte zwischen den Paaren (dauernd hat man das Gefühl, daß beide falsch liiert sind), läßt Emmelines Affäre normal und geradezu menschlich erscheinen. Selbst ihre engelsgleichen Eigenschaften kommen dabei nicht zu kurz. Sie belegen, wenn auch nicht durchgängig, die Bowensche Überzeugung, daß »wenigstens eine Figur *magnetische Anziehungskraft* besitzen muß, um den

Leser zu fesseln – so, als säße er höchstpersönlich neben jemandem, in den er Hals über Kopf verliebt ist«[5]. Der Kontext des Normalen ist jedenfalls gegeben:

»Emmeline aß nicht weit vom Woburn Place mit ihrem Partner Peter Lewis in einem Café namens ›The Coffee Pot‹ zu Mittag. Sie las ein Buch über Polen, er korrigierte einen Text; sie aßen verlorene Eier auf Spinat, jeder bezahlte seine Mahlzeit selbst, und sie wechselten kein Wort miteinander.«

Der Figur Emmeline stehen mehrere Nebenfiguren gegenüber, die in zwei Kategorien fallen. Es gibt die »Raubtiere«: die penetrante Lady Waters und die beängstigend tüchtige Miss Armitage, die das Büro übernimmt. Und es gibt Figuren, die glücklos durchs Leben stolpern und dabei ihre Gefühle zur Schau tragen. Pauline, Julians ungeschickte Nichte gleicht in mancher Hinsicht Theodora, ist jedoch netter als diese (ein Besuch in ihrer Schule, die viel mit Theodoras Schule gemein hat, gerät wunderbar komisch). Miss Tripp, die Sekretärin, ist ganz vernarrt in Emmeline. Dazu kommt Gerda, eine »Kindfrau«, in deren Eheprobleme sich Lady Waters mit katastrophalen Folgen einmischt. Die Glücklosen sind deprimierende, unvollkommene Versionen der unschuldigen Emmeline; die »Raubtiere« stehen für die feindselige Erwachsenenwelt.

Aber wie in *Der letzte September* sind Orte die eigentlichen Machtzentren des Romans. Nach dem Brand des Herrenhauses am Schluß von *Der letzte September* beschäftigt sich die Bowen gern mit Überbleibseln:

Orten der Heimatlosen. Pensionen, gemietete Cottages, verschlossene Wohnungen, leere Villen, eigentümlich unauffindbare Läden, Parks im Zwielicht und später bombardierte Häuser – Orte, an denen keiner mehr wohnt oder deren Bewohner auf dem Weg woandershin sind – sie bilden das merkwürdige, bedrohliche »Bowen-Terrain«.[6] Diese Schauplätze ziehen Figuren an, die ihr Zuhause verloren haben; sich verlaufen haben, wie die Gäste der Lady Waters, »eine kleine Gesellschaft von Exilanten«, die (wie die Touristen in *The Hotel*) zur Besichtigung einer römischen Villa aufbrechen, die sonntags geschlossen ist; die »angeregt herumsuchen und nichts vorfinden«. Diese Orte sind für die »Heimatlosen« wie das Gasthaus, das die ganze Nacht geöffnet hat, in einer ihrer Kurzgeschichten.

»Ein Neonschild glitzerte wie Wolfsaugen: 24 STUNDEN GEÖFFNET, beim Gedanken daran machte sich trockene Schwere im Kopf breit …

Das Gasthaus stand an der Kreuzung, seine Weihnachtskartenfenster warfen einen künstlichen Glanz … Aber drinnen war niemand. Eine lange Reihe schaukelnder Lampions hüpfte im eigenen gräßlichen Licht, als sie die Tür aufstießen. Die Eingangshalle war leer und kahl wie das Innere einer Schachtel, mit glänzendem Kunststoff verkleidet. Die Stühle standen kreuz und quer, leer, die Polster flach gesessen; Aschenbechern entwich kalter Rauch; der Ort hatte etwas Verdrießliches, Einfältiges, Ausdrucksloses, als sei eine große Gesellschaft gerade erst aufgestanden und hinausgegangen. Der Barkeeper lehnte gähnend gleich hinter der Thekentür. Als sie hereinkamen, nahm er keine Notiz von ihnen. Davinas Freunde waren nicht gekommen.«[7]

Der Ort steht für eine geistige Unbehaustheit, nicht nur der leichtsinnigen Davina, sondern einer ganzen Generation, die weder Traditionen noch ein Zuhause kannte. Es gibt ähnliche bedeutungsträchtige Orte in *To the North*, vom Bahnhof in Mailand bis zum »müden Flimmern eines Nachtcafés«, das Markie auf der letzten Reise entdeckt. Das Reisen – Voraussetzung für ein solches Ambiente – hat dabei moralische und symbolische Bedeutung, die mit einer Platitüde von Lady Waters kommentiert wird: »*Diese Zeit* ... ist soviel rastloser; ihr fehlt der Mittelpunkt.« Markies trostlose Wohnung, wie abgeschnitten oben in dem »sehr hohen, dunkelroten Haus seiner Schwester in der Lower Sloane Street« mit seinen Schattenecken und der unsichtbaren Köchin, deren »schniefiges, gespenstiges Keuchen« Emmeline aufschreckt, ist das wichtigste Beispiel für kurzlebige Un-Orte, Symptome der Entwurzelung. Ihnen gegenüber stehen die raren Orte des Friedens und der Stabilität. Wobei es sich meist um verlorene Paradiese, wie Danielstown, handelt. Emmelines Büro, »ihr Studio, beinah ihr Heiligtum«, gerät zum Horrorszenarium. Auch die lauschige, abgeschiedene Oudenarde Road ist für Emmeline ein verlorener Ort.

»Emmeline sagte: ›Sie wird Julian heiraten‹ ... Balken für Balken fiel die Oudenarde Road in sich zusammen, wie die kleinen Häuser, die tagtäglich abgerissen wurden, um dem Londoner Gebrüll Platz zu machen. Sie sah die Leere hinter der Tür: geweißte Wände wie nach einem Feuer. Häuser, die man mit Frauen teilt, sind auf Sand gebaut. Sie dachte: ›Mein Zuhause, mein Zuhause.‹«

Auch das brennende Haus, mächtigstes Symbol der Heimatlosigkeit in Elizabeth Bowens Werk, taucht hier also auf – diesmal außerhalb des anglo-irischen Kontexts. Es steigert das Empfinden, daß Emmeline in einer Welt der Enterbten lebt.

In *To the North* gibt es ein Herrenhaus, Lady Waters' altmodischen Landsitz Farraways, das die großstadtgewohnte Cecilia deprimierend findet, für Emmeline aber der Garten Eden ist:

»Hier, dachte Emmeline, Stiefkind eines unbehaglichen Jahrhunderts, würde sie gern leben ... Doch eine Vorahnung der Ereignisse von Montag und Dienstag hatte sie bereits ergriffen; wie sie das Haus mit seinen weißen Fensterrahmen vom Lindenbaumschatten her sah, wirkte es schon wie ein Kindheitsbild, sonderbar lieb und teuer, aber entrückt.«

Farraways ist gediegen und idyllisch; besitzt aber weit weniger Ausstrahlung als Danielstown und bietet Emmeline kaum Schutz vor der modernen Welt – Markies Reich –, einer Welt seelischer Exilanten, die von der Hand in den Mund leben. Ländliche Inseln bieten keinen Schutz mehr in dieser Welt, auch nicht das Cottage in der Nähe von Devizes, in dem Emmeline und Markie ein letztes Wochenende verbringen. Markies Unruhe und Unbehagen angesichts der ländlichen Szenerie stehen Emmelines romantischer Begeisterung unvereinbar gegenüber. Sie packt Lebensmittel für eine ganze Woche ein, aber Markie besteht darauf, nach Devizes zu fahren und in der Stadt zu essen. Die Auseinandersetzung um die Mahlzeit ist vielsagend:

»Das Cottage, das schöne Gefühl der Ankunft eben, verursachte ihr Herzweh. ›Hier sind wir‹, hatte sie beim Hereinkommen gedacht: aber sie hatte sich geirrt, sie waren nicht hier. Ein einziges Kommen und Gehen; kein Friede, kein Friede. Was wollte Markie eigentlich umgehen?«

Emmelines Enttäuschung steht als Beispiel für einen allgemeineren Verlust. Die sinnbildliche Betonung materieller Bedürfnisse dient dabei allerdings auch der sozialkomödiantischen Seite des Romans. Das kosmopolitische Vorortsdasein der Mittelschicht wird bei Bowen zum Fegefeuer. Im Gegensatz dazu ist das behütete Leben an einem Ort mit Vergangenheit nicht nur ein Gut an sich – es wird zum Unschuldssymbol. Land und Stadt stehen einander gegenüber. Oudenarde Road (wie das Haus der Schlegels in Wickham Place in E.M. Forsters *Wiedersehen in Howards End*) ist der sicherste Rückzugsort, den London zu bieten hat. Doch der Frieden wird durch den kosmopolitischen Bösewicht Markie zerstört.

Um dies zu unterstreichen, illustrieren Landschaften einen Seelenzustand. Solche Passagen gleichen Miniaturkurzgeschichten:

»Markie ging, seiner Leber zuliebe, sonntags allein nach dem Mittagessen spazieren, hinauf in die Wälder. Nirgends sangen Vögel: Es war schlimmer als an jenem Tag bei Keats. Verrottende, rostrote Blätter schluckten seine Schritte. Der Nachmittag war feucht und ganz farblos gewesen, früh begann es zu dunkeln. Dort unten zwischen öden Buchenstämmen lagen im nebligen Talbecken wie Bodensatz die Häuser: große begiebelte Rümpfe, Herrenhäuser nachäffende Villen, Garagen mit Türmchen – man ahnte, wie darin die Wagen kalt wurden. Es gab keine Lichter, keinen Schornstein mit Rauchfäden. Der Nachmittag war erstarrt, niemand hatte mehr Wünsche. Da unten saßen sie alle im Dunkeln ... Dann öffnete jemandes Frau ein kaltes Klavier: sie klimperte, Ton um Ton, sie schlug flache Akkorde an und versuchte es noch einmal. Gott weiß, was sie sich dabei dachte. Die Noten fielen ihm auf die Nerven wie kondensierte Tautropfen überall um die klammen Buchenäste. Markies linkes Schulterblatt juckte mit einemmal heftig: er rieb es an einem Baum. Von all diesen Unannehmlichkeiten heimgesucht, hatte er den bloßen, lauen Wäldern gegrollt ... Das Klavier hörte auf, und er ging hinab zum Tee.

... Er hatte gesagt: ›Wie nett du spielst!‹ Sie sagte: ›Aber ich habe nicht gespielt. Ich weiß nicht, was ich tat: Was hab' ich getan?‹ Ihr Mann wußte es auch nicht: Er stocherte in der Asche im Kamin und sagte, der sei aus. ›Haben Sie einen netten Gang unternommen?‹ hatten sie ihn gefragt.

›Wohin sind Sie gegangen?‹ Markie konnte sich nicht erinnern. ›Ach‹, sagten sie, ›die Wege hier sind alle gleich. Aber die Gegend ist hübsch, oder?‹ Sonst kam niemand.

Sie sagten, das Leben hier sei sehr ruhig. ›Aber‹, hatte Markies Freund gesagt, ›es geht einem unter die Haut.‹

Emmeline, die sich dies – als er ärgerlich zum Ende gekommen war – durch den Kopf gehen ließ, hatte gefragt: ›Ist dies eine Gespenstergeschichte?‹«

Der Sinn dieser Landschaftsbeschreibung ist nicht nur, Markie als verlorene Seele darzustellen – den Menschen und der »lauen« Landschaft entfremdet –, sondern ihn an einem Ort zu zeigen, der niemandes Heimat ist, einem Ort der verlorenen Seelen. Die anmaßend groteske Architektur; die Autos wie erstarrende Leichname; das fürchterliche, unerklärliche Klavierspiel; die Leute, die »da unten im Dunkeln« hocken; das erloschene Feuer: dieses Alptraumszenarium ist weit mehr als das haarsträubende Abbild einer vertrauten Situation. Mit dieser Zivilisation stimmt etwas nicht: sie hat sich zum Leichenschauhaus entwickelt.

Die emotionalen Defizite, unter denen die Figuren bei Elizabeth Bowen leiden (aufgrund ihrer inneren Disposition oder eines Schicksalsschlags), spiegeln sich so oft in den Orten, daß innere und äußere Landschaften sich auf gespenstische Weise entsprechen. Ein Hintergrund entpuppt sich auf den zweiten Blick als Metapher für einen Seelenzustand:

»Man muß leben, wie man kann – das Leben ist schäbiger, billig, bedürftig, voll unmittelbarer Vergnügen wie das Leben der Armen.

Wenn ein Herrenhaus in Flammen aufgegangen ist, hat der Besitzer vielleicht nicht das Herz oder das Geld, es wieder aufzubauen. Bäume, die zum Haus gehörten, werden gefällt und der Besitz einem Spekulanten verkauft. Villen schießen in roten Reihen aus dem Boden, jede Jedermanns Zuhause, verlockende kleine Geschäfte, leuchtende Kinopaläste: vielleicht bleibt ein Park um den See, auf dem Paare Boot fahren. Asphaltpfade ersetzen die einsamen grünen Wege; der Obelisk, zu dem kein Weg mehr führt, wird entfernt. Nach Einbruch der Dunkelheit kommen – wo einst Stille herrschte, der Mond einen Baumschatten langsam über den Rasen schob oder kein Mond schien und das Dunkel atmete – Fensterreihen wie rosa und orangefarbene Lampions zum Vorschein; eingekastelt in helles Licht, wiederholen Hunderte Leben ihr Muster; das Radio greift von Straße zu Straße ein Lied auf... Das Leben ist hier lebbar, freundlich und manchmal lustig; einen Geist des Ortes oder Stille gibt es nicht; das Herrenhaus als Mittelpunkt und seine Wege dorthin sind vergessen. Wenn der Frühling süß in der Luft liegt, Schneeglöckchen unterm Staketenzaun blühen, wenn der blaue Herbst die Perspektive der schmucken Straßen verzerrt oder die niedrige Wintersonne das Fenstergold blendet – rührt etwas ans Herz, jemand bleibt irritiert stehen, die Hand auf einem Villentor. Fragt aber nicht: Was war hier?

Mit schneller Phantasie, Mut und Vernunft konnte Cecilia fast lieben... Mit ihr blühten die lustigen kleinen Straßen, aber tapfer, wie sie beim Fall ihres Hauses war, konnte sie die Seele als Ganzes nicht wieder erlangen. Versehrtheit scheint ein harter Lohn für Mut.«

Daß Elizabeth Bowen die Zerstörung des anglo-irischen Herrenhauses als Sinnbild der persönlichen Verarmung ihrer englischen Romanfiguren benutzt, zeigt, wie sich Burkes Idee der moralischen Notwendigkeit von Besitz und Tradition durch ihr gesamtes Werk zieht. Emmelines Tragödie und Cecilias Unzulänglichkeit sind Beispiele dessen, was eine unbehauste Gesellschaft zu erwarten hat. Ruiniertes Leben ist das Ergebnis eines »unbehaglichen Jahrhunderts«. So entsteht die Spannung zwischen den gewalttätigen, leidenschaftlichen Erfahrungen und der klinischen Betrachtung seitens der Autorin. Die Wirkung ist weder heimelig noch herzerwärmend – besonders angesichts der gesellschaftlichen Bedingungen nicht: ohne Zweifel sind diese kleinen Villen, aller Heiterkeit und allem Mut zum Trotz, dem Herrenhaus unterlegen. Deutlich tritt jedoch zutage, daß die Verluste, die Elizabeth Bowen hier dokumentiert, nicht nur persönlicher Natur sind.

4
Das verhängnisvolle Haus

Das verhängnisvolle Haus in Paris beherrschte sie immer noch derart, daß für sie vom Geschehen draußen nichts wirklich war.«

1933, zehn Jahre nach ihrer Eheschließung, begann Elizabeth Bowen eine schmerzliche Liebesgeschichte mit dem Oxforder Akademiker Humphry House, der damals verlobt und einige Jahre jünger als sie war. Die Beziehung dauerte drei Jahre, und obwohl weder ihre noch seine Ehe in die Brüche ging, war die Erfahrung verstörend und eindringlich und beeinflußte die Gefühlswelt des nächsten Romans, *The House in Paris* (1935). Max, der Liebhaber im Roman, hatte zwar nichts von Humphry House, aber Naomi, seine Verlobte, glich – so Victoria Glendinning – Madeleine House: »Ich sehe die ganze Zeit Naomi Fisher vor mir, selbst ihre Kleider.«[1]

Gesellschaftlich und beruflich führte Elizabeth Bowen ein intensives Leben. Sie gab schwungvolle Feste auf Bowen's Court – 1934 war auch Virginia Woolf dort zu Gast, mit der sie sich inzwischen enger befreundet hatte. Ebenfalls 1934 veröffentlichte sie eine faszinierende Kurzgeschichtensammlung, *The Cat Jumps.*

The House in Paris erschien nach *To the North*; der

Titel klingt sachlich, aber bedeutungsschwer. Er wirkt dokumentarisch und realistisch – hier ist es passiert. Gleichzeitig dient er als Hinweis, daß dieser Ort, wie Danielstown, im Roman eine wichtige Rolle spielt. Wie andere Titel, die den Namen eines Gebäudes tragen – *Mansfield Park, Castle Rackrent, Bleakhouse, Howard's End, Bowen's Court* –, besitzt er etwas Symbolisches. »Das Haus in Paris« ist namenlos. Es ist »das« Haus – wichtig, zentral, geprägt von der Stadt, in der es sich befindet. Das anonyme, fremde Haus verspricht nichts Gutes. Der Leser denkt an »Gothic Novels« (*Die Burg von Otranto, Headlong Hall, Northanger Abbey, Sturmhöhe, Das Haus der sieben Giebel*), und, wer weiß, womöglich gehört auch *The House in Paris* in diese Tradition.

Es *ist* wirklich ein verwunschenes Haus, »besessen« von der Gegenwart der sterbenden Hausherrin, Mme Fisher, und den Schrecken der Vergangenheit, die auf ihr Konto gehen. Der dunkle Flur mit der roten Streifentapete, »so kunstvoll schattiert wie Gitterstäbe«; der steife, altjüngferliche Salon mit dem karmesinroten Sofa, dem gebohnerten Parkettfußboden und Vorhängen, die sich nicht zuziehen lassen; das stickige düstere Krankenzimmer oben – alles wirkt irgendwie gruselig. Gegen Ende des Romans erscheinen Bemerkungen wie »Dann begriff ich, daß ein Übel das Haus beherrschte« oder »das Zimmer, eine Klosterleichenhalle« oder »das verhängnisvolle Haus in Paris« völlig angemessen. Der Roman erinnert insofern an Le Fanus *Onkel Silas*, als er auch keine hundertprozentige Gespenstergeschichte wird, sondern das Übernatürliche nur ahnen läßt. Mme Fisher wird als »Hexe« beschrieben; sie scheint allgegenwärtig, körperlos: »Sie wissen ja, wie schwarz unser Flur ist, und sie trägt immer Schwarz; ich sah nur ihr Gesicht, das im Raum hing.« Verläßt einer dieses Haus, verfolgt es ihn. Hier haben wir einen Roman der Gefühle, eine Horrorgeschichte, ein Melodram von verhängnisvoller Liebe und gewaltsamem Tod.

Aber *The House in Paris* ist zudem eine Komödie. Sie beginnt mit der Ankunft der pragmatischen Henrietta, die von der Tragödie, die sich vor zehn Jahren in dem Haus abgespielte, überhaupt nichts weiß. Sie ist elf, ihre Mutter ist tot, und ihr Vater hat sie zur Großmutter nach Südfrankreich geschickt. Sie betritt ein seltsames Haus: jemand soll sich um sie kümmern, den sie gar nicht kennt – Naomi Fisher, eine Freundin ihrer Großmutter und Tochter der geheimnisvollen Kranken, Mme Fisher. Naomi Fisher hat Henrietta vorgewarnt, daß noch ein Junge namens Leopold im Haus ist, der dort auf seine Mutter wartet, die er noch nie gesehen hat. »Die Umstände seien denkwürdig und traurig«, erfährt Henrietta.

Die Spannungskomponenten für eine »Gothic Novel« sind angerührt. Wie Catherine Morland in Northanger oder Maud Ruthyn, die in *Onkel Silas* nach Bartram-Haugh geht, ist Henrietta das schutzlose Mädchen in einer fremden, bedrohlichen Umgebung. Doch ihre prosaische Art, ihre festgefügten Vorurteile, ihr Widerwille gegenüber aller Melodramatik oder Rührseligkeit machen sie – wie Leopold auf den ersten Blick begreift – zu einer Alice im Wunderland des zwanzigsten Jahrhunderts. Sie ist die englische Heldin, wie sie im Buche steht: beschützt durch ihren »gesunden Menschenverstand«. Henriettas Situation ist vielleicht einer Gruselgeschichte würdig, aber ihr Wesen spricht dagegen. Sie mag das Haus nicht, findet es »feindselig« und »unnatürlich« (»Henrietta dachte, wenn *das hier* Im-Ausland-Sein heißt ...«), aber angst macht es ihr nicht.

Henriettas Selbstschutz und beschränkte Wahrnehmung des in der Tat furchterregenden Hauses kontrastieren mit der Erfahrung eines anderen englischen Mädchens vor zehn Jahren. Damals war Mme Fishers »kleines Haus in der Rue Sylvèstre Bonnard« ein vornehmes Pariser Pensionat, in dem »wohlerzogene, wohlgenährte, belesene junge Engländerinnen« den letzten Schliff erhielten. Dort wohnte mit achtzehn die inzwischen erwachsene Romanheldin, Karen Michaelis, Tochter einer für Bowen typischen Oberschichtfamilie. Sie freundete sich mit Naomi Fisher an und verliebte sich in Mme Fishers Hausfreund Max Ebhart. Wie Henrietta fand auch Karen damals das Haus seltsam; bei Mme Fishers Macht ging es nicht mit rechten Dingen zu.

»Sie stellte Fragen, wußte aber alles: sie wußte, wohin du gingst, warum, mit wem, einmal oder zweimal. So groß Paris auch war, du entkamst ihr nicht. Die Mädchen fanden das übernatürlich, oder Naomi beschattete sie. Keiner wußte, wie Naomi ihre Tage verbrachte – aber wie konnte Naomi alle Mädchen auf einmal beschatten? Irgend etwas Besonderes war mit Mme Fisher: ihre auffallende Art, über Dinge hinwegzusehen und sich jedes Kommentars zu enthalten, verlieh ihr eine enorme Macht über die Gedankenwelt der Mädchen.«

Das Buch erinnert an *Villette*: als »Klosterleichenhalle« hätte man auch Mme Becks Salon bezeichnen können, und Mme Becks Überwachungs- und Bespitzelungssystem, ihre »geisterhaft gleitenden« Gänge durchs Haus, »überall spionierend, durch jedes Schlüsselloch spähend, lauschend hinter jeder Tür«,[2] erinnert an Mme Fishers hellseherische Fähigkeiten.

Wie *Friends and Relations* und *The Death of the Heart* besteht *The House in Paris* aus drei Teilen. Der mittlere führt den Leser fünf Jahre zurück, in die Zeit nach Karens Aufenthalt. Max hat, um des lieben Friedens willen, Mme Fisher nachgegeben und ihrer Tochter Naomi einen Heiratsantrag gemacht. Naomi hat Max immer geliebt. Naomi und Max besuchen die bereits mit Ray Forrestier, einem Freund der Familie, verlobte Karen in England. Doch dort verliebt Max sich in Karen; beide haben eine kurze, heftige Affäre. Mme Fisher rächt sich nun an Max und »vergiftet« seine Liebe zu Karen; worauf er sich das Leben nimmt und sich im »Leichenhaus-Salon« die Pulsadern aufschlitzt. Karen heiratet später Ray und bittet Naomi um Hilfe bei der Adoption Leopolds – Max'« Sohn – durch ein kinderloses englisches Ehepaar in Italien.

Henrietta ist rein zufällig an jenem Tag Zaungast, an dem Karen auf Druck ihres Ehemanns ihren neunjährigen Sohn treffen soll, und fühlt sich dabei wie Alice im Wunderland: als »sei sie durch einen Brunnenschacht in etwas hineingeraten, das schrecklicher als die Vergangenheit schien, weil es noch nicht vorüber war«. Der sehr lange Tag, den sie und Leopold zusammen verbringen, zieht sich aufgrund einer raffinierten, verzögernden Erzähltechnik endlos hin. Bei der Rückkehr aus der Vergangenheit – dem Mittelteil des Romans – in die Gegenwart meint man, die beiden hätten jahrelang auf Leopolds Mutter gewartet.

Die dreiteilige Romanstruktur verdeutlicht das Hauptthema des Romans: die Beziehung zwischen Identität und Zeit. Jeder der drei Teile besitzt sein eigenes Tempo. Dem langen Tag der Kinder stehen zehn Jahre gegenüber, die für die Erwachsenen wahrscheinlich wie im Flug vergangen sind. Der Wunsch nach einer Ruhepause während Karens Irlandbesuch, mit dem der Mittelteil beginnt, steht der Dringlichkeit der heimlichen Affäre gegenüber. In allen drei Abschnitten kämpfen starke Persönlichkeiten gegen die Macht der Zeit und des Schicksals. Henriettas Selbstbewußtsein angesichts Leopolds fanatischem Egoismus entspricht der monströsen Willensstärke Mme Fishers, ebenso wie Naomis Besessenheit und dem Drang der Liebenden, alle Schranken des Gewissens und der Umstände zu überwinden. Es entspricht zu guter Letzt Ray Forrestiers Entschluß, für Karen, Leopold und auch sich das einzig Richtige zu tun. Alle Nebenfiguren – Henriettas gewiefte Großmutter, Karens beschwichtigende Mutter – behaupten sich durch ihren Willen. Obwohl alle Individuen in einer gründlich sozialisierten Welt leben, sind ihre Impulse anarchisch. Jeder verfolgt sein Ziel, selbst wenn er es durch Mitleid, Altruismus oder Heuchelei verschleiert.

Kinder müssen zwar beschützt und, wenn nötig, vor manchem bewahrt werden, doch manche ihrer Erfahrungen lassen sich nicht verhindern. (Dies wird komisch illustriert, wenn Leopolds gräßliche Stiefeltern erklären: »Wir halten ihn noch nicht für reif, um etwas über das Geschlechtliche zu erfahren, aber mein Mann hat schon die Botanik und die Mythologie bemüht.«) Keine noch so heftigen Warnungen bringen Kinder von ihren Vorhaben ab. Die Romanstruktur funktioniert deshalb so gut, weil es diese Parallelen zwischen der kindlichen Selbstverwirklichung und den unterschiedlichen Willensäußerungen der Erwachsenen gibt.

Was die Willenskraft bändigt, ist in diesem Roman (anders als in *Friends and Relations*) letztlich weder die Situation an sich noch der Druck der Umwelt, sondern die unbeherrschbare Macht der Zeit. Von Karen heißt es an einer Stelle, daß sie sich »in jener trüben Stimmung befand, in der Weiterleben nur die Belastung der Erinnerung durch weitere unbedeutende Augenblicke war«. Wenn Leben mehr als ein Mechanismus war, mußte es Augenblicke der Erwartung und Sehnsucht geben. Aber solche Augenblicke zu schaffen war für den einzelnen zu riskant. Wenn Elizabeth Bowen dichte, bedeutende Augenblicke (die den Status von Kunstwerken haben) und rein mechanische Zeit gegenüberstellt, folgt sie damit Proust und Virginia Woolf, die in *Die Wellen* schreibt: »Es gibt immer etwas, das man als nächstes tun muß. Dienstag folgt auf Montag; Mittwoch auf Dienstag. Jeder verbreitet dieselben Wellenringe.«[3]

Besonders in diesem Roman verhalten sich die Figuren der Bowen heldenhaft – nicht weil sie Moral und

Religion trotzen, sondern weil sie bereit sind, sich der Herausforderung der Zeit um der Lebensintensität willen zu stellen. Eine Sehnsucht, die kein »Nachher« in Betracht zieht, riskiert die Rache der Zeit: Trivialisierung und Demütigung. Während Karens Rückreise aus Kent, wo sie ein Wochenende mit Max verbracht hat, gibt es dafür ein kleines, unheroisches Beispiel – ganz im Stil des sozialkomödiantischen Lyrikers Philip Larkin. Es hat geregnet:

»Der Regen war für viele Leute *wirklich* eine Katastrophe gewesen; wie schwer sie ihn nahmen, erkannte man daran, wie sie im Zug alle dasaßen, die Beine trübsinnig breit, und wie sie die Schilder lasen oder unverwandt in die Waggonbeleuchtung starrten. Man freute sich so sehr auf ein Sommerwochenende in Folkstone: sie waren unverschuldet um ihr Vergnügen gebracht worden. ›Geld kostet es auch noch‹, sagte jemand, während die Bahn auf dem Damm über den Friedhof beschleunigte: jetzt standen ihnen nur noch die Woche und die Arbeit bevor. Vorfreude auf ein Vergnügen machte jedermann zum Dichter – alle möglichen intensiven Vorstellungen hatten sie auf der Hinfahrt beflügelt –, Vergnügen verfolgen machte jedermann zum Helden: man öffnete sich so ganz und gar dem Schicksal. Ein verdorbenes Vergnügen ist traurig und unschön; man kann es nur begraben.«

Wie riskant Hoffnung ist, wird am deutlichsten, als Leopold auf seine Mutter wartet – und als Karen ihre Affäre mit Max beginnt. Leopold ist wie seine Mutter ein Sinnenmensch, der in Gedanken aufregende Experimente mit der Zeit anstellt:

»Genau diese Tür wird sich öffnen, bevor es dunkel wird, bevor es drei Uhr ist, bevor Henrietta zum Trocadéro muß. Vom Augenblick des Türöffnens werde ich mich an alles erinnern. Wenn ich diese Tür *jetzt* öffnen würde, wäre dahinter nur die Flurtapete. Wenn sie sich *später* öffnet, ist dahinter ihr Gesicht. Dann sehe ich, was ich mir jetzt nicht vorstellen kann.«

Karen spielt mit der gleichen Idee: »Egal, was heute morgen geschieht, es gehört zum Danach.« Mutter und Sohn haben beide etwas Heroisches – sind bereit, ein »Danach« zu riskieren. Leopold ist sich dieses Risikos nicht bewußt – Karen dagegen reagiert bewußt auf die Weigerung ihrer Eltern, irgendein Risiko einzugehen:

»Sie erkannte, daß sie sich alles von einer Veränderung erhoffte ... In der Welt ihrer Eltern schien Veränderung eine Katastrophe, etwas, das man über sich ergehen ließ: Veränderung hieß Verlust. Etwas ändern bedeutete den Untergang. ›Der arme Soundso ist ganz verändert.‹ Man lebte, um die Zukunft zu beherrschen, die Ereignisse in den Griff zu kriegen. Wenn Veränderungen ins Haus standen, nahm man sie gottergeben hin.«

Wie immer, wenn Elizabeth Bowen Unerfahrenheit und Entzauberung gegenüberstellt, legt sie den Schwerpunkt hauptsächlich auf die Desillusionierung:

»Merkwürdig, in einem fremden Haus umherzugehen, von dem man weiß, daß man es bald gut kennen wird ... man wird danach nicht dieselbe sein ... Im Kommen speichert man bereits den Abschiedsschmerz. Vor dem, was man erlebt, gibt es kein Entkommen.«

Wie Karen der Zeit und den Umständen trotzt, wird im Buch durch die Tatsache heruntergespielt, daß alles bereits – zu Beginn des Buchs – lange her ist. Leopolds extreme Erwartungen und seine extreme Enttäuschung werden durch Henriettas Anwesenheit in Grenzen gehalten. Auch sie ist enttäuscht, als Karen nicht kommt: »Wenn sie als Erwachsene davon ausgeht, daß nichts Wirkliches geschieht, rührt dies daher, daß Leopolds Mutter an jenem Nachmittag nicht kam.« Aber es wird Teil ihres Bewußtseins. Und lange bevor Leopold vor Schmerz zusammenbricht, deutet die desillusionierte Erzählerin an, daß diese Enttäuschung womöglich ihr Gutes hat:

»Durch ihr Nichterscheinen waren alle Unmöglichkeiten ausgelöscht; er mußte (jedenfalls an diesem Tag) nicht erleben, daß sie nicht seine Sprache sprach ... Das Treffen, das er sich ausgemalt hatte, konnte nur im Himmel stattfinden – was man Himmel nennt; auf einer möglichen, nicht nur wahrscheinlichen gemeinsamen Ebene. Oder nenn' es Kunst, wenn Wahrheit und Phantasie damit gemeint waren. Nur da – im Himmel oder in der Kunst, in jenem Nichts, auf jener Ebene – hätte Karen den wahren Sachverhalt Leopold erklären können ... Der scheinbar reale Augenblick verwirrte und verharmloste nur. Aber weil sie nicht gekommen war, würde er das nie begreifen.«

Leopolds Enttäuschung hat den Augenblick vor der Verharmlosung durch die reale Zeit gerettet, in der es – das wußte Karen – immer ein »Danach« geben mußte. Der Augenblick bleibt deshalb in seiner Vorstellung über alle Tatsächlichkeiten hinaus perfekt, ein Kunstwerk. Es ist ein Pyrrhussieg, der einzige Sieg, den man über die Zeit davontragen konnte. Lieber so eine Enttäuschung als ein verregnetes Wochenende in Folkstone.

Die Liebesgeschichte zwischen Karen und Max läßt sich als ein Bravourstück gegen die Macht der Zeit betrachten. Sie verleiht dem Klischee heimlicher Liebe, die keinen Ort und keine Zeit hat, eine tiefere Bedeutung:

»Als der Ober fort war, warfen beide einen Blick auf die Uhr. Schon eine Stunde vergangen. Sie sah ihre Fähre in die eine Richtung, seinen Zug in die Gegenrichtung fahren ...«

Das klingt schlicht romantisch, baut aber Dringlichkeit bezüglich Reise und Entfernung auf. Wozu Elizabeth Bowen folgendes erklärt:

»Bowen-Figuren befinden sich *bewußt* im Transit. Sinnenmenschen ... die über ihre Umgebung hinausgehen ... vergrößern und verzaubern ihre Empfindungen: die Eindrücke sind schärfer, die Objektivität größer ...

Geschwindigkeit ist wichtig. Sie steigert die Wahrnehmung. Sie betont außerdem das Absolute der Stille. Dauer... tritt in einer flüchtigen Welt stärker zutage. Dauer ist ein Attribut erinnerter Orte.«[4]

Wie in *To the North* ist Reisen ein Zeitvertreib der Heimatlosen. Dazu gibt es viele melancholische Bemerkungen:

»Wer kurz vor einer Reise steht, ist immer ein wenig heilig.«

»Abschiede haben für jeden Verabschiedeten etwas Unangenehmes; man spürt den Schmerz und will ihn nicht mehr spüren. Jedes Zusammentreffen läuft darauf hinaus.«

»Muß man sich vor einem Treffen mit einem Fremden oder Fast-Fremden nicht fragen, was *sie* eigentlich treffen wollen?«

Die Reisen des Romans bringen Verrat und Enttäuschung – sie sind komisch oder tragisch. Henriettas Fahrt durch Paris ist auf kuriose Weise durchorganisiert. Ihre Großmutter, die gewiefte, tüchtige Mrs. Arbuthnot hat sich »einen netten kleinen Strauß kirschroter Kokarden ausgedacht«, an der die beiden Begleiter Henrietta und Miss Fisher auf ihrer Parisreise erkennen können. Henrietta hat auch ihren Spielzeugaffen Charles dabei und ihre Reisetasche mit allem, was sie braucht (»zwei Äpfel, ein Stück Seife und eine ebenholzschwarze Haarbürste … Waschbeutel, *The Strand Magazine* und – rosa eingebunden – *Malheurs de Sophie*«). Aber obwohl ihre Reise von der einen durchorganisierten Welt gleich in die nächste führt, hat selbst Mrs. Arbuthnot nicht Leopold einkalkuliert. Also wird Henrietta auf ihrer Reise mit dem Unorganisierbaren konfrontiert. Der Romananfang, Henriettas Taxifahrt mit Miss Fisher von der Gare du Nord zum Haus, zeigt bereits, daß etwas in der Luft liegt. Das Taxi »schlittert« vom Bahnhof fort; »die immerselben Straßen scheinen aufzutauchen«; »die beängstigende Stadt, wie aus Pappkarton, wachte auf«; »gewaltig schlitternder Verkehr und fremdes Hupen«. Kurz vor dem Haus »schießt« und »biegt« das Taxi in finstere Gassen (wie das Taxi in der Geschichte *The Demon Lover*), »in tiefe Straßenschluchten; in irrer, düsterer Höhe sind Risse«. Henrietta erinnert sich, »wieviel Blut in Paris vergossen wurde«. Was eigentlich historisch gemeint ist, soll sich bewahrheiten. Nachdem wörtlich und bildlich noch einmal Blut vergossen wird und ein radikaler Eingriff in das Leben der Kinder stattgefunden hat, verlassen beide, wieder per Taxi, das Haus. Diesmal fährt Ray mit ihnen, Karens Mann, der Leopold holen und Henrietta zur nächsten Station ihrer Reise bringen soll. Im Taxi, das »ungeduldig wie eine neue Welt vor ihrer Tür« wartet, lassen sie Miss Fisher mit der Vergangenheit hinter sich. Das Taxi »schwenkt« und »pumpt sich« durch die abendlich erleuchteten, nassen Straßen von Paris (das Henrietta nun doch nicht zu Gesicht bekommen hat). Am Bahnhof wird das Mädchen wieder von ihrem wohlorganisierten Arbuthnot-Dasein in Beschlag genommen. Die strenge Miss Watson (»Jetzt komm aber; komm schon«) nimmt sie in Empfang und läßt Ray mit Leopold allein. Wie diese Verantwortung auf Ray lastet, zeigt sich darin, wie er sich angesichts des großen Bahnhofs fühlt. Das letzte Bild des Buches ist wieder eine Reise:

»Wohin jetzt? Der Bahnhof schallt, hallt, voll Dampf auf Licht und dunklen Luftbögen: Tempel des absichtlichen Fortgehens. Anhaltendes Geräusch in der steinernen, stählernen Muschel, Getöse und Gerenne, Ungeduld und Zweck lassen die Seele wie einen Flüchtling stillstehen und, alle Habe ergreifend, fragen: ›Ich bin wo?‹ Man könnte im Bahnhof leben, am Buffet essen, auf den Bänken schlafen, Zigaretten kaufen, ohne Ziel. Der Vagabund in Ray hätte sich gern hingelegt, seine Wange auf den zusammengerollten Mantel, und die Züge nach Spanien, in die Schweiz, nach Italien donnern und Paris wie das Meer den Bahnsteigrand umspülen lassen.«

So endet das Buch. Ray und Leopold warten auf das nächste Taxi, die Reise ins gemeinsame Leben. Elizabeth Bowen mag so ein Ende am liebsten – Matchett fährt im Taxi zu Portia; Cecilia und Julian warten auf Emmelines Rückkehr; Maud trifft Richard Priam am Flughafen –, was immer heißt, daß diese Figuren noch etwas vor sich haben.

Eingerahmt von den Kinderreisen finden Karens Reisen statt – zuerst die Irlandreise, Flucht eines frisch verlobten Mädchens aus der erstickenden Gemütlichkeit (wie in *Friends and Relations*). Karens nachsichtige, doch durchsetzungsfreudige Tante Violet hat sich aus dieser Welt durch ihre zweite Ehe mit Colonel Bill Bent befreit. Bents Herrenhaus Montebello ging während der »Unruhen« in Flammen auf; nach dieser Katastrophe zog er nach Rushbrook, Grafschaft Cork – Blick auf Cobh Harbour –, in eine Enklave »protestantischer Adliger, die ihr erlebtes Unglück zu Ende lebten«. Die Irlandreise ist das Beste am Mittelteil des Romans: zum ersten Mal seit *Der letzte September* kehrt Elizabeth Bowen zu ihren Ursprüngen zurück. Die Szenerie ist voller Erinnerungen, zart getönt, und unterläuft alle Hoffnungen auf eine Flucht aus der Zeit. Rückblickend wirkt diese Reise wie »ein langer Nachmittag mit drei Telegrammen«. Unterbrochen wird sie von der Neuigkeit, daß Max Naomi heiraten wird und daß Tante Violet krank ist und operiert werden muß. Gefahr lauert also auch in diesem friedlichen Stillstand, wo man sie am wenigsten erwartet. Tante Violets drohender Tod verstärkt Karens Unzufriedenheit mit ihrer »gediegenen« Verlobung und ihrer sicheren Welt. Wie Lois in *Der letzte September* sehnt sie sich nach Veränderung: »Käme doch bald die Revolution; ich würde gern noch einmal anfangen, solange ich jung bin, ohne Abhängigkeiten.« Tante Violet relativiert diese Aussage, weil sie ahnt, was Karen wirklich denkt: sie fragt sich, ob sie je einen anderen als Ray geliebt hat.

Der Besuch bedeutet die Ruhe vor dem Sturm. Wie immer steht Irland für verlorene Unschuld. Aber bei der Ankunft in Cobh Harbour beschreibt Elizabeth Bowen, wie verräterisch der Friede im Land ist, wie riskant die Ruhe.

»Häuser, die mit offenen Augen schliefen, sahen dem unmerklich schaukelnden Schiff nach; gegen den waldigen Hintergrund schienen sich die roten und weißen Schornsteine wie ein Traum abzuheben. Möwen kreisten und landeten auf gemähten Rasenflächen. Das Kielwasser hinterließ einen dunklen Streifen im glasklaren Fluß; die Wellen brachen an Gartenmauern. Jeder rollende Hügel, jede Flußbiegung schien das Schiff gefangenzunehmen und vom Meer abzuschneiden.

Am linken Ufer stieß ein Kirchturm aus einer Baumgruppe, überragte ein Grüppchen neogotischer Villen; dann der traurige Anblick eines Waisenhauses. Eine Glocke läutete, und ein Mädchen bestieg an der Ecke ihr Fahrrad und radelte davon. Der Fluß spülte Salz vom Schiffsbug. Dann kam rechts der baumdunkle Tivolihügel ins Blickfeld, steil, mit blassen Stuckhäusern, die in Baumkronen zu balancieren schienen. Palladianische Säulen, Aussichtstürmchen, Gewächshäuser, Terrassen zeigten sich im frühlingsgrünen Nebel im Hintergrund, abgestützt oder an den Fels gebaut, alle an den Hügel gelehnt, alle glitten am Schiff vorbei. Ja, es glich verschwommen einem italienischen Hügel; es stand in jenem flachen klaren Licht, das an die Vergangenheit denken läßt, und wirkte nicht wie ein Land in quälendem Wandel.«

Onkel Bill will dieses traumhafte, verräterische Land erhalten und den Fluß der Zeit anhalten. Seine neurotische Furcht vor Unpünktlichkeit – manchmal wacht er deswegen nachts schweißgebadet auf – beleuchtet sein Verhalten als übertriebenen Selbstschutz. Die Erzählerin kommentiert: »Hier hingen sie an ihren Hügeln landeinwärts überm Meer und schienen sicher wie junge Schwalben unter der Traufe. Aber das Schicksal ist kein Adler, sondern eine kriechende Ratte.«

Auf der Rückfahrt nach England unterhält sich Karen mit einem einfachen irischen Mädchen, das ihren Verlobungsring bewundert (»dann wissen Sie ja, was Ihnen bevorsteht«). Auch dieses witzige, komische Zusammentreffen (ebenso gut wie die Waikiki-Szene in *The Death of the Heart*) ist ein Beitrag zum Romanthema Reisen und Fremdsein:

»Der Blick, den sie Karen gönnte, zeigte, daß sie nichts gegen sie, aber auch nicht viel für sie übrig hatte. Sie waren sich viel zu unähnlich, um einen Gedanken auf sie zu verschwenden. Karen begriff, daß der Gelbe Hut sie für ein Zootier hielt, das in seinem Gehege herumtigerte – ahnungslos, daß es unfrei war und so gefleckt, wie man selbst nicht hätte sein wollen. Sie dachte: Sie und ich sind sogar gleichen Geschlechts, weil es davon nur zwei gibt: es müßte unbedingt mehr davon geben. Andere Leute kennenzulernen brachte oft erstaunlich wenig Horizonterweiterung; es bestätigte nur die Ansicht, man sei einzigartig …

›Tanzen Sie viel?‹ fragte der Gelbe Hut.

›Ja, durchaus. Sie auch?‹

›Bin ganz wild danach‹, sagte das große stämmige Mädchen. ›Kennen Sie die Empress Rooms? Toll, was?‹

›Toll.‹

›Na, vielleicht laufen wir uns da mal übern Weg! Ich trag' immer smaragdgrün und hab' ein Muttermal auf'm Rücken. Falls Sie mich sehen, geben Sie mir 'nen Klaps.‹«

Wieder in London, trifft Karen Max und Naomi, die frisch verlobt sind, und beginnt mit Max eine hoffnungslose Affäre. Wieder ist Reisen das Schlüsselsymbol. Max und Karen verlieben sich in der Eisenbahn:

»Kräftige Männer, die sich von Waggon zu Waggon rangelten, erdrückten Karen und Max fast. Sie standen in der Enge, die Schultern gegen das Fenster, die Gesichter dicht beieinander. Es gab kein Entrinnen. Sie fixierte seine rechte Schulter. Es löschte die Berührung aus, gestern auf dem Rasen; beide sahen unwillig auf, trotzig, leer. Dann trafen sich ihre Blicke; sie schauten einander unbewegt in die Augen ...

Ein Träger ging mit schiefgetürmtem Gepäck vorüber; Max hob die Hand, um Karens Kopf zu schützen. Die Leute hatten ihre Plätze gefunden; der Gang war jetzt leer. Der Zug stand wie auf den Bahnsteig gebaut, aber Karen stützte sich im Entlanggehen an den Fensterrahmen, als schlingere der Zug mit höchster Geschwindigkeit dahin.«

Die »rangelnden«, erdrückend kräftigen Männer, das schief aufgetürmte Gepäck, das imaginäre »Schlingern« des Zuges geben Max und Karen etwas von leichtsinnigen Reisenden, obwohl der Zug noch in Victoria Station steht. Als Karens Mutter von der Affäre erfährt, stellt sie fest: »Du bist ihm also mehr als den halben Weg entgegengefahren«; und Karen bemerkt selbst, daß sie durch ihre Liebe zu Max ihr eigenes Land aufgibt:

»Karen, die neben Max ging, fühlte sich mit ihm einsamer, vom eigenen Land abgeschnittener, als seien sie beide in Peru. Am fremdesten fühlt man sich, wenn man nicht mehr dorthin gehört, wohin man hingehört hat...«

Während ihrer Affäre verreisen sie zweimal, wobei alle Reisebilder des Romans gebündelt werden. Die erste Reise führt Karen nach Boulogne, die zweite Max nach Folkstone. In beiden spielt das Wetter eine große Rolle. Im sonnigen Boulogne, »einer Szenerie wie gemalt«, benehmen sie sich wie Touristen – gegen ihre eigentliche Intention. Das gemeinsame Vergnügen wirkt künstlich. Es entpuppt sich als Falle: sie verreisen, sind verliebt, verbringen einen sonnigen Tag miteinander – im Grunde typisch für ein glückliches Paar: »Eigentlich, also eigentlich trafen sie sich doch des Vergnügens willen?« Aber Gefühle und Umstände stehen in eigentümlichem Widerspruch zur Vergnügungsfahrt. In Folkstone, und später im Hotel in Hythe, wo Leopold gezeugt wird, stellt die feucht-düstere Umgebung Kents (die Elizabeth Bowen so exakt, wie nur Kindheitserinnerungen sein können, beschreibt) ihre Gefühle in Frage: sie fühlen sich von der Sonne verraten. Max löst zwar schriftlich seine Verlobung mit Naomi, und Karen und er malen sich über ihre zwanghafte Beziehung hinaus ein gemeinsames Leben aus, dennoch verheißen Reise- (und Sexualitäts-)Symbole nichts Gutes. »Alle warteten auf den Zug nach London … Der andere Zug würde nach Mitternacht krachend in die Gare du Nord eindonnern.« Beider Abreise ist letztlich eine Katastrophe.

Die flüchtigen Wochenenden der Liebenden demonstrieren das Schicksal derer, die wie Max und dessen Sohn Leopold (und auch Elizabeth Bowen) keine wirkliche Heimat haben. Max' Mutter war Französin, sein Vater ein englischer Jude; er wuchs in Südfrankreich bei Onkel und Tante auf, die er nicht mochte. Als ehrgeiziger junger jüdischer Bankier leidet er in Frankreich an »einem fehlenden Zuhause, einem Ort, wohin man zurückkehren könnte … In Frankreich keine Familie zu haben ist womöglich erniedrigender, als arm zu sein.« Mme Fisher, die Max' Unsicherheit durchschaut, hat ihm immer materielle Überlegungen bei der Wahl seiner Frau unterstellt, und hier liegt sein wunder Punkt – damit kann sie ihm Karen ausreden. Auch ihre matriarchalische Gegenspielerin, Mrs. Michaelis, hält ihn für einen »weibischen«, »hinterhältigen« Juden, der in Karen lediglich die bessere Partie sieht. Ihr Antisemitismus, typisch für die englische Mittelschicht jener Zeit, ist nur teils ironisch: Max soll als Jude etwas Suspektes haben. Vom sozialen und rassistischen Standpunkt ist Max als Liebhaber unerwünscht. Seine zweifelhaften, fremden, heimatlosen Eigenschaften machen ihn zur Schattenfigur; auch die Leser sollen an ihm zweifeln. Karen wird durch ihre Liebe zu Max ebenfalls zum »Flüchtling«. Diese Beziehung ist ihr im Grunde unvertraut und entfremdet sie von ihrer eigenen Welt. Ihre Kommunikation hat etwas Steifes. »Gespräche zwischen Menschen verschiedener Rassen haben immer etwas Ernstes; die sonst üblichen zärtlichen Albernheiten Liebender finden nicht statt.«

Daß Max hin- und hergerissen ist – von Naomi bedauernswert abhängig und außerdem Mme Fisher eng verbunden –, beunruhigt Karen (»Ihr beiden sprecht eine andere Sprache«). Anders als Liebende aus dem gleichen Umfeld, fehlt ihnen der gemeinsame Hintergrund, auf den sie zurückgreifen können: »Ihre Welten waren so sehr verschieden, daß keine Erfahrung für beide denselben Wert hatte.« Ihnen bleibt, statt Alltagsgesprächen und Koseworten, das Gespräch über Geschichte: hier liegt ihre Gemeinsamkeit, ein unpersönlicher, gemeinsamer Boden.

Der gefährliche Mangel an gemeinsamen Voraussetzungen, den Elizabeth Bowen mit großer Beobachtungsgabe darstellt, macht Karens »Revolution« gegenüber ihrer Rasse und Klasse, die so fest in der Geschichte verankert ist, ausgesprochen riskant. In *The House in Paris*, anders als in *Friends and Relations*, ist das unlebendige englische Spießbürgertum aber kein zentrales Thema. Dennoch wird es so dargestellt, daß es dem Leser graust.

»Familie Michaelis lebte wie in einem Vorkriegsroman in einem hohen, cremeweißen Haus in Chester Terrace, Regent's Park. Ihre Verwandten und alten Freunde, genauso nett wie sie, waren im gleichen Boden verwurzelt. Ihre Eltern sahen wenig Grund, ihre Ansichten zu revidieren, die noch vor kurzem fortschrittlich und bisher nicht überholt waren. Karen war in einer schicklichen, intelligenten Welt aufgewachsen, in der Burenkrieg, Weltkrieg und andere Strapazen und Katastrophen Gelegenheiten geboten hatten, eine gute Kinderstube unter Beweis zu stellen ...

Ihre Ehe mit Ray besaß jenen Hauch von Inzucht, der Ehen so vielversprechend machte; er war der Cousin eines Cousins; sie hatten sich bei ihr zu Hause kennengelernt. Ihr einziger Bruder Robin hatte den Krieg überlebt und eine sehr nette, begüterte Frau aus dem Norden geheiratet; zweimal wöchentlich ging er zur Jagd, gelegentlich druckte man seine satirischen Gedichte; obendrein hatte er einen Kunstdünger erfunden. Aus dieser Welt wollte sie manchmal zu gern ausbrechen, mußte aber wegen ihrer Ehe weiter darin leben.«

Diese bissige Satire erklärt, warum Karen von den gar nicht so »netten« Fishers fasziniert ist; warum Max sie so anzieht. Durch ihn sieht sie deutlicher, was an ihrem Zuhause nicht stimmt. Sie beschreibt ihm die Enge:

»Ich fand, daß ich im Gefängnis steckte – nein, eingesperrt in ein Museum voller Dinge, an denen einmal mein Herz hing und in dem es jetzt nichts mehr zu tun gab – nur noch zu gucken und zu wundern. *Sie* haben mich von allem Wesentlichen ferngehalten. Sie wären sogar vor der Kunst zurückgeschreckt, wenn ich wirklich gut malen könnte.«

Als die Affäre vorbei ist und ihre Mutter (die »des lieben Friedens willen einen grausamen Krieg führt«, »so tiefgreifend weltlich, daß es nach Herz aussah«) immer noch tut, als wisse sie von nichts, wird Karen in ihrem Kampf gegen die einlullende »Nettigkeit« bestärkt. Elizabeth Bowen zeichnet diesen Konflikt zwischen dem Anarchismus des Mädchens und der Unterdrückung der Mutter mit viel Gefühl als etwas Allgemeingültiges:

»Junge Mädchen lieben Übertreibungen. Unbewußt leiden sie gern; um zu ›leiden‹, müssen sie übertreiben; sie lieben starke Farben ... Sie erleben Liebe gern als Zweifel und Entsetzen ... Dieser natürliche sinnliche Protest gegen den guten Geschmack wird früh genug unterbunden; daß sie von Natur aus den Wüstling lieben, wird von ihren Müttern hintertrieben.«

Karens Revolution gegen ihre Klasse hat ironischerweise zur Folge, daß Leopold, wie sein Vater, zur Heimatlosigkeit verdammt ist. Karen hat sich geweigert, Leopold im Ausland großzuziehen: »Wenn er wie Max und ich ist, dann haßt er das – haßt Exil, im Nichts zu leben, unerklärlich, haßt, keinen eigenen Ort zu haben.« Aber daß sie nicht die Konsequenz aus ihrem Handeln zieht, sondern Ray heiratet und Naomi beauftragt, Leopolds Adoption zu organisieren, bedeutet, daß Leopold für Karens Tun bestraft wird. Der Roman behandelt die Folgen der großen Leidenschaft mit klassischer Überheblichkeit; niemand hat Schuld. Aber Karens Schwäche wird durch Leopold offenbar: sie hat die Konsequenzen nicht getragen, und er hat darunter gelitten.

In Leopolds Zusammentreffen mit Henrietta liegt

eine komische Parallele zur tragischen Beziehung zwischen Max und Karen. Wie Karen, nur ohne deren Aufmüpfigkeit, gehört Henrietta zu einer gediegenen, klar definierten Sippe.

»Nachdem Henrietta widerwillig stundenlang still mit Mrs. Arbuthnot, Caroline und deren Freunden verbracht hatte, war ihr deren Charme, Scharfsinn, ihre Macht über fremde Gefühle aufgefallen, und sie hatte keinen Zweifel daran, daß sie in einer Welt lebte, in der es verhängnisvoll war, wenn man keine Spur hinterließ.«

Für Leopold verkörpert Henrietta England und das »englische Leben« seiner Mutter. Sie weckt seine Neugierde, wie auch *The Strand Magazine*, das er aus ihrer Reisetasche holt und verständnislos liest. Und Henrietta sieht sofort den Fremden in Leopold: »Sie sah einen dunkeläugigen, sehr zierlichen kleinen Jungen, der entweder französisch oder jüdisch aussah.« Diese Betonung des Fremdseins weist bereits auf die letzte Konfrontation zwischen Ray Forrestier und Leopold hin:

»Ray sah, daß Leopold dachte: O ja, ein Engländer! (Natürlich sah Ray wie all diese großen Engländer aus, die in den Eisenbahngängen standen und die Fremden auf ihren Wegen zum Speisewagen oder zur Toilette höflich vorbei ließen... Er hat auch das Alter eines Engländers: etwa sechsunddreißig.)«

Daß Ray wie ein Reisender in einer Eisenbahn beschrieben wird, zeigt, daß seine Beziehung zu Leopold nur ein zeitlich begrenzter Kompromiß zwischen Fremden sein kann; Ray spürt, daß er »der Macht einer fremden kalten Persönlichkeit« gegenübersteht. Das Muster des Romans – verwirrende Beziehungen zwischen Fremden – wird so auf die Zukunft projiziert.

Fremdsein spielt auch beim Treffen der Kinder eine Rolle. Unbeholfene Beziehungen zwischen Jugendlichen und Erwachsenen gehören zu den besten Themen der Bowen, vor allem in *The Death of the Heart*. Schulmädchen beschreibt sie mit großer Einsicht, wie in *The Mulberry Tree*, dem Bericht ihrer eigenen Schulzeit. Sie ist das Ausgangsmaterial für ihre komischen – und bewegenden – Beschreibungen, von Theodora Hirdman zu Dicey in *The Little Girls.* In *The House in Paris* untersucht sie kindliches Verhalten jedoch am feinfühligsten und registriert mit enormer Genauigkeit den Unterschied zwischen Kindern mit gesellschaftlichem »Ort« und Kindern, die diesen »Ort« nicht kennen. Henrietta und Leopold sprechen eine förmliche, höfliche Sprache, mit der sie dennoch ihre Gefühle ausdrücken. A. S. Byatt beschreibt dies so: »Leopold und mehr noch Henrietta sind Kinder, die eine Sprache beherrschen, mit der sich die geheimen Gedanken intelligenter Kinder ausdrücken lasssen.«[5]

Intelligente Kinder sind nicht lieb.

»Ohne die schlichte beruhigende Anwesenheit Erwachsener, ohne deren Eingreifen ist der Terror fremder

Kinder untereinander grenzenlos, ein Terror, den das Leben sonst verschleiert, der sich aber immer wieder bewahrheitet. Die Übergriffe von Kindern an Kindern, beim Reden allein miteinander, haben kein Ende.«

Die Grausamkeiten, die sie sich gegenseitig antun, entsprechen ihrer Grausamkeit gegenüber Miss Fisher. Die Weigerung, Naomis Leid wahrzunehmen, »bringt das Faß zum Überlaufen«. Wenn sie gnadenlos mit Naomis Gefühlen spielen, sind sie genauso hinterhältig wie Miles und Flora gegenüber ihrer Gouvernante in einer Kurzgeschichte von Henry James:

»›Ich werde hier nicht lange bleiben‹, sagte Leopold.

›Natürlich, natürlich nicht‹, sagte Miss Fisher und warf Henrietta einen vielsagenden Blick zu. ›Leopold erwartet heute nachmittag seine Mutter‹, sagte sie, und es klang wie auf der Bühne.

›Ich weiß‹, sagte Henrietta abschätzig, ›Sie haben es mir schon gesagt.‹

›Du wirst deine Mutter irgendwann sehen, das weiß ich genau!‹

›Warum sollte ich‹, sagte Leopold.

›Wahrscheinlich ist irgendwas Unvorhergesehenes passiert. Weißt du, auch Erwachsene können nicht immer tun, was sie am meisten wollen.‹

›Oh! Und warum wird man dann erwachsen?‹

Miss Fisher erwiderte einfach: ›*Ich* könnte sonst überhaupt keine Fragen beantworten, Leopold.‹«

Henrietta und Leopold sind primitive Wesen. Sie können einander umarmen, können weinen – ohne Kommentar. Wenn sie getrennt stehen, ist es, »als schiebe sich eine Erwachsenenhand zwischen ihre Körper«. Als sie sich am Bahnhof zum Abschied die Hand geben – beäugt von Erwachsenen –, wirken sie wie »Menschen, die einen Eingeborenenritus vollführen«. Im Gegensatz zur erwachsenen, allwissenden Erzählerin, die diese Szenen kommentiert, sind die Kinder unschuldig wie Neugeborene. Sie besitzen eine instinktive Körperbeziehung und tragen noch ihr Herz auf der Zunge. Doch sie spielen ihren Part in einer Erwachsenengeschichte über Wissen, Leidenschaft und Macht und stehen kurz vor dem Verlust der Unschuld. Auch sie sind Opfer der Zeit; zwangsläufig werden sie in die Erwachsenenwelt hineinwachsen.

Henrietta (wie Alice im Wunderland und auch wie Maisie in Henry James' Roman) besitzt schon Welterfahrung und Selbstbewußtsein. Sie vertritt bereits eine Reihe von Konventionen. Sie hat schon Vorurteile: will, zum Beispiel, lieber den Trocadéro als den Arc de Triomphe sehen oder will in einem fremden Haus kein Bad nehmen. Sie hat Marotten – ihre Anhänglichkeit gegenüber ihrem Spielzeugaffen ist eine davon (»Also, ich gehe davon aus, daß er alles mitbekommt. Sonst würde es keinen Sinn machen, ihn überall mit hinzunehmen«). Und sie kennt feste Regeln (man unterbricht niemanden, der gerade denkt; man tunkt auch kein Brot in den Kaffee). Ihr Verhalten ist nicht nur eine Kuriosität jener Klasse, die Leopold so fremd ist, Henrietta bringt damit auch ihre heranwachsende Persönlichkeit auf den Punkt:

»Der heutige Tag trug viel dazu bei, Henriettas Wesen jene Eindeutigkeit zu nehmen, die sie aus Ermahnungen und Grundsätzen entwickelt hatte (unter dem wachsenden Druck der Frage: Wenn ich Henrietta bin, was ist dann *Henrietta*?) und die sich wie ein Mosaik aus allen möglichen Vorurteilen zusammensetzte. Sie wollte dringend jemand sein, und da nie jemand, ohne Eindruck zu hinterlassen, in ihrem Beisein ein Vorurteil geäußert hatte, setzte sie Vorurteil mit Identität gleich. Man konnte nicht jemand sein, ohne etwas nicht zu mögen.«

Verglichen mit Henrietta ist Leopold ein Barbar. Henrietta läuft an jenem langen Tag Gefahr, daß ihr sorgsam errungenes Identitätsgefühl durch Leopold und dessen Geschichte in tausend Stücke zerschellt. Als Miss Fisher sich von Henrietta verabschiedet, umarmt sie das Mädchen: »Als täte ich ihr leid.« Obwohl sie nicht dasselbe tragische Schicksal wie Leopold erwartet, hat auch Henrietta – das weiß Naomi – in diesem Haus etwas riskiert. In gewisser Hinsicht ist sie mißbraucht worden – wie im Schauerroman.

Was Henrietta an Leopold zum Fürchten findet, ist nicht nur sein fanatischer Egoismus, der »Bastardstolz« (»Du tust, als seist du Gott«). Mehr noch ängstigt sie, daß er sie als Spiegel benutzt und an ihr seine Erfahrungen ausprobiert. Er macht sie verrückt und wütend – wieder wie Alice im Wunderland, die sich aufregt, daß die Wesen, denen sie begegnet, ihrer eigenen Realität völlig unzugänglich gegenüberstehen. Die Feststellung: »Also, du bist höchstens ein Etwas in seinem

Traum«, bringen nicht nur die Haltung des Roten Königs gegenüber Alice auf den Punkt, sondern auch Leopolds Haltung gegenüber Henrietta.

»›Versteh doch – jetzt, wo deine Mutter tot ist, kannst du sie unmöglich sehen; liebst du sie immer noch, oder hat das jetzt keinen Sinn? Wenn du sie lieben willst, was tust du dann? Sich an sie erinnern? Aber wenn du dich nicht an sie erinnern könntest, aber sie vielleicht sehen könntest, würdest du sie dann mehr lieben oder weniger?‹

›Ich versteh' dich nicht ganz‹, sagte Henrietta abwesend – und empfand einen ganz ungewohnten Schmerz. Sie begriff nur allzu gut, daß dieses Verhör für die eigentliche Henrietta keinerlei Bedeutung hatte; daß Leopold sie nicht einmal verletzen wollte und nur ihre Blütenblätter abriß oder ihre Flügel, aus reiner Neugierde, um sich selbst zu entdecken. Seine Leidenschaftslosigkeit war für Henrietta schlimmer als Grausamkeit.«

Henrietta schützt sich vor diesem Angriff auf ihre Identität durch ein weibliches Verhalten, das sie bei ihrer Großmutter und ihrer Schwester beobachtet hat:

»Sie schaute gelangweilt, ob ihre Nägel sauber waren, und schien Leopold vergessen zu haben ... Sie warf einen Blick auf die Uhr gegenüber, unterdrückte höflich ein Gähnen und sagte laut zu sich: ›Erst fünf vor halb elf.‹«

Leopold, der die erdrückende Aufmerksamkeit seiner Stiefeltern gewohnt ist, gefällt dieses gekünstelte Desinteresse, und so ist Henrietta erst einmal Siegerin nach Punkten. Aber obwohl er der Jüngere und weniger Abgesicherte von beiden ist, besitzt er den stärkeren Willen; und obwohl der Leser Henrietta als sachliche Zeugin der extremen Leidenschaften, die das Haus verbirgt, inzwischen liebgewonnen hat, wiegen Leopolds Entdeckungen schwerer.

Leopold begreift in diesem Haus in Paris die Bedeutung der Sexualität. Im ersten Teil des Romans öffnet er Naomis Handtasche und liest den prüden Brief seiner Stiefeltern (»Wir befürchten, daß Leopold zu früh aufgeklärt wird«). Im letzten Teil lernt er nicht seine Mutter kennen, sondern die zynische, unversöhnliche, machtzerfressene Mme Fisher. Dennoch ist es verwunderlich, daß ein Roman, der von den Folgen sexueller Leidenschaft handelt, eigentlich die Sexualität verschleiert. Die sexuellen Fakten der Empfängnis und ihrer Folgen sind nicht die wichtigste Lektion für Leopold an jenem Tag. Er lernt, wieviel Macht Wissen verleiht; er lernt, woran man Stärke oder Willensschwäche erkennt; er lernt, welche Rolle die Zeit spielt. Und am wichtigsten ist eine Entdeckung, auf die der gesamte Roman hinausläuft: er lernt, daß Menschen unabhängig handeln – unbeeinflußt von seinem Willen. Dieses Wissen (das Mme Fisher selbst nie akzeptieren konnte) bedeutet letztlich, daß es für ihn doch eine Hoffnung gibt:

»Ja, seine Mutter hatte sich geweigert zu kommen; sie wollte nichts von ihm wissen. Er hatte sie sich ausgemalt, aber sie hatte die Rolle nicht angenommen. Dann war sie also kein Hirngespinst. Das Telegramm sprach von ihrem Willen, ihrem Handeln, ihrem Denken. Ihre Weigerung wurde *sie*, wurde ihr plötzliches Eintreten und zerbrach mit diesem einzigen Akt des Nur-sie-selbst-Seins seine Phantasie, mit der er sie gefesselt hatte. Also lebte sie außerhalb seiner Person; sie war wirklich lebendig. Sie bot den Widerstand, der Liebe war.«

»Leopold begriff, daß ein Mensch bewußt anders sein konnte als er. (Er hatte andere Menschen bisher nur in ihrer Opposition als anders empfunden.) Er hatte noch nie erlebt, wie ein Entschluß zustande kam oder wie jemand sich im Dunkeln den Kopf zermarterte. Spontanes Verhalten bei Erwachsenen kannte er, aber ein echter Willensakt war ihm fremd. Da die Diktatur Erwachsener bisher außerhalb seines eigenen festgelegten Daseins ihr unsicheres Wesen getrieben hatte, war sie ihm bislang stets willkürlich und zwecklos erschienen. Sein Eindruck war: sie verfügen über mich, aber es berührt mich nicht. Doch *diese* gegenwärtige Entscheidung war für ihn lebenswichtig. Dieser Mann kann mir etwas anhaben; ich kann ihm nichts anhaben.«

Nicht nur Leopold, alle Figuren des Romans setzen sich mit aller Willenskraft gegen feindliche Mächte zur Wehr. Karens Mutter verteidigt ihre Welt gegen den Ruin; Karen fordert mit ihrem starken Willen die Mutter heraus und zerstört sie. Die bescheidene, nichtssagende Naomi ist in ihrer Zuneigung extrem besitzergreifend. Sie zwingt Max und Karen zusammen, damit sie nicht die Kontrolle über beide verliert:

»Hinter ihrer Anspruchslosigkeit besaß Naomi einen Willen, der etwas von einer mächtigen Maschine hatte, die sich plötzlich in Gang setzte und alles umherwirbelte ...

Karen und Max, zwei Menschen, waren ihre Objekte; selbst mit ihnen hatte sie nichts im Sinn; sie war reinen Herzens. Kein Wunder, daß sie einem Angst einjagte ...«

Sie ist eine Opfernatur, unbeholfen und masochistisch, ein Mensch, den man immer quälen wird. Die Kinder drangsalieren sie, die Mutter beherrscht sie, Mrs. Michaelis bevormundet sie (»Wäre Naomi doch weniger emotional«), und Karen liebt sie ungeduldig und voll Schuldgefühl. Dennoch strahlt sie von allen Figuren die größte Würde aus. Wie Emmeline in *To the North* und Portia in *The Death of the Heart* ist sie eine der charakteristischen, enorm stilisierten Unschuldsfiguren der Bowen. Ihre Darstellung geht bis an die Schmerzgrenze. Wie Naomi am Ende einsam im Haus zurückbleibt, ist der schmerzlichste Moment des Romans.

Doch die Herrscherin des Romans ist Mme Fisher, das Monster. Elizabeth Bowen hat schon früher dominante, intrigante ältere Frauen dargestellt – Mrs. Kerr, Lady Naylor –, und diese bösen Mütter oder Wächterinnen werden immer wieder auftauchen. Mme Fisher übertrifft sie alle. Sie hat etwas Jacobinisches an sich – eine Figur aus dem *Grand Guignol*. Sie kann einen Menschen in den Selbstmord treiben; sie ist eine hermetische Figur, besessen von dem entsetzlichen, endgültigen Kampf gegen das Alter. Sie ist der schrecklichste Beweis der Wirkung der Zeit.

Mme Fishers Beziehung zu Max findet »in den Kulissen« statt. (Der Roman liebt dramatische Effekte – Boten als Nachrichtenüberbringer; verspätete Auftritte; Figuren, die ihre Rolle spielen; das Haus als Bühne.) Mme Fisher wird nur aus Kindersicht direkt beschrieben, so daß wir sie immer krank und alt und nicht als die einflußreiche, attraktive Frau erleben, die vor zweiundzwanzig Jahren das Leben des jungen Max Ebhart in die Hand nahm. Offenbar besaß Mme Fisher auch große sexuelle Ausstrahlung; sie verkörperte aber mehr Macht als Sinnlichkeit. Max beschreibt ihren Einfluß in sexuellen Begriffen. Beider Beziehung war jedoch grausig steril:

»Von Anfang an hatte sie mir gegenüber etwas Zersetzendes ... ich wurde, was sie in mir sah. Ihre Sexualität findet nur im Kopf statt, aber sie ist nicht umsonst eine Frau. In meiner Jugend machte sie aus mir eine Pflanze im stickigen Glashaus ... Frauen, die ich kannte, sah ich durch ihre Augen: sie waren nichts Bedeutendes. Alle meine Liebschaften fanden unter ihren Augen statt; sie wußte immer Bescheid. Sie machte sich über mich und meine Sinnlichkeit lustig.«

Diese Geschichte zeigt auch das konventionelle Beziehungsmuster zwischen erfahrener Französin und jungem Liebhaber. Daß Mme Fisher nicht nur das Verlöbnis zwischen Max und ihrer Tochter, sondern seine Beziehung zu Karen ruiniert, ist sicher auch ein Zeichen der Eifersucht. Doch daß sie Max in den Selbstmord treiben kann, zeigt, daß ihre Macht weit über die Sexualität hinausgeht.

»Er konnte nichts tun, das sie nicht schon erwartet hatte; meine Mutter kannte ihn bis ins Innerste. Ich begriff, daß es ihr auf schreckliche Weise gefiel, was sie über dich und ihn erfahren hatte ... Die Liebe zu dir war ihr in die Hände gefallen.«

Nach dem Selbstmord sagt Mme Fisher: »Er hat mich umgebracht, sich umgebracht und alles, was ich von ihm weiß.« Karen erklärt im Anschluß an Naomis Bericht: »Sie liebte nur ihre Macht. Diesmal hat sie sich selbst übertroffen; mehr nicht.« Die Worte »Wissen« und »Macht« sind hier austauschbar.

Wir, die Leser, sehen allerdings nicht das Machtmoment, sondern die Rache der Zeit. In Anwesenheit von Henrietta und Leopold hat Mme Fisher mit ihrer körperlichen Schwäche zu kämpfen. Leopold nennt sie »die Beute eines Kriechgewächses, der Vergangenheit, das vom Geschehen ganz faulig war«. Henrietta empfindet sie als starres, grausliches Symbol eines Schicksalskampfes.

»An sich war Mme Fisher keine hübsche alte Dame. Wächserne Haut spannte an ihren Schläfen, an Kinn und Wangenknochen; graues Haar fiel in Strähnen um eine unfrauliche Stirn; ihre Nasenlöcher waren groß, im Dunkeln fast wie bei einem Totenschädel; um den Mund waren tiefe Spottfurchen. Weder Geduld noch Unzufriedenheit standen ihr ins Gesicht geschrieben, eher eine Unergebenheit in erwartete Schmerzen. Sie lag weniger schwach als irgendwie ungläubig da – als hätten die vielen Katastrophen, die zur Krankheit führten, sie erst langsam, Stück für Stück überzeugt. Sie war jetzt immer noch ein wenig überrascht, daß dies ihr Ende war, frustriert saß sie in der Falle, wie jemand, der leibhaftig zur Figur auf seinem eigenen Grab wird. Ihre Krankheit kam ihr wie ein langes Versehen vor. Ihr Wesen schaute wild lächelnd aus ihrem Körper heraus; was da drinnen passierte, war zu schrecklich; sie mußte sich darüber lustig machen. Unfroh hielt sie verzweifelt den Kopf hoch.«

Mme Fishers grotesker Kampf erinnert flüchtig an Tante Violets sanften Protest gegen das Schicksal; das ist kein Zufall, sondern folgt aus dem Aufbau des Buches. Im Haus in Paris herrscht keine Milde. Elizabeth Bowen arbeitet das Finstere, Statische des Krankenzimmers heraus und gibt damit ein gelungenes Beispiel ihrer besonderen Technik, angestaute »Energie darzustellen«.[6]

Selbst diesem Tod bei lebendigem Leibe entspringen Wissen und Macht. Mme Fisher ist die einzige im Roman, die den Kindern die Wahrheit erzählt und die »Geheimnistuerei« durchbricht, mit der die Erwachsenen Sexualität und Liebe umgeben. Weil auch Henrietta an Zensur glaubt, ist es für sie schockierend, daß Mme Fisher erzählt, Leopolds Vater habe »Naomis Herz gebrochen«. Ihr ist, als habe sie Miss Fisher ausgezogen gesehen. »Sie wußte, daß man so etwas nicht hören sollte, wenn man erst elf war.« Dennoch imponiert ihr, wie Mme Fisher durch ihre Neugierde und »ihre eiskalte Vorliebe für die Gegenwart« Naomi auf die Folter spannt – die tyrannische Abhängigkeit zwischen Mutter und Tochter wird insgesamt brillant heruntergespielt. Leopold, der – anstatt seine Mutter zu treffen – die Frau kennenlernt, die seinen Vater »umgebracht« hat, wundert sich nicht über Mme Fishers Enthüllungen. Henrietta – typisch bürgerlich – ist der Ansicht, man solle manche Dinge für sich behalten; Leopold dagegen möchte soviel Wissen und Macht wie möglich.

Mme Fisher erzählt Leopold schonungslos und eindeutig die Wahrheit über die Vergangenheit – was sein Gefühl bestätigt, etwas Besonderes zu sein. Sie ist wie die Hexe im Märchen, die den jungen Mann mit einem Schwert aus dem Wald hinaus schickt. (Und der Roman hat ja nicht nur Anklänge an die griechische Tragödie, sondern auch an das Genre der Gothic Novel, und er trägt auch märchenhafte Züge.) Indem Mme Fisher die Vergangenheit zurechtrückt und die Gefühle der vorherigen Generation mit ihrem Zynismus herunterspielt, weist sie Leopold den Ausweg in die Zukunft. Der Konflikt zwischen den Mächten des Willens und der Zeit findet hier seinen Höhepunkt.

5

Der Tod des Herzens

Ein Glück, daß nur wenige von uns sich der Welt bewußt sind, bevor wir uns mit ihr verbündet haben.«

Elizabeth und Alan zogen 1935 von Oxford nach London, wo Alan Verwaltungsdirektor des Schulfunks der BBC wurde. Sie bezogen das Haus am Regent's Park, Clarence Terrace Nr. 2 – das Eckhaus einer der vornehmen Regency-Anlagen, die den Park einrahmen, mit Blick auf den See. In diesem Haus spielte nicht nur ihr nächster Roman, es war auch Schauplatz mehrerer Kurzgeschichten. Das Haus wurde zum gesellschaftlichen Treffpunkt – ähnlich dem inzwischen ein wenig heruntergewirtschafteten Bowen's Court.

Alan Cameron scheint in dieser Zeit zwar eine hilfreiche, jedoch zunehmend nebensächliche Rolle gespielt zu haben. Die Ehe blieb – für manche Betrachter unerklärlicherweise – bestehen, aber Elizabeth war von einer nicht unbeträchtlichen Anzahl männlicher und weiblicher Bewunderer umringt: Mary Sarton verliebte sich, allerdings unerwidert, in sie; Goronwy Rees war ein bezaubernder, wenn auch unzuverlässiger Verehrer; sie selbst bewunderte ihren irischen Kollegen Sean O'Faolain. Sie schloß Freundschaft mit Persönlichkeiten wie L.P. Hartley, Raymond Mortimer und Desmond McCarthy. Sie war ausgesprochen produktiv, ihre Meinung als Literaturkritikerin war allgemein gefragt. Dazu gab sie einen Band Erzählungen im Verlag Faber & Faber heraus und verfaßte sogar Theaterkritiken für Graham Greenes Magazin *Night and Day*, das leider bald eingestellt wurde. Doch hinter aller Umtriebigkeit ließ sich der Druck der weltweiten politischen Ereignisse nicht verdrängen. So wirkt ihre Diagnose der Schwächen und Mängel der eigenen Zivilisation um so unheilvoller.

The Death of the Heart (1938) enthüllt ironischerweise die Unglaubwürdigkeit genau jener englischen Mittelschicht, mit der die Bowen verkehrte. Und in diesem Buch findet die bisher schmerzlichste Konfrontation zwischen Unschuld und Erfahrung statt. Themen aus *The House in Paris* und *To the North* werden darin kombiniert: Portia, die Heldin, ist wie Leopold ein Kind, das die Bedeutung von Kompromiß und Verrat kennenlernt; sie ist aber auch, wie Emmeline, eine junge Frau, die entdeckt, wie gefahrenvoll die Liebe ist. Dabei ist ihre Wirkung auf ihr Umfeld ebenso mächtig und gefährlich wie dessen Einfluß auf sie. *The Death of the Heart* ist ein ernster Roman – die Erzählerin darin ein kluger Kommentator. Ansichten werden nicht mehr dick aufgetragen wie in der Passage über die Tragödie in *To the North*. Alles klingt trockener, ernster. Hier werden wesentliche moralische Werte vermittelt.

Der Roman zeigt obendrein das umfassendste Bild Englands vor dem Krieg. Er unterscheidet sehr genau zwischen unterschiedlichen Formationen der englischen Mittelschicht, und eines der Hauptthemen ist das

Verhalten dieser Klasse. Portia fühlt sich wie Leopold nicht wohl in ihrer Haut und kommt auch mit ihrer Umwelt schlecht zurecht, weil Sozialverhalten ihr ein Rätsel ist; sie kennt die verbindlichen Voraussetzungen nicht. Ihre Unschuld hat nicht nur mit Alter und Geschlecht zu tun. Sie ist auch Unschuld in gesellschaftlicher Hinsicht.

Portia Quayne bewegt sich – wie Fanny Price in *Mansfield Park* oder Maisie in *Maisie* – in verschiedenen gesellschaftlichen Klassen. Wie Fanny lebt sie von ihrer engsten Verwandtschaft getrennt und wohnt bei einem sonst fremden, aber begüterten Zweig der Familie. Wie Maisie hat ihre Situation etwas Vorübergehendes: man weiß nie, ob oder wann sie fort muß. Der Roman umfaßt ein halbes Jahr (von einem eisigen Januar zu einem vielversprechenden Juni). Portia lebt in dieser Zeit bei ihrem Halbbruder Thomas Quayne und dessen Frau Anna in deren wohlhabend ausgestattetem Haus Windsor Terrace Nr. 2, Regent's Park. Die Quaynes sind ein betuchtes, auf Stil bedachtes Paar Mitte dreißig. Thomas hat das Geld seiner Mutter geerbt, dazu ihr nobles Mobiliar, und obendrein ist ihre Haushälterin Matchett in seine Dienste übergewechselt. Er verdient 2 500 Pfund im Jahr und ist Teilhaber einer Werbeagentur. Anna galt bereits bei ihrer Hochzeit vor acht Jahren als »begabtes, eher träges Mädchen, mit verschiedenen Talenten, das alles mögliche ausprobiert und sogar Geld verdient hatte«. Beim Tod ihres Vaters erbte sie 500 Pfund pro Jahr.

Mit den Quaynes attackiert Elizabeth Bowen die reiche englische Mittelschicht so heftig wie nie zuvor. Der gesamte Roman ist ein Angriff auf Kälte und Unvermögen dieses »Lebensstils«. Portias Familiengeschichte, die wir gleich zu Anfang erfahren, stellt das bürgerliche Bedürfnis in Frage, sich vor unfeinem Verhalten und emotionalem Chaos zu schützen und die schwarzen Schafe aus seiner Gemeinschaft auszustoßen. Die Thematik ähnelt E. M. Forsters Roman *Engel und Narren*, in dem die intrigante Mrs. Herrington den aufmüpfigen Zweig der Familie unter ihre Fuchtel bekommen möchte.

Thomas' Mutter, Mrs. Quayne, ist wie Mrs. Herrington »unerbittlich« und pocht auf ihr Recht, was nichts Gutes bedeutet, dabei ist sie immer auf ihren Vorteil bedacht. Als ihr leichtsinniger, wenn auch von Gewissensbissen geplagter Ehemann einen Ausbruch aus seinem gepflegten Ruhestand unternimmt und mit siebenundfünfzig eine Affäre mit einer viel jüngeren »kleinen Witwe« beginnt, wirft ihn Mrs. Quayne in ihrer Selbstgerechtigkeit aus dem gemeinsamen Heim in Dorset, an dem er sehr hängt. »Leute, die gern Opfer bringen, braucht man nicht zu bedauern«, sagt Matchett, die Portia die Geschichte erzählt. »Bedauernswert sind dagegen die Opfer. Die Opferbringer kommen schon auf ihre Kosten. Jeder Mensch weiß im Grunde, worauf er zur Not verzichten kann. Ja. Mrs. Quayne würde ihr letztes Hemd opfern, aber genauer betrachtet, würde sie dabei kein bißchen verlieren.« Mrs. Quayne jagt ihren Mann fort, letztendlich deshalb, um so seine Ehe mit Irene und Portia, ihre gemeinsame Tochter, beeinflussen zu können.

Für Thomas, der einen kühlen Kopf und ein laues

Herz hat, ist der Ehebruch und die Wiederheirat seines Vaters grotesk. Zu Besuch bei der neuen Familie seines Vaters, empfindet er »eine vage Scham – wegen seines Vaters, seiner selbst und der Gesellschaft«. In einem Brief aus seinem Hotel auf dem Kontinent bittet der sterbenskranke Mr. Quayne Thomas, nach seinem Tod Portia »ein Gefühl für ein normales Familienleben« mitzugeben. Aber Irene macht sich bezüglich der Quaynes keine Illusionen. Sie hält den Brief zurück und lebt mit Portia weiter allein im Ausland. Wie Geschwister leben sie außerhalb der Saison in billigen Pensionen – vielleicht so, wie Karen und Leopold zusammengelebt hätten; oder wie Elizabeth Bowen mit ihrer Mutter in Kent. Erst nach Irenes Tod erreicht der besagte Brief seinen Adressaten, und Thomas nimmt die verwaiste Portia gegen Annas Wunsch zumindest für ein Jahr bei sich auf. Anna und Matchett richten ein Zimmer ein; Anna kauft ihr Kleidung, zieht ihr die Trauerkleider aus und schickt sie in eine teure, feine Schule am Cavendish Square. Aus dem verwaisten Mädchen soll ein solides Mitglied der Mittelschicht werden.

Elizabeth Bowen hätte Portias Herkunftsgeschichte als Rückblick erzählen können – vergleichbar mit dem Mittelteil von *The House in Paris*. Aber Mr. Quayne senior und Irene sind in diesem Fall weniger wichtig als Portia; in ihrer Unfaßbarkeit tauchen sie im Roman gar nicht erst auf. Die Geschichte der Quaynes wird aus verschiedenen Blickwinkeln dargeboten: zu Beginn erstattet Anna ihrem Freund, dem Schriftsteller St. Quentin, Bericht; Portia erinnert sich an ihr Leben im Ausland; Matchett unterhält sich immer wieder mit Portia. So wird eines der

Hauptanliegen des Romans deutlich: die Verantwortung gegenüber der Vergangenheit.

Annas lieblosem Bericht über die Familie ihres Mannes (»Wissen Sie, Irene war eigentlich ein Nichts«) stehen Portias zärtliche Erinnerungen an ihre Mutter gegenüber, die wußte, »daß neun von zehn Dingen, bei denen man der Stimme seines Herzens folgt, falsch sind; und dennoch hätte sie nicht anders gekonnt«. Beide Versionen werden allerdings erst durch Matchetts kluge Kommentare ins rechte Licht gerückt. Matchett besteht darauf, daß Mrs. Quayne die eigentliche Quelle alles Übels gewesen sei, und klärt Portia darüber auf, daß sie und ihre Eltern von einer mächtigen, ihre Privilegien verteidigenden Klasse mißbraucht wurden. Matchett macht Portia begreiflich, daß sie und ihr Bruder Thomas vieles gemeinsam haben, und Portia fühlt sich mit ihm gegen Anna im Bund:

»Schließlich haben wir unseren Vater. Obwohl er mit Anna auch etwas gemeinsam hat, aber innerlich ist bei ihm und Anna anders, was bei mir und ihm gleich ist.«

Vergangenes fordert die Gegenwart heraus. Anna lehnt die Vergangenheit ab und versagt sich entsprechende Gefühle; Matchett besteht auf der Bedeutung der Vergangenheit; Thomas stimmt ihr widerstrebend zu und warnt Portia, nicht die Fehler der Familie zu wiederholen. Portia erfaßt im Laufe des Romans die Bedeutung der Vergangenheit. Als sie schließlich Windsor Terrace verläßt und wegläuft, stellt sie eine Beziehung zwischen ihrer persönlichen Lage und der Behandlung ihrer Eltern her:

»Sie waren grausam zu meinem Vater und meiner Mutter, aber angefangen hatte es wohl schon vorher... Mein Vater erklärte mir oft, daß man eigentlich anders lebe als wir... Er war sich ganz sicher, daß irgendwo das normale Leben weiterging – ja, deswegen wurde ich zu Thomas und Anna geschickt. Aber ich weiß jetzt, daß es nicht stimmt: wenn er und ich uns wieder träfen, müßte ich ihm klarmachen, daß es kein normales Leben gibt.«

Windsor Terrace Nr. 2, wo Portia entdeckt, daß es kein normales Leben gibt, gleicht dem Haus, in dem Elizabeth Bowen wohnte. Es wird in mehreren Geschichten wieder auftauchen, die sie während des Kriegs schrieb. In der gleichen Gegend befinden sich auch das Haus der Michaelis in *The House in Paris* oder die Wohnung in der Weymouth Street aus *The Heat of the Day.* Aber in *The Death of the Heart* haben die Bombenangriffe noch nicht begonnen. Wenn man die Regent's Park-Szenen in diesem Roman mit jenen in *The Heat of the Day* vergleicht, bekommt man einen ungemein lebendigen Eindruck, was der Krieg in diesem Teil Londons angerichtet hat.

Die großzügige elegante Regency-Wohnanlage des Outer Circle, die bereits in der brillanten Eingangsszene des Romans Hintergrund eines frostigen Winterspaziergangs durch den Park ist – »bleich« und »zurückgezogen« im eisigen Januar –, bietet genau die kühle Hohlheit, die Elizabeth Bowen den Quaynes zuschreibt. Die Häuser stehen »leer, bühnenhaft, ein E bildend, mit kühlen Säulen, die gegen den schwarzen Schatten abstechen; eine reine Fassade«. Das Hausinnere ist »neutral«. Die Wohnbereiche – Annas luxuriöses Wohnzimmer, Thomas' verrauchtes Arbeitszimmer, Matchetts geheimnisvolles Souterrain und Portias Dachzimmer – sind alle eindeutig voneinander getrennt. Thomas'« und Annas Bereiche werden durch ein Haustelefon miteinander verbunden – ein sicheres Indiz, daß die zwischenmenschlichen Beziehungen gestört sind.[1]

Die Atmosphäre des Hauses spiegelt die spirituellen Defizite der Quaynes und die Feindseligkeiten zwischen Anna und Portia. Anna hat Portia ein hübsches Zimmer eingerichtet; Portia verunziert es mit wilder Unordnung, die Matchett voller Respekt übersieht, Anna jedoch in Rage bringt:

»Sie besitzt allen möglichen Krimskrams, den Matchett niemals anrührt ... Ich habe mir soviel Mühe mit dem Zimmer gegeben. Ich hatte keine Ahnung, daß sie gar kein Augenmensch ist. Jetzt betrete ich das Zimmer kaum noch, es deprimiert mich nur ... Sie ist dermaßen unempfindsam was *Sachen* angeht – jeden Hut, zum Beispiel, behandelt sie wie einen alten Umschlag. Verstehst du, nichts von ihren Sachen gehört ihr richtig ...«

Portia, die mit kindlicher Begeisterung alles hortet, was für sie einen persönlichen Erinnerungswert hat, verliert unbekümmert sämtliche geschmackvollen Accessoires, die Anna ihr gekauft hat: Handschuhe, Mantel, Aktentasche. Anna dagegen drückt durch Gegenstände ihre Persönlichkeit aus – und Thomas hatte immer ihren Stil und ihre Kleider attraktiv gefunden. Dieser Gegensatz zwischen beiden kennzeichnet auch einen unüberbrückbaren Gegensatz in beider Lebenshaltung. Elizabeth Bowen hat diese Thematik schon in einer früheren Kurzgeschichte dargestellt:

»›Oh, Gilda, wenn die eigene Haut nichts Persönliches ist, was dann?‹

›Ich weiß nicht‹, sagte Mrs. Roche langsam. ›Für sehr persönlich halte ich sie nicht. Schließlich ist sie nur die Hülle – notgedrungen. Aber mit Kleidern sagt man etwas über sich aus. Eva hat erst etwas aus sich gemacht, als sie nicht mehr nur herumsaß – ohne Feigenblatt –, sondern anfing, sich Blumen ins Haar zu stecken. Und mit dem Feigenblatt hat sie noch mehr aus sich gemacht, und du und ich machen noch viel mehr aus uns, als sie aus sich gemacht hat.‹

›Für dich existiert jemand erst wirklich, wenn er sich verhüllt?‹ fragte Laura. Sie mischte sich in das Gespräch ein, ernst und gewichtig, so wie sie auch das Zimmer betreten hatte.

›Ich weiß nicht‹, sagte Gilda Roche. ›Je weniger man von mir sieht, desto mehr bin ich da.‹«[2]

Dieses Gespräch ähnelt jenem zwischen Isabel und Mme Merle in Henry James' *Bildnis einer Dame*. Dort wird diskutiert, ob »das eigene Selbst – für andere – in dem Ausdruck unseres Selbst liegt« (»Ich habe großen Respekt vor *Sachen*«) oder ob, wie Isabel behauptet, »mich nie etwas ausdrücken kann. Nichts, was mir gehört, kann ein Maß meines Wesens sein; im Gegenteil, alles ist Grenze, eine Schranke, und dazu eine völlig willkürliche.« Mme Merle beendet die Diskussion mit der Frage, ob Isabel »ihre Kleider lieber ablegen würde«.[3] Portias und Annas unterschiedliche Einstellung zu »Sachen« stellt die Unschuld der Korruption gegenüber.

Dabei hängt Portia durchaus an manchen Gegenständen. Sie ist ungemein empfänglich für deren besondere Bedeutung und Wirkung. Dies zeigt ihr Tagebuch, in dem sie das Leben in Windsor Terrace ungerührt festhält. Auch Matchett, die als Hausmädchen »mit dem Mobiliar« ins Haus kam, hat einen geradezu mystischen Sinn für die historische Bedeutung der Dinge: »Unnatürliches Dasein vererbt sich, und die Möbel wissen das.« Wie Portia und Matchett glaubt auch die Romanerzählerin an die emotionale Bedeutsamkeit von Gegenständen:

»Geht innen alles drunter und drüber, ist es wichtig, sich auf unerschütterliche *Dinge* zu konzentrieren. Das Unerschütterliche, der Anschein, es sei nichts passiert, bringt neue Sicherheit ... So etwas meinen wir, wenn wir von Zivilisation sprechen ... In dieser Hinsicht ist die Vernichtung von Gebäuden und Mobiliar für das Gemüt verstörender als die Vernichtung von Menschen.«

Portia und Matchett spüren beide, daß die Gegenstände in Windsor Terrace auf einen Mangel hinweisen: »das normale Familienleben«, das da sein sollte, aber nicht da ist. Dennoch wirft Windsor Terrace die Frage auf, ob es so etwas wie ein »normales« Leben überhaupt gibt.

Anna und Thomas machen darüber immer wieder eher deprimierende Witze:

»Ja, oft sieht es so aus, als seien du und ich nicht normal. Aber ich sage mir auch, wer ist denn normal?«

»›Welchen Beweis hast du‹, fragte Thomas, ›… daß es viel nettere Leute tatsächlich gibt?‹«

Anna ironisiert die Vorstellung von Normalität in einer Krisensituation, als sie auf St. Quentin als »alten Freund der Familie« zurückgreift. Dieser Klischeebegriff ist typisch für das Lebensgefühl in Windsor Terrace, wo Treue oder Familientraditionen keine Rolle spielen. Portia ist in ein durch und durch ungeselliges Haus geraten; die Annehmlichkeiten des von Anna eingerichteten Wohnzimmers haben nichts Wärmendes. Die Quaynes sitzen um »ein künstliches Feuer, kein echtes, an dem man sich die Hände wärmen könnte«. Sie besitzen nur wenige Freunde, die sie nicht besonders mögen, und erwarten auch keine Überraschungsbesuche:

»Besucher waren in Windsor Terrace unbekannt. Sie waren ausgemerzt worden; es gab sie einfach nicht. Das häusliche Leben der Quaynes ging so abgeschieden vonstatten, als sei die Ehe unrechtmäßig.«

Die Abneigung gegenüber Unerwartetem oder Bloßstellungen funktioniert von innen heraus. Gefühle werden verborgen, Blicke erreichen nie ihren Adressaten. Portias Blicke sind viel zu offen, Eddies zu theatralisch, Annas zu ausweichend. Anna findet Portias Tagebuch und liest darin; aber sie würde das Mädchen niemals deswegen zur Rede stellen. Anna und Thomas kehren von einer Ferienreise heim und wissen nichts über ihre Abwesenheit zu berichten oder über ihre Rückkehr – obwohl Anna immerhin einen halbherzigen Versuch unternimmt, denn schließlich wäre eine Reaktion das »Normale«: »Unser Leben vergeht kommentarlos ... Wir sind zu Hause, Thomas: sag was über zu Hause –« Sie haben sich in einem Vakuum eingerichtet, und ihre Isolation fördert nicht die Nähe, sondern die Vereinzelung.

»›Ich bin nie mit dir zusammen‹, sagte er.
›Sieh doch, wie wir leben.‹
›Wie wir leben, ist hoffnungslos.‹«

Die Erzählerin geht auch mit dem politischen Hintergrund dieser übermäßig einengenden Lebenseinstellung ins Gericht:

»Mit Ungestörtheit können sie sowieso nicht rechnen, aber auf lange Sicht können auch sie sich ihre Gesellschaft nicht auswählen. In Windsor Terrace machte womöglich der Versuch, dem entgegenzuwirken, das Haus so unbehaglich und kalt. Diese irrige Lebenseinstellung – die allen dann und wann bewußt wurde, angefangen bei Thomas Quaynes bis hin zur Köchin – bewirkte Spannungen und Störungen wie ein aussichtsloses Liebesabenteuer. Jede Person in Windsor Terrace lebte im Spannungsfeld der eigenen Wahnvorstellungen, egal wie geringfügig sie waren ... Irgend etwas beschnitt das

Leben im Haus der Quaynes ... Gleichzeitig schien niemandem klar, gegen *was* man vorging oder ob irgend etwas Lebensnotwendiges dabei abhanden kam. Wenn Matchett gefürchtet hatte, eine Bedrohung für das Haus zu sein, dann, weil sie am ehesten den Finger auf die Wunde legen konnte.«

Matchett, die unerbittliche Richterin der Familie Quaynes, sieht das Hauptproblem im Mangel an Kontinuität. Anna hat keine Kinder, wofür Matchett sie moralisch verantwortlich macht; und sie weigert sich, Erinnerungen und Traditionen zu wahren. Das Paar ist also in einer sinnlosen Gegenwart gefesselt. Matchett erklärt dies Portia so:

»›Nein, in diesem Haus gibt's keine Vergangenheit.‹

›Was macht sie dann so nervös?‹

›Sie haben lieber keine Vergangenheit – keine solche Vergangenheit, besser gesagt. Kein Wunder, daß sie nicht richtig wissen, was sie tun. Wer kein Gedächtnis hat, weiß nicht, was was ist.‹«

Die Quaynes mögen moralisch zweifelhafte Figuren sein, ihre Beziehung wird jedoch mit Klugheit und Gefühl beschrieben. Es ist die Darstellung einer gehemmten englischen Ehe, ähnlich jener der Goulds in *Nostromo*, der Brookenhams in *The Awkward Age* oder der Ashburnhams in *The Good Soldier*. *The Death of the Heart* ist eine schmerzliche Geschichte – nicht nur wegen der Erlebnisse Portias, sondern auch wegen des uneingestandenen Schmerzes des jungen Ehepaars Quayne.

Annas Temperament wird wunderbar charakterisiert: ihr Hang zu Bewunderung, Unterhaltung, Tratsch; ihre Abwehr gegenüber eigenen Erinnerungen; ihre tolerante, aber auch boshafte Haltung Thomas gegenüber; ihre Zwanghaftigkeit, bei der eine nervöse Geste zum »leidenschaftlichen Akt« wird; ihre Abneigung gegenüber der Natur (auf einer Fahrt nach Epping Forest bleibt sie im Wagen und liest einen Kriminalroman[4]; an Bord eines Schiffs nach Capri kehrt sie dem Meer die ganze Zeit den Rücken zu); ihre ständige Unzufriedenheit:

»›Du magst eigentlich überhaupt nichts richtig leiden, oder?‹

›Nein, gar nichts‹, sagte Anna und lächelte ihr nettes, breites, böses Lächeln.«

Sie ist interessant, weil ihre Abwehr nicht lückenlos funktioniert – Portia geht ihr unter die Haut – und weil ihre Skepsis ehrlich klingt. Man spürt, daß Anna oft den Nagel auf den Kopf trifft: »Also – wer ist denn nicht unzureichend? Wir alle schaffen Situationen, in denen wir einander nicht gerecht werden, und dann bricht uns deswegen das Herz.«

Anna und Thomas scheinen zeigen zu wollen, daß Liebe offenbar keine gute Idee ist. Beider Herzen sind gefühllos. Anna wurde im Verlauf der einzigen Liebesgeschichte, bevor sie Thomas kennenlernte, betrogen. Thomas liebt zwar Anna, seit die beiden verheiratet sind, aber er ist »Opfer der Wahnvorstellung … daß in ihrer Sprache nichts ausgesprochen werden dürfe, daß nichts genügen würde«. In all seinen anderen Beziehungen ist Thomas gelangweilt, angeekelt und mißtrauisch. Er geht davon aus, daß jeder, den er trifft, nur seinen Vorteil im Kopf hat; er ist leicht zu verunsichern und besitzt wenig Menschenkenntnis. Er ist mit den Zuständen der dreißiger Jahre unzufrieden, und sein mangelndes Vertrauen in die Zeit ist typisch für eine ganze Klasse. Dessen ist er sich bewußt:

»›Ich weiß, da gibt es etwas, weswegen ihr alle zusammenkommt.‹

›Vielleicht‹, sagte Thomas, ›aber ich glaube es nicht. Ich glaube einfach nicht, daß wir zusammenkommen. Keiner von uns fühlt sich besonders gut, und ich glaube nicht, daß wir einander in die Karten sehen lassen wollen. Ich glaube, nichts trennt die Leute so sehr wie Rivalität und Angst, und die sitzt uns allen in den Knochen. Ironischerweise will jeder uns, der Bourgeoisie, das Messer in die Rippen stoßen, weil wir uns angeblich alle so gut amüsieren ... Offenbar weiß keiner, daß wir uns mehr oder minder egal sind ... Wir sind nur jämmerliche kleine Christopher Robins. Oh, wir müssen leben, aber ich bezweifle, ob wir die Notwendigkeit wirklich einsehen. Das Beste, was uns passieren kann, ist, daß wir damit so lange durchkommen, bis die anderen es uns fortnehmen.‹«

Diese Rede hält Thomas vor Major Brutt, »dem Mann weiß-Gott-woher«, der erfolglos auf den malaiischen Inseln gelebt hat und in einem trostlosen Londoner Hotel auf ein Wunder hofft, bevor ihm sein Geld ausgeht.

»Männerjahrgänge kommen aus der Mode wie Autofabrikate; Major Brutt war ein 1914/18-Modell: dieses Fabrikat war auf dem Markt nicht mehr gefragt.« Für flotte junge Männer wie Eddie gibt es in Thomas' Firma Arbeit, aber nicht für den grundanständigen, bemitleidenswerten Major, der zu sehr an seiner Klasse und seinem Land hängt, um zu begreifen, daß man ihn ausgemustert hat.

Majors Brutts Beziehung zu Windsor Terrace ist zufällig. Er war ein Freund von Robert Pidgeon, Annas verflossener Liebe, und einmal hat er sie zusammen erlebt. Er schwärmt für Pidgeon, und romantisch, wie er ist, umgibt er jenen Abend in seiner Erinnerung mit illusorischem Glanz. Es ist ein harter Schlag für ihn, als er beim Wiedersehen mit Anna feststellt, daß sie jemand anderen geheiratet hat. Aber Illusionen, stellt der Erzähler trocken fest, sind so schnell nicht totzukriegen:

»Schließlich sind es die Gefühle, denen wir treu bleiben: wir lernen, sie an anderer Stelle wiederzufinden. Bereits an jenem ersten Abend in Windsor Terrace hängte Major Brutt sein Herz an jenen warmen Raum. Um der Gastfreundschaft und jenes kleinen Mädchens auf dem Teppich willen ließ er Pidgeon schnell im Stich. Selbst er hatte etwas gefühlsmäßig Rücksichtsloses – und dabei hatte er allein in einem Hotel in der Cromwell Road gelebt.«

Major Brutt schließt Windsor Terrace ins Herz; er kommt gern vorbei, schickt Anna rosa Nelken und Portia ein Puzzle. Die Quaynes sind peinlich berührt, weil sie vermuten, daß er etwas von ihnen will, und weil er Anna an die Vergangenheit erinnert. Mit seinen Illusionen über ihr glückliches Zuhause und seinen rosigen Erinnerungen verkörpert er den gleichen »subversiven Vorwurf« wie Portia. Die beiden Unschuldigen und Heimatlosen Portia und Major Brutt schließen sich zu einem kläglichen Bündnis zusammen. Am Ende des Romans geht Portia zu Brutt, weil sie bei ihm wohnen möchte. Dieser denkwürdige Augenblick hat sowohl etwas Komisches als auch etwas Irritierendes, Rührendes, Verzweifeltes. Um Major Brutt für sich zu gewinnen, zerstört Portia »mit sehr leiser, unerbittlicher Stimme« seine Phantasien über Windsor Terrace:

> »Sie sind die andere Person, über die Anna lacht ... sie findet Sie ziemlich jämmerlich. Über die Nelken lachte sie auch, weil die Farbe falsch war. Sie hat sie mir gegeben. Und Thomas meint immer, Sie sind hinter etwas her. Was Sie auch tun, auch daß Sie mir ein Puzzle schicken, bestärkt seine Meinung, und sie lacht noch mehr. Sie stöhnen sich was vor, wenn Sie weg sind. Sie und ich sind gleich.«

Neben anderen Figuren des Buchs bedeutet auch Major Brutt für die junge Portia eine neue Erfahrung. Wie *The House in Paris* ist auch dieses Buch ein Erziehungsroman. Die von den Quaynes für Portia ausgewählte Schule entpuppt sich als ein alberner, sinnloser Ort. Elizabeth Bowen macht sich darüber lustig: »Eigentlich sollten wir etwas über die Mozart-Rezeption lernen, aber weil Nebel war, haben wir darüber debattiert, daß

Konsequenz der Kobold der Kleingeister ist. Außerdem haben wir einen Aufsatz über Metternichs Politik geschrieben.« Im Grunde lernt Portia dort, daß sie nicht dazugehört. Auch, daß Mitschülerinnen, denen man sein Vertrauen schenkt (die ordinäre Lilian, wie Theodora und Pauline köstlich persifliert), nur zu gern die eingestandenen Gefühle mißbrauchen.

Auch außerhalb der Schule hat jeder Mensch für Portia eine Lehre in petto – gesellschaftlich, moralisch oder emotional. Dieser Prozeß ist klar strukturiert, wie die Gegenüberstellung von Gut und Böse in *To the North*. *The Death of the Heart* hat drei Teile mit bedeutungsschweren Titeln: *Die Welt*, *Das Fleisch* und *Der Teufel*. Im ersten Teil, der im Winter spielt, gewöhnt sich Portia an das Leben in Windsor Terrace. Anna findet ihr Tagebuch, die Quaynes lernen Major Brutt kennen, und Portia verliebt sich in Eddie. Im zweiten Teil (Frühling) wird Portia zu Mrs. Heccombe und deren Stiefkindern nach Seale verfrachtet, weil Anna und Thomas allein verreisen möchten. Eddie kommt sie besuchen. Im dritten Teil (Sommer) kehren alle nach London zurück. St. Quentin teilt Portia mit, daß Anna ihr Tagebuch gelesen hat, und Portia begreift, daß auch Eddie auf Annas Seite steht. Sie läuft von Windsor Terrace fort zu Major Brutt, und die Quaynes schicken Matchett, um sie wieder nach Hause zu holen. In diesen drei Teilen wird die Dreiecksbeziehung zwischen Portia und den Quaynes von vier Beschützern oder Lehrern flankiert; zwei wohlmeinenden (Matchett und Major Brutt) und zwei böswilligen (Eddie und St. Quentin); dazu kommt ein komisches

Zwischenspiel, in dem die Bewohner von »Waikiki« ihr eine Lektion erteilen.

Von den vier Lehrern ist Matchett die gewagteste Figur, weil sie am wenigsten unnatürlich dargestellt ist. Sie rüstet Portia für ihre Reise aus, indem sie ihr die Geheimnisse der Vergangenheit verrät. Wie ein griechischer Chor deckt sie die Schwachstellen der Familie auf, sie kennt Eddies Fehler und auch Portias, aber erst ganz am Ende des Romans kann sie dieses Wissen auch in Handeln umsetzen. Erst nach Portias Flucht und nachdem Eddies Einfluß geschwunden ist, übergeben die Zuständigen ihr die Macht. Thomas und Anna, die der Vergangenheit den Rücken zugekehrt haben, vertrauen Portia letztendlich der Wortführerin der Vergangenheit an, geben damit ihr Versagen zu und sichern eine gewisse Kontinuität. Auf den ersten Blick mag dies eine hochtrabende Interpretation der banalen Taxifahrt einer Haushälterin sein, die ein weggelaufenes Mädchen wieder nach Hause holt. Aber die Geschichte macht die Bedeutung spürbar, weil sie der teilnahmslosen, unversöhnlichen, finsteren Gegenwart Matchetts eine solche Tragweite verleiht:

»Sie saß seitlich auf dem Bett, die Knie in Richtung Portias Kissen, und ihre dunklen Röcke zerflossen in der dunklen Umgebung, nur die Schürze war sichtbar. Ihr Oberkörper warf eine verschwommene Silhouette gegen das fahlbraune Stück Himmel; ihr Gesicht, gefurcht in der Dunkelheit wie eine verwitterte Statue, leuchtete hin und wieder auf, wenn Autoscheinwerferlicht es streifte. Bis jetzt hatte sie aufrecht dagesessen, abwartend und als sei ihr Körper ein Gefäß voller Erinnerungen, die nicht verschwendet werden durften – aber jetzt, wie um das Gewicht der Vergangenheit zu verlagern, legte sie eine Hand aufs Bett, Portia gegenüber, und stützte sich schwer auf, so daß sie ganz gebeugt dasaß.«

Soviel sprachliche Bedeutung wird St. Quentin niemals zugebilligt. Sein raubfischhaftes Aussehen, seine Vorliebe für äußere Annehmlichkeiten, seine Angst vor persönlicher Bloßstellung sind eher komisch als schurkisch. Er ist nicht mächtig genug, um wirklich »der Teufel« zu sein. Er ist der typische Beobachter – wie aus einem Roman von Henry James, latent homosexuell –, der sich in anderer Leute Dramen einmischt und dabei ungern Pflichten übernimmt. Doch am Ende findet selbst St. Quentin ein Eingreifen unvermeidlich. Niemand kann nur Zuschauer sein. Er spiegelt teilweise die Beziehung der Quaynes zu Portia aus amoralischer, ästhetischer Perspektive. Ihn interessiert eher der Stil, weniger der Inhalt des Tagebuchs, das Portia führt. Aber er ist auch am Verrat beteiligt, der in diesem Roman stattfindet. Portia mißbraucht Matchetts Vertrauen, indem sie mit Eddie »durchbrennt«, Eddie verrät Anna, indem er mit Portia anbandelt. In Seale hintergeht Eddie Portia sowohl gesellschaftlich als auch körperlich; wieder in London, verrät er sie an Anna. St. Quentin stellt Anna vor Portia bloß; und Portia läßt Major Brutt hinter die Kulissen von Windsor Terrace schauen und nimmt ihm damit seine letzten Illusionen. Der »Teufel« des letzten Teils ist demnach nicht St.

Quentin[5]; er steht eher für Betrug und Verrat insgesamt. Wie Henry James, dessen Einfluß in diesem Roman deutlich spürbar ist, fällt Elizabeth Bowen in diesem nach außen hin eher satirischen, weltlichen Buch ein hartes moralisches Urteil.

Von Anfang an ist klar, daß Portia zwangsläufig Eddie ihr Vertrauen schenken und dieser sie hintergehen wird. Dahinter steckt interessantes autobiographisches Material. Victoria Glendinning beschreibt eine Party, die 1936 in Bowen's Court stattfand, bei der Goronwy Rees, für den sich Elizabeth Bowen interessierte, eine Affäre mit Rosamond Lehmann begann.[6] Rees war Ende zwanzig, zehn Jahre jünger als die Bowen, klug, attraktiv und leichtsinnig. Als *The Death of the Heart* erschien, amüsierte er sich zuerst, später erwog er eine Verleumdungsklage. Als älterer Mann erinnerte er sich abgeklärt (oder abgebrüht): »Ach, irgendwer war immer in mich verliebt… An Liebe habe ich nie geglaubt.«[7]

Diese Mitteilung ist um so vielsagender, als Goronwy Rees in den dreißiger Jahren in England Beziehungen zu russischen Spionen nachgesagt werden – ich werde darauf zurückkommen, wenn *The Heat of the Day* zur Debatte steht.[8] Man kann davon ausgehen, daß Elizabeth Bowen sich sowohl mit Anna als auch mit Portia identifizierte, und es erklärt auch die Figur des Eddie. So liest sich dessen Darstellung manchmal wie die Rache an einem heuchlerischen, opportunistischen Ex-Liebhaber. Eddies Marotten werden karikiert; die Fratzen, die er zieht (»das mache ich nur, wenn ich am liebsten gar kein Gesicht hätte«), die glitzernden Augen und der leere

Blick, die gekünstelten Gesten einer Figur, »die ihre Naivität verliert«. Aber Eddies Verhalten, das, wie St. Quentin behauptet, »permanente Hysterie« spiegelt, wirft auch ein Licht auf die Leute, die ihn mögen. Er ist sich der Tatsache durchaus bewußt, daß er »gekauft« wurde:

»Auf jedermann schien Eddie einen besonderen Reiz auszuüben; er war wie ein buntes kleines Knallbonbon, das, zog man fest genug, mit großem Getöse explodierte. Er war das hochbegabte Kind einer unbedeutenden Familie und kam zu allem entschlossen nach Oxford. Dort nahm man ihn auf, spielte ihn hoch, spielte mit ihm herum, nahm ihn auseinander, ließ ihn fallen, gab ihm schließlich eine einzige idiotische Nummer. Sein Äußeres war hinreißend: er besaß eine proletarische, animalische, fixe Anmut. Sein Benehmen war nach einem Jahr hochfliegender Pläne kühn, quicklebendig und intim. Er wurde ein eindeutiger *Parvenu*.«

Eddie prostituiert sich gesellschaftlich, zwar passiv, aber berechnend, und bedient übelste Sensationslust und gönnerhafte Impulse der Mittelschicht. Aber die Bowen zeichnet nicht nur Eddies verderbliche Eigenschaften, sie macht auch klar, daß er verdorben wird. Sein Gesicht ist »niederträchtig« und »unschuldig«. In Krisensituationen neigt er zu hysterischer Verzweiflung, ist dabei ganz und gar nicht mehr geschickt. Er wird von Schuldgefühlen geplagt, weil er seine proletarische Familie verleugnet; daß er seinen Gönnern nach dem Mund reden muß, ist ihm zuwider. Dies alles gipfelt in seiner zweifelhaften Beziehung zu Anna, die ihn zwar als »Troubadour« lockt, ihn sexuell aber abweist:

»›Wenn ich schon Leute kenne, die mich ruinieren, dann will ich wenigstens was davon haben.‹

›Versteh ich recht? Dich ruinieren? Wer denn?‹

›Sie und ihre ganze Sippe. Sie machen mich zum Affen und weiß Gott Schlimmerem. Ich schäme mich, wieder nach Hause zu fahren.‹«

Eddie fühlt sich zu Portia hingezogen, weil sie keine Kriterien hat, um ihn zu beurteilen, und zuerst empfindet er sie als wohltuenden, süßen Kontrast zu Annas ständigem »Was dann?«. Doch am Ende ist er von ihr entsetzt, weil sie nicht spürt, was sie zu erwarten hat. Portias Ahnungslosigkeit ist für Eddie ebenso alarmierend und bedauernswert wie für die Leser.

Portia glaubt, Eddie sei »normal«, weil er ihr gleiche. Sie übersieht dabei, daß er bestechlich ist, auch wenn er die Welt verachtet. Ihre eigentümlichen, entsetzlichen Gespräche – dieser Roman lebt größtenteils vom Dialog – zeigen Portias Gutgläubigkeit und Eddies wachsende Verzweiflung.

»›War ich unfreundlich?‹

›Kann ich nicht beurteilen.‹

›Schade ... Weil ich es nicht weiß, weißt du. Vielleicht bin ich ein Monster; ich habe wirklich keine Ahnung. Die Sachen, die ich sagen muß, mußte man vorher nie sagen. Ist mein Leben wirklich so abscheulich und außergewöhnlich? Wie soll ich das nur rausfinden.

Ich wollte, du wärst älter; ich wünschte, du wüßtest mehr.‹

›Du bist der einzige Mensch, den ich –‹

›Zum Teufel noch mal; genau das meine ich. Du weißt nicht, was du zu erwarten hast.‹

Ängstlich klebte ihr Blick an seinem Gesicht – ein verzweifelter, angestrengter Blick, als versuche sie eine Lektion zu begreifen – sie sagte: ›Trotz allem, Eddie, alles, was geschehen ist, ist niemals vorher geschehen. Was ich meine, ist, du und ich sind zum ersten Mal wir.‹

›Trotzdem, die meisten Leute kennen sich doch aus – das siehst du doch ... Du gehst davon aus, daß jede verdammte Sache entweder richtig oder falsch ist und man ganz dabei sein muß.‹«

Ein unschuldiger Mensch benimmt sich so, als sei jede Tat vollkommen und einzigartig; aber wie Eddie es ausdrückt: »Mein Gott, schließlich müssen wir in der Welt leben.« Taten und Gefühle – Liebe, Verrat – sind nicht einzigartig. Sie sind schon anderen Leuten passiert. »Beweggründe und Leidenschaften«, kommentiert die Erzählerin fast wie Anna mit ihrem pessimistischen Blick, »gibt es erschreckend wenige.« Der Tod des Herzens setzt ein, wenn das scheinbar Einmalige, Vollkommene und Bleibende sich als das Übliche, Landläufige und Vergängliche herausstellt. Aber für die Welt erweisen sich die Ansprüche der Unschuldigen im Verlauf dieses Prozesses als extrem gefährlich:

»Als unverbesserliche Fremde in der Welt bestehen sie immer auf einem heroischen Glück. Ihre Aufrichtigkeit, ihre Gnadenlosigkeit, ihr einziger immerwährender Wunsch macht sie zwangsläufig grausam und läßt sie grausam leiden. Die Unschuldigen sind so rar, daß sich selten zwei begegnen – begegnen sie sich, liegen ihre Opfer überall verstreut.«

Eddie begeht schrittweise Verrat an Portia. Ihre endgültige Desillusionierung findet in London statt, doch sie nimmt bereits während des Besuch bei den Heccombs in Seale ihren Lauf. An diesem Schauplatz (eindeutig der Badeort Hythe) spielt ein Drittel des Buchs – es ist der komödiantische Höhepunkt in Elizabeth Bowens Werk. Hier ändert sich auch die Taktik des Romans: die ordinären Heccombs werden mit Hingabe dargestellt, ganz im Gegensatz zur übertriebenen Kühle der Szenen in Windsor Terrace. Portia hat sich in eine gröbere, weniger gefährliche Welt begeben; der Ton des Buches entspannt sich und läßt die anschließende Rückkehr nach London um so beklemmender erscheinen. Es erinnert ein wenig an *Mansfield Park*, an den langen Besuch der Heldin Fanny Price in Portsmouth. Wie Fanny denkt auch Portia in der Fremde mitfühlender an ihr unfreiwilliges Zuhause: »Sie war nicht nett zu Anna gewesen … Sie hatte feindseligen Herzens in diesem Haus gewohnt.« Und wie Fanny muß sie sich erst an die handfestere Lebensart an der Küste gewöhnen:

»Mrs. Price, Rebecca und Betsey gingen alle drei nach oben, um sich zu verteidigen … und das Ganze war, da beinahe jede Tür im Haus offenstand, Wort für Wort im Wohnzimmer zu verstehen, außer wenn es gelegentlich von noch lauterem Lärm übertönt wurde, den Sam, Tom und Charles machten, die einander die Treppe hinauf- und hinunterjagten, übereinanderfielen und schrien.

Fanny war wie vor den Kopf geschlagen. Die Enge des Hauses, die Dünne der Wände ließen alles so unmittelbar auf sie eindringen ...«[9]

»Sie hörte Türknallen, was hieß, daß Daphne zu Hause war. Waikiki, begriff sie bald, war ein Resonanzkörper: man wußte immer, wer wo war und was er tat – außer wenn ein lauter Wind ihren Lärm verschluckte ...

Durch die Decke konnte man Mrs. Heccomb hören, wie sie Dickie ermahnte – sch sch –, der die Glastür zuknallte. Dann rückte er einen Sessel und rüttelte am Kaminrost: es klang, als sei ein Riese in der Diele losgelassen.«

Elizabeth Bowen malt mit eindeutigem Vergnügen Waikiki als »Quell spontaner Lebensäußerung« aus. Es ist ein dichtes, farbiges Kabinettstück, ein wenig versnobt, aber detailgetreu. Mrs. Heccomb (früher Annas Gouvernante, lebt inzwischen verwitwet mit den Kindern ihres verstorbenen Mannes) ist eine freundliche, launische Dame – ein kurioser Kontrast zu ihren beiden fordernden Stiefkindern. Daphnes überwältigende Brillantine-Frisur, ihr mandarinenfarbener Lippenstift, ihre »groben Sitten«; Dickies brutaler Machismo; beider schlichte, gedankenlose, gutgelaunte Strandfreundschaften sind ein gefundenes Fressen für die Autorin, und das läßt sie sich nicht entgehen. Zum Beispiel wenn Mrs. Heccomb einkaufen geht (»Eine Flasche biserierte Magnesia-Tabletten, klein; eine Flasche Soßenbräuner«); oder wenn sie ein Schläfchen hält (»Beim Erwachen griff Mrs. Heccomb sich hastig ins Haar, als hätte sie etwas darin gehört«); oder als sie Eddie kennenlernt (»Portia hörte fast, wie Mrs. Heccomb ihre Gedanken wie Stühle vor einem Fest hastig hin und her schob«). Wir haben den Samstagabend-Schwof, den Sonntagsspaziergang auf den Klippen, den Kinobesuch, das Sonntagsessen (»Sie futterten wie Teilnehmer an einem Marathon-Essen«), einen Ausflug zum Southstone Pavillon (natürlich Folkstone) und einen Besuch in Smoots Bücherei, wo Daphne, an den Stuhl gekettet wie »eine zornige Lady of Shallot« »ihren Stundenlohn zusammenrechnete ... und deutlich zeigte, daß sie den ganzen Betrieb gerade noch duldete«. Dazu kommen mehrere lautstarke Wortgefechte zwischen Daphne und Dickie und Dickies Ansichten über Mädchen:

»Wenn man mit einem Mädchen bekannt ist, sollte man ihr rechtzeitig sagen, was Sache ist. Was ich auch nicht mag, sind verschmierte Lippenstiftmünder. Wenn ich ein Mädchen zum Tee einlade, gucke ich mir immer die Tasse an. Wenn sie dann rotes Zeugs auf dem Rand hinterläßt, sag' ich: ›Hallo, ich wußte ja gar nicht, daß die Tasse ein rotes Muster hat.‹ Das Mädchen ist dann völlig platt.«

Die Bewohner von Waikiki leben ihre Emotionen aus: keiner hält sich zurück oder ist gar diplomatisch. Portia erlebt weder Heuchelei noch Beherrschung – was hält die Leute hier in Schach?

»Das Leben hier in Waikiki unterlag keiner Zensur, wodurch das Benehmen prall und offen war. Außer dem simpelsten Anstand war hier nichts vorgeschrieben – immerhin schrie Daphne nur, fluchte aber nicht, und Dickie blieb streng und bescheiden.«

Unter dieser bescheidenen Oberfläche tost das Leben. Der Kontrast zu Windsor Terrace bedeutet, daß Portia noch einmal von vorn anfangen muß: ist *dies* normales Leben? Von Waikiki aus gesehen wirken die Quaynes noch dubioser. Aber Waikikis Vertrauen auf Konventionen ist ebenso unpassend, wie Portia nach einem Gespräch mit Dickie in ihrem Tagebuch registriert:

»Er sagte, er beurteile Leute nach deren Charakter. Ich fragte, ob das wohl immer ein gutes Urteil sei, weil sich der Charakter der Leute manchmal ändere, was davon abhängt, was mit ihnen passiert. Er sagte, nein, ich hätte unrecht, was Leuten passiere, hinge von ihrem Charakter ab.«

Dickies moralische Besserwisserei hilft Portia nicht weiter. Die Erlebnisse in Seale bestätigen ihren Verdacht, daß Verhalten und Erfahrung nicht absolut, sondern relativ und schwankend sind. Daphnes betrunkener Freund Mr. Burseley, der sich gern danebenbenimmt, flüstert Portia beim Tanzen samstags abends zu, sie sei »eine ganz Süße«. Portia erinnert das gehörig an Eddie, und zum ersten Mal wird ihr bewußt, daß Liebe nichts Einzigartiges ist – sie findet das demütigend. Kann ein Gefühl, das »wirklich von Herzen kommt, zwingend notwendig sein, ohne daß es einzigartig ist«? Als Eddie in Waikiki auftaucht, steigert der von ihm entfachte Tumult nur Portias neue Unsicherheit. Ein kleiner, häßlicher Betrug findet statt: alle gehen ins Kino, und Eddie »fängt was mit Daphne an«. Portia sieht, wie die anderen auch, daß die beiden Händchen halten.

Sexualität spielt in *The Death of the Heart* kaum eine Rolle. In Seale ist sie zwar überdeutlich spürbar, dennoch benimmt sich jedermann zurückhaltend und konventionell. Sexualität trägt in Waikiki zum Witz bei (die Auseinandersetzung mit Daphne nach dem Kino ist ausgesprochen komisch). In Windsor Terrace findet Sexualität hinter verschlossenen Türen statt. Anna ist wütend auf Eddie, als er sie küssen will. Sie möchte einen Schützling, keinen Liebhaber. Eddie verführt Portia nicht körperlich. Elizabeth Bowen behandelt das Thema Lust mit Diskretion, meist stellt sie diese als Zufall oder zum Lachen dar. In den schmerzlichen Szenen zwischen Portia und Eddie im Wald und in der leeren Pension wehrt sich Eddie nicht gegen Portias sexuelle Besitzansprüche, sondern ihre verheerende Gutgläubigkeit:

»Ich kann nicht fühlen, was du fühlst: Ich bin innen ganz zu ... ich will dich nicht; ich habe keinen Platz für dich; ich will nur, was du gibst ... du willst mich ganz und gar – stimmt's, *stimmt's*? –, und ganz und gar bin ich für niemanden zu haben. Ganz und gar gibt's mich gar nicht.«

Portias Wehrlosigkeit wird eindringlich geschildert. Ihr »vollkommen offenes Gesicht«, ihr aufmerksamer Blick, ihre Selbstverleugnung vor Eddie, ihre »schrecklich lammfrommen Tränen« sind am Rande des Erträglichen. Es gibt viele treffende Details, wie der mehrfache Vergleich mit einem gefangenen Vogel oder die kindlichen Arrangements in ihrem Zimmer (»Wie ich sehe, ist von meinem Kuchen für den Bären oben was abgebröselt«). Heute kann man sich kaum noch vorstellen, daß eine Sechzehnjährige so verletzlich sein kann. Man möchte meinen, sie sei allenfalls dreizehn oder vierzehn. Gleichzeitig verfügt sie in ihrem Tagebuch über die gleiche exakte Beobachtungsgabe wie die erwachsene Erzählerin:

»Heute abend ist ziemlicher Nebel... Als ich erwachte... war es nicht wie nachts, sondern als sei die Luft krank«.

»Heute regnet es nicht, ist aber ziemlich dunkel, überall in der Luft ist Schwarz, obwohl das Grün so Hellgrün aussieht.«

»In diesem Haus kann man Gefühle riechen.«

Insgesamt haben Portias Pathos und ihr extremes Wesen etwas Alarmierendes das dem Roman sowohl eine symbolische wie soziale Dimension gibt.

Die Titel der verschiedenen Abschnitte von *The Death of the Heart* beziehen sich auf die Litanei: »Von allen Ränken der Welt, dem Fleisch und dem Teufel, Gütiger Herr, befreie uns.« Portias »Herz« wird der Welt geopfert, und es liegt im Bereich des Möglichen, daß dieses Opfer zur Erlösung führt. Todesbilder, besonders des Kindertodes, sind allgegenwärtig. Am Ende eines abendlichen Dialogs zwischen Portia und Matchett schaltet Matchett das Licht an und sieht Portia wie »in einem Sarg des Schweigens daliegen«. Die plötzliche Helligkeit erinnert an ein Krankenhaus: »Als läge sie im Krankenzimmer, ihre Gedanken ganz auf sich zurückgezogen.« An dem Tag, als Portia sich weigerte, nach Windsor Terrace zurückzukehren, schien dasselbe Zimmer »niemanden zu erwarten ... der Tag war darin allein verstorben«. Vorher noch geht Eddie, als alle fort sind, nach Windsor Terrace und trifft dort Matchett, die in allen Zimmern das Mobiliar zugehängt hat und Frühjahrsputz macht. »Alles erinnerte wirklich an ein Leichenhaus, und ich sagte mir: ›Sie ist jung gestorben.‹« Das Bild Portias als kindliche Todesbraut – als unausweichliches Opfer[10] – ist auch in ihrem Äußeren angelegt. Auf dem Weg zu ihrer letzten Verabredung mit Eddie scheint sie dahinzuhüpfen »leicht wie Gas, wie ein kleiner Leichnam«. Als sie sich in Major Brutts Hotelzimmer verschanzt, »entkörpert« sie sich geradezu »wie eine Kranke« oder jemand, der nicht aufstehen will. Es heißt sogar, Portia leide an einer metaphysischen Krankheit, dem Leid des Sündenfalls. Wiederholte theatralische Metaphern machen sie zum tragischen Opfer:

»Sie war wie eines jener Kinder im elisabethanischen Theater, die auf die Bühne geführt, wieder fortgeführt werden, kaum sprechen und denen ein tragisches Schicksal droht, das in einem einzigen Vers erzählt wird.«

Manchmal ist sich Portia ihrer Symbolkraft bewußt. Als sie sich entsetzt vom Haus der Quaynes und dessen »eingeschlossenem Raum, dem verriegelten Herzen«, zurückzieht, kommt ihr der Gedanke, daß »einzelne Personen gewiß verdammt seien«. In ihrer letzten Szene mit Eddie nimmt sie ihn wie immer beim Wort:

»›Also, du, laß mich allein, verdammt!‹
›Mir ist egal, ob ich verdammt bin.‹«

Der doppelte Verrat durch Anna und Eddie wächst sich in ihren Gedanken zu voller Größe aus »wie ein doppelstämmiger Baum«. Der Tod des Herzens steht also auch für den Sündenfall. Dennoch scheint diese Interpretation zu starr und begrenzt, um dem Roman letztlich gerecht zu werden. Matchett ist die einzige, die Sinn für Religion und Ritual hat: »Die teilnahmslose Feierlichkeit, mit der sie bei der Arbeit war, machte jedes Bett zum Altar; in den großen Häusern, wo alles noch seine Richtigkeit hatte, war dieses religöse Element allgegenwärtig.«

Ansonsten beschreibt *The Death of the Heart* ein durch und durch weltliches Universum. Auch der Kirchgang in Seale bringt nur Komik mit sich. Gericht, Vergeltung, Vergebung finden im Diesseits statt. Es gibt kein theologisches Konzept des Sündenfalls, sondern das zeitgebundene Konzept der Gerechtigkeit. Portias Name läßt an die als Richter verkleidete Frau bei Shakespeare denken. Was dem Roman seine Härte gibt, ist die Tatsache, daß Portia nicht nur Opfer, sondern auch schonungslose Zeugin ist, die mit der Welt so hart umgeht wie diese mit ihr. Wie St. Quentin sagt: »Du konstruierst dir alles. Du bist ein äußerst gefährliches Mädchen.« Und ihr Tagebuch ist letztlich für Anna doch eine Falle, weil diese darin den Spiegel vorgehalten bekommt: »So, wie sie mich beschreibt, komme ich mir vor wie ein Wasserhahn, der sich nicht aufdrehen läßt.«

Die letzte Szene in Windsor Terrace, in der Anna, Thomas und St. Quentin entscheiden, was mit Portia geschehen soll und dabei ihre eigene Unzulänglichkeit zugeben, gleicht einem Verhör. Für Portia war das Haus immer ein »Gericht, das nach einem unbegreiflichen Gesetz funktionierte«. Jetzt ist sie plötzlich »der Detektiv mit dem Schlüssel zum Verbrechen«. St. Quentin fühlt sich auf dem Weg zum letzten Treffen in diesem Haus »wie einer, der zum Schauplatz des Verbrechens zurückkehrt – oder, genauer gesagt, zu seiner Moralquelle«. Als Portia nicht nach Hause kommt, beginnt Thomas Fragen zu stellen; St. Quentin und Anna blicken schuldbewußt drein; »die Stimmung war sofort angespannt wie die Stimmung bei Gericht«. Portia setzt ein Ultimatum: sie wird das Karachi-Hotel erst verlassen, wenn sie sicher weiß, daß die anderen »den richtigen Entschluß« gefaßt haben. Die Quaynes stehen vor einer Prüfung. Matchett zu schicken ist ein kluger Schachzug, der sie aus der Verantwortung entläßt und

Portias Bedürfnissen entspricht. Aber inzwischen müssen sie sich selbst unter die Lupe nehmen, um sich die ganze Wahrheit einzugestehen. Das Geschehen hat sie verändert. Anna äußert schließlich ein heftiges Mißfallen und sympathisiert mit Portia – also gibt es für ihr dem Tode geweihtes Herz noch Rettung:

»›Na, was würdest du fühlen, Anna?‹«
›Wenn ich Portia wäre? Ich würde uns alle verachten, weil wir allesamt unsere Leben verpfuscht haben und sie nun davon abhalten, ihres zu leben. Langeweile, o, solche Langeweile, und diese verschworene Gesellschaft, hinter der nichts steckt ... Wahnsinnige, wahnsinnige Sehnsucht danach, empfindsam behandelt und, gleichzeitig, in Ruhe gelassen zu werden. Der Wunsch, nach meinem Befinden gefragt zu werden, der große Wunsch, einfach akzeptiert zu werden –‹«

Wenn man davon ausgeht, daß die Quaynes Portias Nöte erkennen, geschieht also Gerechtigkeit. Aber dem Buch liegt ein grundsätzlicheres »Urteil« zugrunde. Portias Unschuld ist das Kriterium, das bei der Beurteilung der Welt zum Tragen kommt, aber die Welt fällt auch über die Unschuld ihr Urteil. Demnach umgeht der Roman eine einfache romantische Gegenüberstellung. Die Sprache der Erzählerin ist eine befreite Sprache, sie spricht von Kompromiß, Realität und Anpassung. Diese desillusionierte, kluge Erzählstimme könnte auch Anna gehören, vielleicht sogar St. Quentin. Sie erklärt, daß Portia sich verändern *muß*; sie schiebt ihr den Schwarzen Peter zu.

St. Quentin erteilt Portia eine Lektion in punkto Kompromiß:

»Was du für böse an uns hältst, ist schlicht unsere Methode, uns in Gang zu halten. Wir müssen leben, auch wenn du die Notwendigkeit nicht einsiehst.«

Diese Politik (meist in stilvollen Aphorismen geäußert) wird kunstvoll umgesetzt, als er den Quaynes erklärt, was mit Portia los ist:

»Ihr ›richtiger Entschluß‹ ist etwas irgendwie Absolutes, und etwas Absolutes gibt es nur im Gefühl... Heute abend haben uns diejenigen, die reinen Herzens sind, gut im Griff. Und sieh nur, welchen Spaß ihr das macht – sie lebt in einer Welt voller Helden... Ich schwöre euch, jeder von uns hat einen verrückt gewordenen Riesen in sich eingekerkert – gesellschaftlich unmöglich, aber in voller Größe –, und daher rührt das Klopfen und Pochen, das wir manchmal in unserem Innern hören und das unseren Umgang vor der schlimmsten Banalität bewahrt. Portia hört es die ganze Zeit; tatsächlich hört sie nichts anderes...«

St. Quentin behauptet, Portia sei die Verkörperung des extremen, antisozialen Teils in uns, aber er betont auch, daß dieser Teil in der Welt nicht lebensfähig ist. Er mag ein gefühlloser Verräter sein, aber seine realistische Existenzversion wird von der Erzählerin mit getragen:

»Wir haben wirklich keine abwesenden Freunde ... Wir verlassen den, der uns verläßt; wir können es uns nicht leisten, zu leiden; wir müssen leben, wie wir können.«

»Die stärksten Zwänge, die wir im Verlauf des Lebens spüren, sind lediglich Zwänge, die ein Muster wiederholen: das Muster ist nicht unsere Erfindung.«

»Welch ein Glück, daß wenige von uns sich der Welt bewußt sind, bis wir mit ihr ein Bündnis eingegangen sind.«

Die Welt der Erzählerin gleicht eher der Welt der Quaynes als der Portias. Es gibt für Portia also keine romantische Flucht wie für Emmeline. Sie lernt, zu verhandeln und Bedingungen zu stellen. Sie wird nach Windsor Terrace zurückgehen müssen und sich anpassen.

Aber der Roman endet nicht mit einer eindeutigen Lösung. Wie bei Ray und Leopold auf der Gare du Lyon, weist das offene Ende von *The Death of the Heart* auf eine Zukunft voller Kompromisse und behutsamer Annäherung. In einer kühnen, anspruchsvollen abschließenden Geste bricht Elizabeth Bowen den Roman ab und läßt zum Schluß Matchett sprechen. Das Buch endet also mit Matchetts Ankunft im Hotel Karachi, in dem Portia und Major Brutt warten. Der Effekt des Monologs, den Matchett hält, ist verblüffend: als breche eine Sphinx ihr Schweigen und entpuppe sich als normaler Mensch mit kleinen Sorgen über Taxifahrer und Adressen. Aber in Matchettes pragmatischer, mißtrauischer, sogar enttäuschender Stimme klingen Möglichkeiten mit. Zumindest verkörpert sie eine Kraft, die ausharrt; und nachdem Glaube, Hoffnung und Liebe in Mißkredit geraten sind, hat das Ausharren an Bedeutung gewonnen: »Wir müssen leben, wie wir können.«

Florence Bowen, Elizabeth Bowens Mutter

Henry Cole Bowen, Elizabeth Bowens Vater

Elizabeth Bowens Geburtshaus in Dublin, 15 Herbert Place

Elizabeth, etwa zwei Jahre alt

Elizabeth (links) mit ihrer Cousine Audrey Fiennes

Elizabeth, sechs Jahre alt

Elizabeth, sechs Jahre alt

Elizabeth, dreizehn Jahre alt

Elizabeth, 1930. Photo: Howard Coster

Elizabeth etwa 1931/32

Elizabeth 1930

in der Halle von Bowen's Court

Sean O'Faolain und Elizabeth Bowen

auf Bowen's Court Ende der 30er Jahre

Elizabeth in London 1937/38

Alan Charles Cameron, Elizabeth Bowens Ehemann

Charles Ritchie in der 40er Jahren

Elizabeth Bowen vor ihrem Haus in London 1946.
Photo: Alfred Knopf

Elizabeth Bowen im Regent's Park 1946.
Photo: Alfred Knopf

Elizabeth im Garten von Bowen's Court

Elizabeth Bowen mit Alan Cameron

Elizabeth Bowen mit Alan Cameron

Elizabeth Bowen, etwa in den 50er Jahren.
Photo: Blackstone Studios, New York

Elizabeth Bowen 1950. Photo: Angus McBean

Elizabeth Bowen

1954 auf Bowen's Court

Elizabeth Bowen in den 50er Jahren in London.
Photo: Camera Press

Elizabeth Bowen in den 50er Jahren

Elizabeth Bowen 1956.
Photo: Clayton Evans, London

Elizabeth Bowen in den 50er Jahren

Elizabeth Bowen 1960

Elizabeth Bowen in den 60er Jahren

mit Studentinnen in Vassar

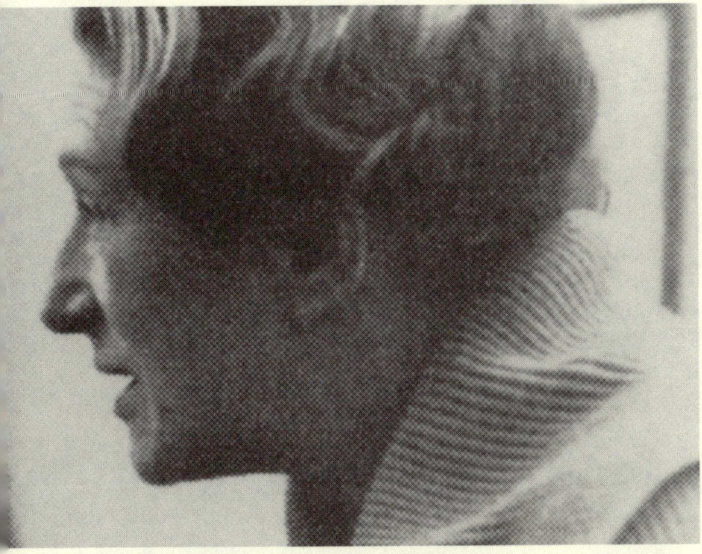

mit Studentinnen in Vassar

Elizabeth Bowen in den 60er Jahren

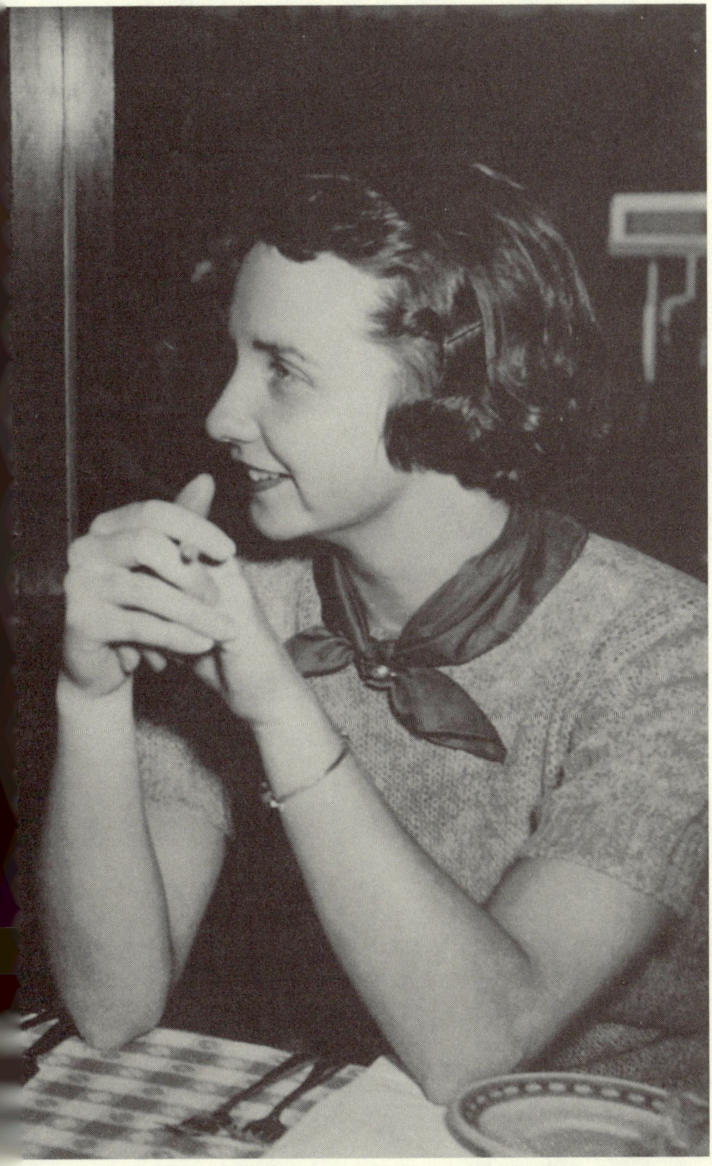

mit einer Studentin

Elizabeth Bowen in den 60er Jahren.
Photo: Angus McBean

6

Nach dem Leben zeichnen

Eher zufällig war er zwischen Äpfeln und Amphoren einer Kunstschule herumgewandert und plötzlich in den Saal geraten, wo nach dem Leben gezeichnet wurde: eine würdevoll sich drehende Frau.«

Elizabeth Bowen ist eine Meisterin der Kurzgeschichte – und wenn sie keinen einzigen Roman geschrieben hätte, müßte man sie allein wegen ihrer Erzählungen würdigen und an sie erinnern. Sie begann mit Kurzgeschichten, bevor sie Romane schrieb, und schrieb sie ihr ganzes Leben lang. Die Form lag ihr wie auch anderen irischen Schriftstellern und Schriftstellerinnen – Sean O'Faolain, Liam O'Flaherty, William Trevor, Mary Lavin. Kurzgeschichten erlaubten den vollen Einsatz ihrer Dialogkunst, ihrer Fähigkeit, Szenen atmosphärisch lebhaft auszumalen, Material, Höhepunkte und selbst das Ungesagte behutsam zu gestalten. Einige ihrer besten Geschichten spielen in Irland. Sie decken jedoch ein breites Spektrum ab. Kinder, Schulzeit, Gespenstisches, Hotelleben und London im Krieg gehören zu ihren besten Themen.

Sie schrieb über achtzig Geschichten, die hier natürlich nicht alle betrachtet werden können. Aber indem man zumindest einer Auswahl Beachtung schenkt – den eindrucksvollsten und interessantesten –, lassen sich die Faktoren aufdecken, die sie zu einer außergewöhnlichen Geschichtenerzählerin machen.

Ich glaube nicht, daß man dabei chronologisch vorgehen muß. Elizabeth Bowen selbst hat der Chronologie niemals Bedeutung beigemessen. »Romane mögen eine ›Entwicklung‹ des Schriftstellers verdeutlichen; aber bei Kurzgeschichten, die nacheinander geschrieben wurden, halte ich das für an den Haaren herbeigezogen.«[1] Völlig unbeachtet sollte man die chronologische Abfolge natürlich nicht lassen. Im gleichen Vorwort erläutert sie eine Veränderung in ihrer Technik: »Anfangs habe ich stark überzeichnet« – und fügt hinzu, daß sie früher eine Vorliebe für impressionistische Darstellungen und die »freie Form« gehabt habe, inzwischen aber Erzählungen mit Anfang, Krise und Ende bevorzuge. Und später erklärt sie die extreme Kürze der Geschichten in den ersten beiden Büchern *Encounters* (1923) und *Ann Lee's* (1926) zum Beweis dafür, daß sie primär eine »visuelle Schriftstellerin« sei, die »an der Analyse keinen Geschmack fand«.[2] Die Charaktere seien zweitrangig. Zwischen den frühen impressionistischen Geschichten und den wichtigen Erzählungen der drei Hauptsammlungen *The Cat Jumps* (1934), *Look at All Those Roses* (1941) und *The Demon Lover* (1945) besteht ein großer Unterschied. (Einige der besten dieser zentralen Geschichten – *The Disinherited, Summer Night, Ivy Gripped the Steps* – könnte man wegen ihrer Länge und Komplexität durchaus Novellen nennen.) Inhalt und Stimmung der Kriegserzählungen, geschrieben zwischen 1939 und

1945, ähneln *The Heat of the Day* – ich werde auf sie in Kapitel 7 eingehen.

Wesentlich ist die chronologische Abfolge dennoch nicht. Was sie das »Bowen-Terrain« nennt, der spirituelle wie auch geographische Ort mit seiner wiedererkennbaren Atmosphäre und seinen wiederkehrenden Themen, hat sich über vierzig Jahre erhalten. Häufig skizzieren die Geschichten Menschen oder Orte, denen ein solides Selbstgefühl fehlt. »Wohin kommen wir, wenn niemand einen Standpunkt im Leben hat?« fragt in *Sunday Afternoon* ein Irland-Besucher während des Kriegs. Anders als die Charaktere nehmen die Geschichten einen deutlichen Standpunkt im Leben ein.

Für Elizabeth Bowen trägt die Kurzgeschichte eine Verantwortung. Sie muß *»notwendig«* sein und ein »gültiges zentrales Gefühl« vertreten, wie ein Gedicht.

»Wie schlicht oder lebhaft oder anspruchslos auch immer die Geschichte ist, das zentrale Gefühl – egal wie entfernt oder angedeutet – sollte ernst und wesentlich sein. Das Thema muß Würde haben.«[3]

In ihrer Erzählungssammlung von 1936 äußert sie sich im Vorwort auch über irische und amerikanische Kurzgeschichten und lobt diese »halb-poetische« Kunst, die »Erstaunen« durch Understatement verstärkt. Sie nennt diese Kurzgeschichten »extrovertiert«, »bar jeder Analyse, sparsam in der emotionalen Darlegung«, wobei durch das Besondere eine »generelle Bedeutsamkeit« vermittelt wird. Zur eigenen Rechtfertigung muß die Kurzgeschichte »eine These vertreten«. Elizabeth Bowen vertritt diese Auffassungen mit großem Ernst, Begriffe wie »notwendig« und »streng« werden ins Feld geführt, und sie empfiehlt die »exakte und indirekte Erzählung«.[4] Sie kritisiert damit auch die eigenen frühen Geschichten, in denen zu unbedacht »Gefühle« zur Schau gestellt wurden.[5]

Paradoxerweise weiß sie auch, daß die Kurzgeschichte Extreme ermöglicht, die im Roman undenkbar sind: Halluzinationen, Träume, Phantasien, das Unvertraute. Die Kurzgeschichte ist in mancher Hinsicht eine »Freizone«:

»Mehr als mein halbes Leben stand unter dem disziplinierenden Einfluß des Romans mit seiner Ruhe, Strenge, seinen eher orthodoxen Ansprüchen: in den Roman geht mein Sinn für rationales Handeln und Gesellschaftsdarstellung ein. Die Kurzgeschichte, wie ich sie sehe, ermöglicht eher den Blick auf das Verrückte an der Menschheit: Besessenheiten, unmäßiges Heldentum, ›unsterbliche Begierden‹. Doch nirgends, auch nicht im Roman, betrachte ich Realismus als meine Stärke.«[6]

Doch diese Freiheit der Kurzgeschichte funktioniert nur durch Kontrolle und Fokussierung. Häufig entsteht eine Kurzgeschichte durch eine »Initialzündung«, die ein bestimmter Ort oder eine bestimmte Szene auslöst. Manche »ergaben sich aus meiner ureigenen gesteigerten, geradezu gefesselten Wahrnehmung einer besagten Szene«.[7] Dann aber muß die »gefesselte« Wahrnehmung sich in eine perfekte Struktur verwandeln.

Es gibt eindeutige Beweise solcher Entstehungsgeschichten, wie die jener Erzählung, die in einem rosenüberwucherten Garten spielt – ein gelangweiltes Paar auf der Rückfahrt nach London sieht ihn zuerst vom Wagen aus; oder die Geschichte, deren Schauplatz ein vorstädtisches Wäldchen ist, in dem ein Paar zwischen lauter Familienausflüglern keinen Schutz findet; oder die Geschichte, die sich in einer trostlosen Neubausiedlung abspielt, in der eine ältere Frau bis zum Wahnsinn getrieben wird. Wie die Titel (*Look at All Those Roses, A Walk in the Woods, Attractive Modern Homes*) ausdrücken, macht der Effekt dieser Orte bereits die Geschichte aus. Immer existiert in ihrem Werk eine Verbindung zwischen Ort und Handlung.

»Bowen-Terrain« ist kein wildes unbewohntes Stück Natur. Die Schriftstellerin ist nicht an der ästhetischen Wirkung einer Landschaft interessiert oder an Wordsworths beschaulicher Einsamkeit. Typisch ist zum Beispiel Gavins Haltung zum Meer in *Ivy Gripped the Steps* – er steht mit dem Rücken zur »wogenden Makrelenleere« und sehnt sich nach der Menschenmenge auf der Promenade. Am liebsten gruppiert sie, sowohl in den Geschichten wie in ihren Romanen, Leute an den Ort, den sie verdienen. Die moralische Beziehung zwischen Ort und Mensch, für sie eine wesentliche angloirische Thematik, ist in ihren Kurzgeschichten ausgesprochen wichtig.

Sie benutzt Orte, um die Mängel der Bewohner bloßzulegen, entweder weil sie eine verminderte Lebensqualität bieten oder weil ihr Untergang eine Herausforderung bedeutet, der die Bewohner nicht gerecht werden können. Viele von ihnen erfüllen nicht die beabsichtigte

Funktion. Es gibt Wohnhäuser, die nicht mehr gebraucht werden, Hotels am Meer und Esplanaden, die nur noch ein Ort der Verwüstung sind. Es gibt im »Bowen-Terrain« Orte, die der Seele schaden. Sie finden sich oft in jenen Geschichten, die den Gegensatz zwischen Erfahrung und Unschuld darlegen oder eine soziale Gruppe beschreiben, die dermaßen gefühllos geworden ist, daß sie nicht einmal weiß, was sie verloren hat.

Neue Stadtrandsiedlungen bürden ihren Bewohnern eine unheilvolle Unwirklichkeit und Gleichheit auf. Die junge weibliche Erzählerin in *Songs My Father Sang Me* – ein Klagelied über das verlorene England – wuchs in einer Bungalow-Wildnis bei Staines auf. »Das einzige an dieser Gegend ist ihre Sinnlosigkeit und daß sie immer, immer weiter geht.« *The Disinherited*, eine eindrucksvolle Satire über das Mittelstandsdasein in den dreißiger Jahren, fängt in einer »exklusiven Siedlung« außerhalb einer Universitätsstadt an. Dort gibt es keine Rettung vor der gewaltsamen Wurzellosigkeit und Erschütterung, die in der Geschichte beschrieben werden:

»Sie verpflichteten sich, keine Hühner zu halten, keine Garage aufzustellen und keine Wäsche rauszuhängen ... Wenige Häuser standen bisher fertig da; die es waren, hielten Abstand – wie Engländer, die noch nicht miteinander bekannt gemacht waren –, von der klaren Binnenlandsluft gewaschen und jedes auf seiner Parzelle, auf der unnatürlich drahtiges Gras wuchs, keine Wiese mehr und noch kein Rasen. Halbfertige Straßen zerteilten den Hang, wie erste bewußte Skalpellschnitte, bis zum Wasserturm aus Beton auf dem Hügelkamm. Kein Bus weit und breit, auch Läden gab es keine und würde es auch nicht geben.«

Elizabeth Bowen zeigt ihre gesellschaftlichen Vorurteile, wenn sie die ihrer Ansicht nach erstrebenswerten fehlenden Wohnattribute »Wiese« und »Rasen« und die Realität des »Wasserturms aus Beton« bemängelt. Aber was sie beklagt, ist nicht nur das Fehlen ländlicher oder aristokratischer Abgeschiedenheit. Es ist auch das Fehlen der Häuser und Läden, der Alltagstraditionen.

Im Gegensatz dazu hat sie für provinzielle Vororte mehr übrig. Sie haben für sie etwas Zwiespältiges, wie in *A Queer Heart*:

»Dies war eine der Straßen am Rande der wachsenden Provinzstädte, die sich ihr ländliches Flair bewahrt hatten. Sie scheinen immer noch ins Unbekannte zu führen. An einem Ende donnert der Verkehr vorbei, aber am anderen herrscht Stille: man sieht einen Wald, einen Turm, ein Tor, oder man sieht sich einer alten Mauer gegenüber… Und zwei oder drei stuckverzierte Häuser standen, jedes einen halben Acre zurückgebaut, mit dunklen Fenstern, finster, aber auch verziert, seit Jahren schon auf diesem damals noch abgeschiedenen Flecken. Tote Lindenblätter wehten über Grasflächen und Immergrün.«

Alles konnte in jenen abgeschiedenen, neogotischen Häusern in der Provinz geschehen, von denen die Bowen ihr Leben lang fasziniert war. Die gleichen Beigaben – tote Lindenblätter, stuckverzierte Torpfosten,

Sonnenuhren, Lorbeerbüsche, Spitzbogenfenster – kehren in vielen Geschichten wieder.[8] Die Erzählung *Reduced* benutzt genau diese dubiose Szenerie; sie handelt von einer Frau mit mysteriöser Vergangenheit (sie ist von dem Verdacht freigesprochen, ihren letzten Arbeitgeber ermordet zu haben). Diese Frau wird von einem unangenehmen Mann als billige Gouvernante für seine beiden Töchter engagiert.

»Pendelwaith war kein liebenswertes Haus. Um 1880 aus unschönem dunkelrotem Backstein erbaut, knarrten innen die Pechkiefernböden; seine Spitzbogenfenster sahen wie aus zusammengekniffenen Augen auf die lächelnde Landschaft; das Grundstück steckte dunkel in einer Senke mit Lorbeerbuschgruppen und steifem feuchtem, einheimischem Kieferngehölz. Das Haus wirkte wie in ewigem Januar: sonnigere Jahreszeiten prallten an seinem Gemäuer ab.«

Der perfekte Hintergrund für widerwärtige Ereignisse; wobei es sich sowohl um eine Gespenster- als auch um eine Mordgeschichte handeln könnte. Die vieldeutigen Verben verheißen Schreckliches. Aber das Ende ist eine Überraschung. Die Gouvernante erschafft mit den Kindern, die sich im Haus nicht wohl fühlen (wie Matchett und Portia) eine geheime Welt. Bosheit und Gewalt finden nicht statt, aber die Meuterei der Kinder hat doch etwas Bedrohliches.

Elizabeth Bowen benutzt große, unfreundliche Häuser auch gern, wenn Familien auseinanderfallen. In *The Needlecase* wird ein viel zu großes Haus in einer trostlosen Landschaft für einen abwesenden Sohn weiter geführt. Ein anderer verlorener Sohn erzwingt die Versteigerung des Familiensitzes in *The Last Night in the Old Home*. In *The Disinherited* führt die unfähige, verarmte Davina die ahnungslose Marianne, die in einer Neubausiedlung lebt, einen Abend lang aus. Sie stoßen auf eine jämmerliche Ansammlung angeödeter Bohemiens, die inzwischen in Lord Thingummys Herrenhaus wohnen. Die Sprache für diese bizarre Szenerie ist elegisch und bitter zugleich:

»Eine Tür stand offen, und Licht wanderte über die wie in Eis getauchten Umrisse des Mobiliars, und ein Kandelaber hing wie ein Käse eingebunden und glitzerte im Innern des Musselins. Kühle kam vom Herd: das Haus war herrenlos. Auf einer Bahn Teppichfilz auf dem Marmor zogen, wie ein schnelles, dumpfes Geschlurfe eines heimlichen Beerdigungszugs, die Nachtschwärmer durch die Halle zur gegenüberliegenden Tür. Durch diese Tür schoben sie sich eilig, keiner wollte der letzte sein, und schlossen sie trotzig vor dem hallenden Haus.«

Die Beziehung zwischen dem Haus und seinen vorübergehenden Bewohnern – sie kampieren draußen, lungern herum, lieben sich, hinterlassen Müll – dient als trostlose Illustration einer verarmten modernen Welt. Und dann ist da noch der unheilverheißende Bungalow (»die Zeitungen nennen ihn ein Liebesnest«), der im Tagebuch des Chauffeurs von Davinas Tante eine Rolle spielt. Davina borgt sich bei diesem Chauffeur Geld und gewährt ihm dafür sexuelle Freizügigkeiten. Seinem Tagebuch entnimmt sie, daß er seine Geliebte aus der Oberschicht ermordet hat. Der Chauffeur führt melodramatische Selbstgespräche, die zur Trivialität der ganzen Geschichte beitragen; und sämtliche Schauplätze – der muffige Bungalow, die seelenlose Siedlung, das verfallene Herrenhaus – vermitteln ungemein gekonnt die Atmosphäre eines Fegefeuers.

In den irischen Geschichten werden Herrenhäuser selten in ihrer Blütezeit beschrieben. Statt dessen wird um den Erhalt der Tradition gekämpft, persönliche Opfer sind dazu nötig (wie in *The Tommy Crans*) oder ein trauriger Stoizismus (wie in *Sunday Afternoon*). Das Schloß in einer großartigen und eigentümlichen Erzählung namens *Her Table Spread* ist ein absurder, zukunftsloser Ort verzweifelter Hoffnungen und wilder Ausbrüche in die nasse, von Fledermäusen heimgesuchte Nacht. Nur in *The Happy Autumn Fields* existiert die Vision eines Herrenhauses in seiner ganzen Pracht und mit dem Überschwang eines ritualisierten, traditionellen Familienlebens.

»In den dämmrigen Ecken sah die Luft wie Samt aus; düstere Vorhänge an den Fenstern ließen Spitzenwolken hervorblitzen; die Notenhefte auf dem Pianoforte trugen zärtliche Titel, und die Harfe, die nie gespielt wurde, glänzte in einer Ecke... Die mächtigen Vasen auf den Konsolen, die Albenstapel auf den Tischen, die Muscheln und Figurinen auf den Borden hatten alle wie der schiefe Alabaster-Turm von Pisa ein Gleichgewicht in sich selbst. Nichts würde umfallen oder sich ändern.«

Doch auch dieser scheinbar unveränderliche Ort ist verloren und, wie sich herausstellt, eine bedrohte Welt, die sich eine Frau im Krieg – während sie nach Überresten in einem ausgebombten Haus sucht – in Gedanken schmerzlich ausmalt. Der Gegensatz in dieser besonders schönen Erzählung zwischen dem Ort ohne Zerfall oder Veränderung und der Zerstörung durch den Krieg ist für Elizabeth Bowen zentral.

Doch was Sean O'Faolain bei Elizabeth Bowen die »Verdichtung der Anspielungen«[9] nennt, kommt erst in den Gespenstergeschichten atmosphärisch zur Geltung. Wir begreifen ihre Vorliebe für die Kurzgeschichte als »Freizone«, die phantastische Extreme ermöglicht. Ihre Gespenstergeschichten stehen in der Tradition eines M.R. James, Rudyard Kipling (*The House Surgeon, They*) oder Henry James. In einem Essay über *Die Drehung der Schraube* von Henry James nennt Elizabeth Bowen »moralische Furcht« den Hauptverursacher des Terrors. »Ich muß nicht darauf hinweisen, daß es der Geruch des Bösen ist, und nicht nur das Übernatürliche allein, wodurch das Entsetzen in *Die Drehung der Schraube* hervorgerufen wird.«[10]

Elizabeth Bowen verläßt sich in ihren Gespenstergeschichten auch auf Spannungssteigerung und plötzliche Schockmomente; zudem auf eine gruselige Ungewißheit bezüglich des wirklichen Geschehens. Genau diese Eigenschaften benennt sie in Sheridan Le Fanus *Onkel Silas*, einem Buch, das aus einer Kurzgeschichte hervorging und dessen typisches Schauerroman-Ambiente und eigentümlicher Ton einen starken Einfluß auf ihr Schreiben hatten. Der Schauplatz ist zwar nicht irisch, besitzt aber »die hermetische Einsamkeit und Autokratie eines großen Landhauses«.[11] Elizabeth Bowen analysiert Le Fanus Kunst als »indirekt und suggestiv« – sowohl hier als auch in ihrer Einleitung zu *The House by the Churchyard* –, und die Charakteristika, die sie herausstreicht, gelten auch für ihr eigenes Schreiben. Dazu zählen sowohl Le Fanus »Wollust« als Schriftsteller des Schreckens, sein raffinierter spielerischer Rückgriff auf die kindlichen Reaktionen des Lesers, auf »Hilflosigkeit und Vorahnung«, sowie die Zwiespältigkeit aller Figuren (die dem Leser Maud Ruthyns »fatalistisches Mißtrauen« gegenüber jedermann einflößt) als auch die wichtige Beziehung zwischen dem meteorologischen und dem »psychologischen Wetter«. Ebenso ist sie beeindruckt von der Klaustrophobie des Buches, die der Atmosphäre ihrer eigenen Horrorgeschichten entspricht.

Ihr Interesse an *Onkel Silas* konzentriert sich auf die Figur Maud Ruthyn, deren Reaktionen sie die einer »hochintelligenten und höchst sensiblen Zwölfjährigen« nennt. Der Roman, sagt sie, sei typisch irisch aufgrund seiner Geschlechtslosigkeit und seiner »sublimierten Infantilität«. »Maud ist von Natur aus eine Braut des Todes.« Was auch auf einige ihrer eigenen Figuren, Emmeline und Portia, zutrifft – und in den Kurzgeschichten auf die Kindfrau in *The Apple Tree*, die in den Selbstmord einer Schulkameradin verstrickt ist. Auch Pepita, in *Mysterious Kôr*, ist nicht richtig erwachsen und tröstet sich mit einem Phantasieleben, ebenso wie Marianne in *The Disinherited*, die mit einer engelsgleichen, tumben Unschuld geschlagen ist. Elizabeth

Bowens Beschreibung der Heldin Maud Ruthyn erklärt auch ihre Vorliebe für halberwachsene Mädchen:

»Sie ist eine unsichere Klaviatur, auf der manche Noten klar klingen, tief und echt, andere ganz und gar nicht. Die Frage viktorianischer Zensur mit bedeutungsvollen Auslassungen stellt sich hier nicht: Maud ist bezüglich der Gefühle, die sie *tatsächlich* empfindet, ganz offen, manchmal geradezu überraschend. Und auch was die Gefühle gegenüber Leuten ihrer Umgebung angeht, entgeht ihr – wie einem Kind – nichts.«[12]

Kein Wunder, daß Elizabeth Bowen an *Onkel Silas* besonders gefällt, daß man nie ganz weiß, woran man ist. Auch in ihren eigenen Geschichten ist das Übernatürliche oft eher eine psychologische Vermutung als eine Tatsache, wenngleich sie sich bemüht, diese im Alltag zu verankern. Diese »Normalität« wirkt häufig komisch. In *Green Holly* werden die brachliegenden Beziehungen einer gelangweilten Expertengruppe – abgeschieden als Geheimnisträger mitten im Krieg in Mopsam Grange (einem jener finsteren pseudogotischen Häuser) – durch ein Paar romantischer Geister aufgemöbelt. In *The Cheery Soul* findet ein Besucher, der sich zu Weihnachten bei einem reichen Ehepaar in den Midlands durchfuttern möchte, dieses Paar auf mysteriöse Weise verschwunden. Statt dessen führt eine handfeste, aber eindeutig gespenstische Köchin das Regiment. In *The Inherited Clock* ist das komische Element nicht ganz so menschenfreundlich: ein Mädchen erbt eine Uhr mit einem Sensenmann, wodurch ihre bisher verdrängten Mißbrauchserlebnisse wieder wach werden.

All dies sind eindeutige Spukgeschichten. Andere verfrachten uns Leser, ähnlich wie *Onkel Silas*, in ungewisse Sphären. *Pink May* ist eine der wenigen Geschichten mit einer Ich-Erzählerin, einer beschränkten jungen Frau, deren Ehe und Liebesgeschichte während des Kriegs zerronnen sind und die einem »Gespenst« die Schuld gibt, das sich als das schlechte Gewissen des Mädchens herausstellt. In *The Cat Jumps*, einer herrlich makabren Geschichte, bekommt man beim Lesen eine Gänsehaut genau wegen jenes Schreckens, den sie bei Le Fanu so bewundert:

»Der physische Terror in *Onkel Silas* ist ausgesprochen raffiniert eingesetzt: Maud reagiert schnell und geradezu wollüstig auf Geräusche, Berührungen und Gerüche – eine perfekte Heldin. Das tatsächliche Morden, die blutige Schlachterei, wurde wahrscheinlich nie zuvor in einer Gangstergeschichte so wahrgenommen wie hier.«[13]

Der Schauplatz der Erzählung *The Cat Jumps* heißt Rose Hill und ist der Ort eines unbeschreiblich grausigen Mordes, den Mr. Harold Bentley an seiner Frau beging. Das Haus stand zwei Jahre leer, bis die Wrights, eine handfeste Familie mit drei vernünftig erzogenen Kindern, das Haus kaufen. »Ihre Gemüter waren hell, aufgeklärt, schattenlos und gründlich entseucht.« Die neuen Bewohner benehmen sich ungezwungen und sind up to date. Sie abonnieren den *New Statesman* und lesen Krafft-Ebing und Havelock Ellis (wir befinden uns im Jahr 1934) und wollen den Bentleys den Garaus machen. Trotz all ihrer emsigen Bemühungen herrscht um das Haus herum immer noch eine eigentümliche Atmosphäre, »es riecht nach widerlicher Behausung, nach abgestandenem Zigarettenrauch, muffig wie die Falten ungelüfteter Vorhänge, und aus dem ungebürsteten Teppich steigt eine Duftwolke, es riecht nach Alkohol«. Ihre erste Wochenendparty mit einer Gruppe ähnlich gesinnter Gäste entwickelt sich zu einer nicht ganz so nüchternen Veranstaltung wie geplant. Ein weiblicher Gast kennt unglückseligerweise den Rose Hill-Mord bis ins letzte Detail: Muriel weiß genau, an welcher Stelle im Haus Mrs. Bentley zerstückelt wurde und mit welcher Hingabe Mr. Bentley dabei vorging. Inzwischen schlägt das Wetter um – es wird deprimierend feucht und finster. Am Ende des Abends wirken die klugen aufgeklärten Besucher allesamt angeschlagen:

»In den intelligenten, scharf konturierten Gesichtern um den Tisch herum fehlte etwas, vielleicht nur Klarheit – als seien es Wachsgesichter, die einen fatalen Augenblick lang zu nah ans Feuer geraten waren. Stimmen drangen aus dem vagen dunklen Innern; die Wortwechsel waren voller Mißtrauen. Man könnte sagen, jede Person war von einer Art Zersetzung befallen.«

Mit der Schlafenszeit kommt der Horror: allen Frauen im Haus ist, als sei Harold Bentleys Geist in ihre Ehemänner gefahren. Und so, wie die Geschichte endet, teils als Farce, teils als Alptraum, scheint dies durchaus der Fall. Keine Zusammenfassung kann der raffinierten, undurchschaubaren Handlung gerecht werden, deren »Terror-Anteile« – die belastende Vergangenheit des Hauses, das Auflösen der modernen Persönlichkeitsstruktur – hier ins Spiel gebracht werden.

Das eigentliche Thema dieser Horror-Farce ist, typischerweise, die mangelnde Intensität und Leidenschaft der Erben dieses grausigen Orts. Eine ganze Reihe Geschichten der Bowen, besonders die während des Krieges entstandenen, beschäftigen sich mit dem reduzierten und beschränkten Dasein. In *The Apple Tree* ist eine junge Frau wie »besessen« vom häßlichen Selbstmord einer Klassenkameradin, die sich an einem Apfelbaum erhängt hat. Das Bild des Baums verfolgt die junge Frau und ruiniert ihre Ehe. Erst einer handfesten älteren Frau (einer vertrauten Bowen-Figur) gelingt es, das Wahnbild zu vertreiben. Doch als der Spuk vorbei ist, hat die Ehe ihren Reiz verloren. Die grausige Vergangenheit ist intensiver und bedeutungsvoller als die gewöhnliche Zukunft: »Wie zu erwarten, sah man seitdem von dem Paar immer weniger. Sie verschwanden im Glück: eine edle Fiktion.« Im ersten Kurzgeschichtenband gibt es eine kurze Skizze mit dem Titel *The Shadowy Third*. Darin lastet der Schatten der ersten Frau schwer und bedrohlich auf einer neuen Ehe – der Schatten einer Person, die »aus dem Leben gestrichen wurde« und unerwünscht war. In einer anderen frühen Geschichte *Foothold* haben die Figuren große Ähnlichkeit mit den Quaynes und St. Quentin in *The Death of the Heart*. Ein treu ergebener Ehemann und dessen Frau mit Geschmack und Esprit haben gerade ein schönes Landhaus bezogen; das Paar wird von dem klugen, anpassungsfähigen (vermutlich) homosexuellen Thomas besucht, der »Spezialist war für Freundschaften mit jenem rätselhaften, suspekten Achtgliedrigen namens glücklich verheiratetes Ehepaar – er paßte sich dieser zusammengesetzten Persönlichkeit leicht und nahtlos an«. Das Haus ist schön, der Besuch angenehm; doch das Gespenst Claras funkt dazwischen. Was für den Ehemann wie ein Scherz beginnt, entwickelt sich zu einer entsetzlichen Leere, der die sonst so kompetente Janet zum Opfer fällt. »Jeden Tag gibt es mehr Raum. Wahrscheinlich unter der Oberfläche.« Spätabends hören beide Männer Janet in ihrem Zimmer, wie sie leise den Geist anwimmert: »Oh, Clara ... ich halte es nicht aus. Wie habe ich es nur ausgehalten? Diese widerwärtige Einsamkeit ... Hör doch, Clara ...« Schritt für Schritt deutet die Geschichte an, wie Claras Geist die eigene Unzulänglichkeit enthüllt. Auf ihre Art ist diese ruhige, getragene Geschichte ebenso beängstigend wie die spätere dämonische Erzählung *The Demon Lover*.

Horror und Angst werden durch geschickt plazierte Details ausgelöst, wodurch die Gespenstergeschichten der Bowen ihre besondere Spannung erhalten. Jede Erzählung hat nicht nur ihr eigenes Wetter, ihre Jahreszeit, Gegenstände und Landschaften, auch Licht und Klang sind besonders. In *Human Habitation*, aus der Sammlung *Ann Lee's* von 1928, kommen zwei junge Männer, die sich im Dunkeln verirrt haben, zu einem Haus, in dem eine Frau jemanden erwartet, der womöglich nie erscheinen wird. Schließlich gehen sie wieder, ohne zu erfahren, »ob er je zurückkam«. Die Geschichte endet: »Sie stolperten mit brummendem Kopf voran ins Dunkel.« *Her Table Spread* ist ein hervorragendes Beispiel für eine Geschichte, deren Verlauf ganz von Licht und Wetter bestimmt wird. Ein englischer Besucher beobachtet ein irisches Schloß und dessen überdrehte Bewohner – was eine eigentümlich impressionistische Atmosphäre erzeugt. Alles spielt in einer dunklen nassen Nacht. Ein englischer Zerstörer liegt in der Bucht vor Anker. Valeria Cuffe, die geistig behinderte, unbeholfene »statueske« Schloßerbin ist höchst erpicht auf romantischen Besuch vom Schiff. Schon früher einmal, als alle fort waren, kamen Seeleute ins Schloß. Valerias Verwandte teilen ihre Begeisterung, bemühen sich aber, diese zu verbergen. Alban, ein schüchterner Mann mit solidem Selbsterhaltungstrieb, ist zuerst verstimmt (»er hatte gehört, daß alle verrückt seien«), aber am Ende läßt er sich umgarnen und erfüllt Valerias wildes Verlangen.

Die Atmosphäre – die eigentliche Geschichte – wird gleich hergestellt:

»Alban hielt wenig vom Thema Ehe; Frauen stand er negativ gegenüber, aber besonders zu Miss Cuffe fühlte er sich ganz und gar nicht hingezogen. Als sie zum Dinner hinunterkam, das rote Satinkleid tief ausgeschnitten, attackierte sie die Stille mit lautem Gelächter, bevor er etwas sagen konnte. Er erinnerte sich, daß es hieß, sie sei nicht normal – mit fünfundzwanzig, körperlich einer Statue gleich, immer noch in der Kindheit gefangen. Die beiden anderen Damen, in perlenbesticktem Satin, inszenierten einen überraschend förmlichen Auftritt. Er begriff, daß seine Anwesenheit offenbar ein Ereignis war; sie funkelten jedenfalls. Der alte Mr. Rossiter, Mrs. Treyes Onkel, kam ziemlich mürrisch zuletzt. Sie saßen einige Zeit ohne Lampenlicht. Das Dinner wurde nicht angekündigt; durch ihre Förmlichkeit schienen die Damen jede Frage nach dem Beginn von sich zu weisen. Kein Ton drang aus anderen Teilen des Schlosses.«

In seinem Kommentar zu dieser Geschichte weist Sean O'Faolain auf den ökonomischen Einsatz der Worte »rot«, »attackieren«, »gefangen«. Auffallend ist auch die negative Beschreibung. Albans Vorbehalte gegenüber der Ehe, seine Vorsicht gegenüber Verpflichtungen, seine Gleichgültigkeit angesichts des übertriebenen Empfangs (eines Empfangs, der, wie sich herausstellt, gar nicht für ihn gedacht ist) mischen sich mit der negativen Natur des Ereignisses. Keine Lampen, kein Dinner, lauernde Damen, kein Geräusch sonst im Schloß: alles ist für den englischen Besucher sehr verwirrend. Albans dröge Eigenbrötlerei steht der atemlosen Erwartung im Schloß gegenüber.

Der förmliche negative Anfang baut ein rhythmisches Hell-dunkel-Muster auf. Im Haus glitzern die Damen, Kerzen werden entzündet, die Stehlampen im Wohnzimmer geben »ein tiefes, einladendes Licht«. Die Vorhänge sind nicht zugezogen, und die Tatsache, daß man das Licht vom Wasser aus sehen kann, wird immer wieder betont. Und vom Haus aus kann man das Schiff mit seinen Lichtern sehen, »regenverschwommen und mit einem tief ins Brackwasser gezogenen Spiegelbild«. Valeria eilt mit einer Laterne hinaus:

»Ihr zarter Arm mit den Armreifen fuhr hoch und hinunter, hoch und hinunter, mit dem schwankenden Licht; die Bäume sprangen wie Wilde, einer nach dem anderen, aus dem Dunkeln hervor.«

Der Satz drückt die gewalttätige Atmosphäre aus, die Alban so alarmierend findet – die obendrein grotesk ist, weil alle Elemente etwas Mechanisches, Unzusammenhängendes an sich haben. Alban geht mit dem alten Mr. Rossiter hinaus in die Nässe: sie sitzen im Bootshaus, und Mr. Rossiter macht es sich mit einer Flasche Whisky gemütlich. In die Flucht geschlagen vom Ehe-Gefasel des Alten und von einer Fledermaus dazu, die an seinem Ohr vorbeiflattert, irrt Alban in »totaler Finsternis« zum Schloß zurück. Valerias Laterne ist verloschen, und als Alban ihr über den Weg läuft, hält sie ihn für ihren langersehnten Verehrer vom Schiff. Sie schreit, und die anderen kommen hinaus auf die Terrasse, »blind vom Lampenlicht«. Alban ist von dieser Verwechslung wie gelähmt: »Einen Augenblick stand er, ohne sich zu rühren oder zu reden, im Dunkeln, im Flammenschein, als hätten alle drei gesagt: ›Mein Liebling‹ ...« Der eigentümliche romantische Höhepunkt, das Zusammenkommen von Dunkel und Flamme, ist durch die im Verlauf der Erzählung genau plazierten Lichteffekte sorgfältig angelegt. Am Morgen dampft der Zerstörer von dannen, die Schloßbewohner sind »bewußtlos« und das Schloß selbst »ausgelöscht«.

Das kaum sichtbare Schiff, der emotionale Brennpunkt der Geschichte ist ein typischer Kunstgriff. In *Tears, Idle Tears* wird ein kleiner, vor aller Welt weinender Junge von seiner Mutter im Regent's Park gelassen, wo er einer Ente zuschauen soll, bis sein Weinen aufhört. Ein derbes, merkwürdiges Mädchen auf einer Bank tröstet ihn. Später im Leben vergißt er das Mädchen, aber »er konnte sich noch an die stille weiße Ente am Ufer erinnern« und daran, wie seine einsame Scham verflog. In *The Last Night in the Old Home* wird ein Schaukelpferd zum Symbol einer zerrütteten Familie. In *Songs My Father Sang Me* ist es ein Geburtstagsgeschenk, ein Maniküre-Etui, das die Erzählerin an die Trennung ihrer Eltern erinnert. In *Sunday Afternoon* bedroht die Aggressivität eines Mädchens die stille Melancholie eines anglo-irischen Freundeskreises:

»Gestikulierend vergoß sie Tee auf die Spitzendecke und tupfte ihn gedankenlos mit ihrem Taschentuch auf. Durch das Zerren am Tischtuch fiel ein Blütenblatt von einer Pfingstrose in einer Kugelvase mitten auf eine Platte Gurken-Sandwiches. Die Älteren beobachteten diese kleine Zerstörungstat gebannt, versöhnlich, als könne sie Schlimmeres verhindern.«

All diese Techniken – Emotionen durch Gegenstände auszudrücken, das Ineinanderspiel von Ort, Wetter und Stimmung – wirken durch eine bedeutungsvolle, verschwiegene, wandlungsfähige Sprache; Sean O'Faolain nennt sie »eine Sprache der Untertöne«.[14] Auch in *The Cat Jumps* kommt sie zum Einsatz:

»Frühe Dämmerung setzte ein; eine bedrückende, beinahe unsichtbare Feuchtigkeit stieg vom dunklen Fluß unten auf, drückte wie ein Wesen auf die Fensterscheiben und glitt ins Haus ... dann rief Mrs. Monkhouse schnuppernd: ›Wer benutzt *Trèfle Incarnat*?‹

›Also, *wer* schon – ‹, begann ihre Gastgeberin spöttisch; dann kam aus der Diele ein Heulen, Schlurren, ein dünner Schrei. Sie saßen still da, und in der dämmrigen Bibliothek lachte Mr. Cartaret laut auf.«

Diese Taktik – zweideutige Verben, nervöse Sprachfragmente, unzusammenhängende Elemente – kann genausogut der Komik dienen. In allen Geschichten liegen Gewalt und Humor nah beieinander – was zur angloirischen Tradition gehört. Die frühe Geschichte *Recent Photograph* ist ein übertriebenes Beispiel für Elizabeth Bowens Vorliebe für das Groteske:

»Ein gewisses Ehepaar Brindley lebte einige Jahre ruhig und von der Zeitgeschichte unregistriert in einem der ländlicheren Londoner Vororte. Eines Frühlingsabends schnitt Mr. Brindley, zurück vom Geschäft, seiner Frau mit einem Rasiermesser die Kehle durch und bettete anschließend seinen Kopf für die Nacht im Backofen des Gasherds, dessen eiserne Ungemütlichkeit er durch zwei Rüschenkissen gemildert hatte.«

Später beherrscht Elizabeth Bowen das verhaltene, kunstvolle Plazieren von Details so gekonnt, daß es weit über die Ironie hinausgeht. Mit giftigem Strich skizziert sie zum Beispiel die artifizielle Atmosphäre von *The Little Girl's Room*, in der die sensible Geraldine von ihrer eleganten Großmutter umhegt wird und dennoch ein extrem gewalttätiges, rachsüchtiges Phantasieleben hat. Mrs. Letherton-Channing, die Geraldine in ihrem Sommerhaus den letzten Schliff verpassen soll, hält sich »in ihrer Güte verbarrikadiert« im Hintergrund. Geraldines Unterricht wird von »silbrigen Ergüssen der Uhr geviertteilt«, während die Großmutter mit einer Freundin in »den Rosengerinnseln der Loggia sitzt«. »Ihre Hände sind an den Gelenken leicht faltig wie ziegenlederne Handschuhe.« Die Details unterstreichen den Druck, den das Haus ausübt, die erzwungene Ortsveränderung.

Zu Beginn der rührenden Geschichte *The Tommy Crans* wird die konfuse kindliche Wahrnehmung einer lebhaften Party brillant wiedergegeben, indem Gegenstände aus ihrer üblichen Umgebung und ihrer üblichen Dimension gelöst werden. Dinge lauern überlebensgroß. Körperteile, Kleidungsstücke separieren sich von ihren Besitzern. Der Effekt ist phantasmagorisch, wie in einem Roman von Charles Dickens; der Standpunkt ist konstant kindlich:

»Herberts Füße, die so lange in der Straßenbahn gebaumelt hatten, waren vor Kälte in den Stiefeln abgestorben; er stampfte mit dem Ungetümen aufs blau-gelbliche Mosaik. In der Garderobe der Tommy Crans waren die Haken zu hoch – Onkel Archer nahm H. M. S. *Terrible* auf seine kariertbemäntelte Schulter. Tommy Cran – inzwischen in den Türbogen gelehnt – war eine raumfüllende Erscheinung. ›Los, kommt jetzt, kommt!‹ brüllte er ungeduldig. Man hätte denken können, auch er wäre gerade zum Weihnachtsfest bei den Crans angekommen und wolle keinen Augenblick verpassen.

Jetzt kam Mrs. Tommy Cran von irgendwoher in die Diele gesegelt, teilte mit kleinen Bogenschlägen die festliche Luft – Hyazinthen und Schießpulver. Ihre Ärmel flatterten in tausend Rüschen von den Ellenbogen. Sie griff Onkel Archer am Revers und tanzte, schwebte anlehnungsbedürftig. Onkel Archer nahm den Mistelzweig beim Wort und küßte ihr zartes rosa Zuckergesicht. ›Ha!‹ schrie Tommy und zog einen unsichtbaren Dolch. Herbert lachte verlegen.«

Das Phantastische an der Szene vermittelt die kindliche Erfahrung und demonstriert dazu die auf den Kopf gestellte Welt dieser Geschichte, in der die Erwachsenen sich wie Kinder benehmen und die Kinder die Verantwortung übernehmen müssen.

Familien sind bei Elizabeth Bowen oft unter Druck: Druck durch drohenden Verlust, übermächtigen Willen, durch Außenseiter, Mißtrauen. Ihre Erzählungen handeln immer wieder von Familienauseinandersetzungen. Eine junge Frau haßt ihren Mann, liebt aber die Familie, in die sie hineingeheiratet hat (*Joining Charles*); eine verliebte Tochter verstößt gegen den Familiensinn (*Aunt Tatty*); zwei Schwestern werben um denselben abwesenden Geliebten (*The Cassowary*); ein Mann kann wegen beider familiärer Verpflichtungen das Mädchen seiner Wahl nicht heiraten (*The Tommy Crans*); eine Frau flieht die familiären Bande, um ihren Liebsten zu besuchen (*Summer Night*). Das Netz der familiären Bindungen und Betrügereien ist eines ihrer Hauptthemen: Verrat fasziniert sie.

Die Geschichten sind voller Versager. Die Unschuldigen sind schwierig, nicht von dieser Welt, gewalttätig, nicht normal wie Valeria Cuffe in *Her Table Spread* oder die zurückgebliebene Tochter Annabelle in *The Last Night in the Old Home*. Diese Figuren, gefangen in ihrer eigenen reinen Sicht der Dinge, sind nicht in den Griff zu bekommen. Sie zerstören oder werden zerstört. Und wie in den Romanen gibt es Figuren, die von Herrschsucht zerfressen sind. Mrs. Veseys Wille beherrscht eine ganze Gruppe Menschen in *Sunday Afternoon*: sie ist eine der vielen mächtigen älteren Frauen. In *A Queer Heart* kämpft eine lustige Witwe gegen Tochter und Schwester, die beide mit einem starken Willen ausgestattet sind: »Deren beider kalte Naturen verbanden sich ... Sie zensierten sie die ganze Zeit.« In *The Girl with the Stoop* umgarnt ein verkrüppelter Junge ein gutherziges Mädchen durch schiere Willenskraft. »Ich bin ganz Wille, und du bist willenlos«, sagt er; aber sie widersteht ihm am Ende. Die Frau in *The Demon Lover* erinnert sich an den »Willen« ihres toten Liebsten: »Er war nie freundlich zu mir, nicht wirklich ... Mutter sagte, er habe nie Rücksicht auf mich genommen. Er sei besessen gewesen – nicht verliebt. Willenskraft nimmt in den Geschichten der Bowen beängstigende Dimensionen an.

Die Heldinnen sind häufig leidenschaftliche, egoistische, schwierige Mädchen, die sich mit ihren Familien in Konflikt befinden. Diese Frauen sind durchaus attraktiv, wie Emma in *Summer Night*. Oft haben sie etwas Tollkühnes, wie Geraldines tote Mutter in *The Little Girl's Room* oder Rachel in *The Man of the Family*.

Manchmal sind sie verantwortungslos, wie Davina in *The Disinherited* oder Margery in *The Dolt's Tale* oder Delia in *The Last Night in the Old Home*, »leichtsinnig wie ein Kätzchen«. Keine von ihnen taugt fürs Familienleben. Davina, die – zu Tode gelangweilt – vom Vermögen ihrer reichen Tante lebt, ist die böseste dieser unbekümmerten Heldinnen:

»Mit neunundzwanzig besaß sie keinerlei Geld; sie hatte ihr Kapital vergeudet; Liebesgeschichten und andere kostspielige Angewohnheiten hatten sie ruiniert. Geld verdienen stand außer Frage: sie hatte keine Ahnung, womit. Tödlich gelangweilt trödelte sie endlos herum.«

Wie beinah alle Heldinnen verdient Davina ihr Geld nicht selbst. (Deshalb spielen natürlich familiäre, meist finanzielle Drucksituationen eine große Rolle. Besonders *The Tommy Crans* handelt von zwei Kindern, die das finanzielle Unvermögen der älteren Generation zu spüren bekommen.) Davina muß irgendwie die Zeit totschlagen, ohne Geld, ohne Ehe, ohne Interessen. Elizabeth Bowen stellt diesen Schmarotzertypus der Mittelschicht gnadenlos dar, wie auch in der Geschichte *Foothold*:

»Sie wissen, wie gemein ich immer über arbeitende Frauen gedacht habe; ich war unfähig, mir vorzustellen, daß ein Tag nicht voll sein könnte – er füllt sich doch von selbst. Da war das Haus, der Garten, die Freunde, Bücher, Musik, Briefe, der Wagen, Golf, wenn einem danach war, außerdem ging man oft in die Stadt. Also, das gibt's alles noch, und dazwischen ist kein Moment Zeit. Dennoch gibt es jeden Tag mehr Raum. Wahrscheinlich unter der Oberfläche.«

Eine angenehme, kultivierte Runde; aber offenbar nicht genug, um die dunklen Stunden zu verbannen. (Janet, die verfolgte Heldin in *Foothold*, übergeht auffälligerweise bei der Aufzählung ihrer Aktivitäten ihre Kinder: die sind natürlich im Internat.) Elizabeth Bowen verdammt das unausgefüllte Dasein müßiger Mittelschichtsfrauen nicht, aber sie zieht solchen Frauen gern den Boden unter den Füßen weg.

Die Zwänge der Ehe werden im allgemeinen wortlos übergangen. In ein, zwei der frühen Geschichten karikiert sie patriarchalische Attitüden: bei Charles in *Joining Charles* und Herbert in *The Lover* (»Frauen geraten selten in eine Lage, in der sie selbst denken müssen« ... »Alle Frauen wollen heiraten«). Der gemeine tyrannische Godwin Carbury in *Reduced* ist eine spätere Version dieses Typs, und *The Cat Jumps* macht sich über den Geschlechterkrieg lustig. Doch für gewöhnlich beschreibt Elizabeth Bowen zwischenmenschliche Schwächen eher differenziert. Oft tauchen komplizierte Partner auf, die weder etwas füreinander empfinden noch voneinander lassen können, wie das Paar in *The Storm*, »selbstgenügsam, weitgereist, wachsam und voll gegenseitigem Bedauern«; oder die Perry-Dentons in *A Love Story*, die durch »ihre statische, erschöpfende Intimität eine erstickende Atmosphäre schaffen«. In verschiedenen Geschichten findet die gnadenlose Verfolgung eines Mannes durch seine

Frau statt – *Recent Photograph*, *Songs My Father Sang Me* –, der sich fühlt wie Harold Wright in *The Cat Jumps*: »Sie lag wie eine große Katze immerzu auf seinem Leben.«

Ehemänner wirken weniger sensibel als deren Frauen. Elizabeth Bowen schreibt oft über Männer, die nicht wissen, was ihre Frauen fühlen; oder Liebhaber, die eine Frau zwar besitzen, aber nicht kennen wollen. Emma in *Summer Night* fährt mit Höchstgeschwindigkeit durchs ländliche Irland – vom Ehemann zum Geliebten. Angelangt bei ihrem kalten, erfahrenen, attraktiven Robinson (ein Markie-Typ), ist die Begeisterung dahin:

»Sie begriff, daß sie sich vor Robinsons strenger, erfahrener Raffinesse in punkto Liebe fürchtete. Ihr Abenteuer wurde mit ihm zur stillen Übung. Das Abenteuer (sogar der Weg) versiegte an der Quelle, ihrer kindlichen Gemütslage ...«

Marianne, die unsichere Kindfrau (ein Emmeline-Typ) in *The Disinherited* führt eine liebevolle, aber langweilige Ehe. Sie ist untreu: dennoch bleibt die Ehe, so wie sie ist, einfach da – wie ein Karton.

»Matthew Harvey küßte niemals im Bahnhof, also stellte er auf halbem Wege im Flur seine Aktentasche ab, schloß die Tür zur Küche und küßte seine Frau. Sie errötete übers ganze Gesicht, was er nicht sah.

Er schob ein Buch ins Regal und sah den Briefstapel durch. Inzwischen wanderte Mariannes Blick träge durchs Wohnzimmer, als wäre sie es, die gerade von einer Reise zurückgekehrt sei und einen Platz zum Ausruhen suche.

›Ich glaube‹, sagte Matthew, ›ich brauche eine andere Brille.‹

›Eine andere‹, erschrak Marianne.

›Ja, Brille‹, sagte Matthew, lehnte sich im Sessel zurück und betrachtete sie liebevoll. Dann bückte er sich und hob einen weißen Faden vom handgewebten Teppich. Er wickelte ihn auf und schnipste ihn ins Feuer. ›Ein weißer Faden‹, sagte er, ›aber ich habe ihn aufgehoben.‹«

Der stärkste familiäre Druck lastet allerdings auf dem Kind – oder wird von ihm ausgeübt. Einige der besten Geschichten handeln von der Verzweiflung der Kindheit, von Einsamkeit, Exhibitionismus, Phantasie und Terror. Elizabeth Bowen versucht in die kindliche Haut zurückzuschlüpfen.

Die Geschichten über Kinder fallen in zwei Kategorien: einerseits über einzelne Kinder, die sich bei Besuchen den Ansprüchen der Erwachsenen anpassen müssen, und andererseits über Kinder, die sich allein miteinander abgeben. (*The House in Paris* ist ein Beispiel für beides.) Am ehesten vergleichbar mit Henriettas und Leopolds alarmierenden Gesprächen sind Unterhaltungen zwischen der adoptierten Nancy und dem vaterlosen Herbert auf der Party bei den Tommy Crans:

»Er und Nancy betrachteten einander ernst.

Er sah Nancy, ernst und gekrönt, denn sie war eine

Königin. Vorangeschubst durchs Gedränge, umrundete er den Tisch und setzte sich, stämmig wie er war, neben sie.

Sie sagte: ›Guten Tag. Hast du unseren Teich gesehen? Er ist ganz zugefroren. Kanntest du unseren Teich eigentlich schon?‹

›Ich war noch nie hier.‹

›Hast du unsere beiden Schwäne gesehen?‹

Wie sie ihre Locken um den Finger kringelte, die vom Licht auf ihren Schultern und dem Spitzenkleid ganz besonders rund aussahen, war sie so schön, daß er brüsk sagte: ›Ich hätte nicht gedacht, daß euer Teich groß genug für zwei Schwäne ist.‹

›Allerdings‹, sagte Nancy, ›er geht ganz um die Insel rum. Er ist groß genug für ein Boot.‹

... ›Wie alt bist du, Herbert?‹

›Acht.‹

›Oh, ich bin neun. Spielst du Räuber und Gendarm?‹

›Könnte ich‹, sagte Herbert.

›Oh, ich nicht; das Spiel hasse ich. Aber ich kenne ein paar Jungen, die es spielen. Hast du viele Geschenke gekriegt? Onkel Ponto hat mir eine Eisenbahn gekauft; die paßt eigentlich besser zu Jungens. Die könnte ich dir geben, vielleicht.‹

›Wie viele Onkel?‹ setzte Herbert an.

›Zehn Nennonkels und keinen echten. Ich bin adoptiert, weil Mama und Papa keine Kinder haben. Ich finde das viel lustiger, du nicht?‹

›Doch‹, erwiderte Herbert nach einigem Überlegen, ›geboren werden kann schließlich jeder.‹«

Die der Erwachsenenwelt fremde Privatsprache beherrscht die Bowen meisterhaft und benutzt sie, um das kindliche Fremdheitsgefühl zu vermitteln, wie in *The Easter Egg Party*:

»›Ich weiß nicht, *was* mit dir los ist‹, sagte Hermione mitleidslos, ›hättest du dir nicht ein anderes Mädchen einladen können? Ich habe hier gar nichts zu tun; ich meine, ich kann nichts tun. Und alle Mädchen waren heute schrecklich zu mir, keine hat sich einen Deut darum geschert, ob ich ein Ei gefunden habe oder nicht. Diese Maisie hat mich nicht mit ihrem Bruder spielen lassen. Noch nie war jemand so schrecklich zu mir, wie die alle waren; sie haben sich alle Eier genommen, und ich habe kein einziges gefunden. Und du läßt mich nie ausreden, die ganze Zeit, anfassen darf ich auch nichts. Du willst, daß ich mich immerzu für was interessiere, und du interessierst dich kein bißchen für mich. Mama sagt, du hast dich für mich interessiert, aber ich glaub's ihr nicht. Ich komme mir vor, als sei ich tot, und ich will nur nach Hause.‹«

Die Komik dieser Passage rührt besonders von der Tatsache, daß hier jene englische Selbstgefälligkeit herrscht, die Elizabeth Bowen so gern zur Zielscheibe ihres Spotts macht:
»West Wallows war mehr als ein Dorf: es war eine eingeschworene Gemeinde. Von der breiten Straße zweigten kleinere ab, die an den weißen Toren vieler Wohnhäuser vorbeiführten. Der Rektor war taktvoll und energisch; der Großgrundbesitzer ungewöhnlich kultiviert. Eine

Reihe bescheiden dimensionierter Gebäude stand da – manche alt, andere erst vor kurzem gebaut. Preiswerte Geselligkeit, liberale Politik, schönes antikes Mobiliar, ›Interessen‹, aufgeklärte Wohltätigkeit bestimmten die örtliche Atmosphäre. Niemand war sehr reich; niemand war exzentrisch, und obwohl auch hier einige zur Jagd gingen, verfaßte keiner Briefe gegen Mord als Sport. Die ortsansässigen Familien lebten in Harmonie mit den Ruheständlern, die sich hier angesiedelt hatten. Wahrscheinlich gab es wenige Wohngegenden in England mit so netter Atmosphäre wie West Wallows. In den Ferien hatten die Kinder hier viel Spaß ...«[15]

Doch die Unfähigkeit der schrecklichen Hermione, sich in diese Gesellschaft einzupassen, ihre tiefe Entfremdung, ist eigentlich gar nicht komisch: »Ich fühle mich wie tot« (nicht, ich wünschte, ich wäre tot) – klingt nur nach Verzweiflung.

Kindliche Verzweiflung ist keine Seltenheit, wird aber kaum verstanden. Die Augen des Jungen Frederick, in *Tears, Idle Tears*, weinen entsetzliche und ungewollte Tränen. Sie sind das Vermächtnis seiner verwitweten Mutter, die ihre Trauer immer unterdrückt. Einem mitfühlenden Betrachter erscheinen sie wie »Wunden in der Oberfläche der Welt, durch die eine tiefe, entsetzliche, nicht zu stillende, zwangsläufige Pein ausblutete und immer nachsickerte«.

Nicht alle Beobachter stellt Elizabeth Bowen so human vor. Wie Henry James hegt sie ein besonderes Interesse für Charaktere (meist männlich), für die unparteiisches Beobachten eine Lebenshaltung ist – und eine

Tragödie. Die Kurzgeschichten sind voll von ihnen. In *The Secession*, einer frühen Erzählung, die in Rom spielt, treibt Humphrey Carr durch seine chronische Handlungsunfähigkeit eine Frau in den Selbstmord und eine andere in den Wahnsinn. William, der sich in *The Man of the Family* erfolglos bemüht, einen Familienstreit zu schlichten, zieht sich dann auf seine übliche Arroganz und Skepsis zurück: »›Eigentlich spielt es keine Rolle‹, dachte William. ›Sie sind alle Narren.‹« Henry in *Sunday Afternoon* ist einer der schwierigsten Vertreter dieses Typs, der hin- und hergerissen ist zwischen der Abgeschiedenheit seiner alten irischen Freunde und »der neuen katastrophalen *äußerlichen* Lebensordnung... In seinem Alter, zwischen zwei Generationen, fühlte er sich ausgestoßen.«

Er ist wie Alban, der englische Besucher in *Her Table Spread* – eine von Elizabeth Bowens Geschichten, die mich geradezu verfolgt. Der pingelige, ichbezogene Alban ist in gewisser Hinsicht eine Witzfigur; was ihm zustößt, ist geradezu grotesk. Dennoch ist sein Gefühl, alles verpaßt zu haben, gar nicht komisch:

»Das Klavier war feucht, dennoch spielte sich Alban beinah das Herz aus dem Leib. Er ließ seinem jahrelangen Zorn freien Lauf, den sein weichliches Wesen verdeckte. Er hatte nicht geliebt; niemand tat etwas dagegen; Partner beim Dinner schenkten ihm höchstens ihre halbe Aufmerksamkeit. Er wußte, daß tief im Weltinnern eine Quelle vertrocknet war, und er befand sich erstarrt im dunklen Regen an einer gleichgültigen Küste.«

Als die Ereignisse des Abends ihn überrumpeln, gerät er in Panik; auf so etwas ist er nicht vorbereitet: »Eher zufällig war er zwischen Äpfeln und Amphoren einer Kunstschule herumgewandert und plötzlich in den Saal geraten, wo nach dem Leben gezeichnet wurde: eine würdevoll sich drehende Frau.« Das Bild zeigt Trauer und Absurdität. Und die Geschichte spiegelt beide Stimmungen. So lächerlich es ist, hat es doch nichts Absurdes, daß Valeria diesen Alban als ihren langersehnten Liebsten begrüßt und ihn für einen Augenblick aus seiner – persönlichen und nationalen – Entfremdung und Heimatlosigkeit erlöst, in der die Charaktere der Bowen für gewöhnlich gefangen sind.

»Sie lachte wie eine Prinzessin, grandios, so wie es ihr zukam. Ihre unsichtbaren Gesichter waren alle drei schön, und ... eine so starke Zärtlichkeit traf ihn, als er in seiner ganzen Männlichkeit dastand, daß er einen Augenblick lang nicht verbannt war.«

7

Eine schreckliche Erleuchtung

Ich sag's, dieser Krieg ist eine schreckliche Erleuchtung; er zerstörte unsere Dunkelheit: wir müssen sehen, wo wir sind.«

Die Kriegsjahre, die zu den intensivsten und aufregendsten Jahren ihres Lebens gehören, verbrachte Elizabeth Bowen in London und Irland. Wie die Heldin ihres nächsten Romans zählte sie zu der »kleinen Schar« von »Dagebliebenen in London«. Sie tummelte sich am Brennpunkt des Geschehens. Sie meldete sich freiwillig als Luftschutzwart in Marylebone, and Alan Cameron trat dem Landsturm bei. Während des »Blitzkriegs«, des deutschen Luftangriffs auf England, wurde die Gegend Londons, in der sie lebten, heftig bombardiert, und einmal wurden sie mitten in der Nacht aus Clarence Terrace evakuiert. Mit Virginia Woolf wanderte sie durch die Londoner Ruinen. Virginias Tod 1941 war für sie ein schwerer Schlag. Im Juli 1944 wurde ihr Haus durch eine V1 im Innern völlig zerstört, und bis Oktober des gleichen Jahres mußte sie mit ihrem Mann ausziehen. Einer ihrer Freunde klagte: »Es war das letzte Haus in London, in dem man sich noch wie in einem Vorkriegshaus fühlte.«[1]

Jener Freund war der kanadische Diplomat Charles

Ritchie, ein eleganter, kluger, charmanter, ausgesprochen interessanter Mann, den die Bowen 1941 kennenlernte. 1942 begannen die beiden eine Affäre, die den gesamten Krieg über andauerte. 1945 kehrte Ritchie nach Ottawa zurück, aber die beiden trafen sich auch während der kommenden Jahre in regelmäßigen Abständen. Zwar heiratete Ritchie 1948 seine Cousine, doch ihre Freundschaft dauerte bis zu Elizabeth Bowens Tod.

In London verbrachten beide viel Zeit miteinander, allein oder auf gesellschaftlicher Ebene mit Alan und Freunden. Aber Elizabeth Bowen reiste auch regelmäßig nach Irland. Der Krieg stand dem nicht im Wege, weil die Schriftstellerin sich 1940 bereit erklärt hatte, für das Informationsministerium zu arbeiten. Wie Stella Rodney in *The Heat of the Day* hatte sie eine geheime, anspruchsvolle, nicht uninteressante Mission. Ihre »Aktivitäten«, wie sie es nannte, ermöglichten ihr also, im Krieg nach Irland zu reisen, was die ambivalente Beziehung zu ihren beiden Heimatländern auf eine harte Probe stellte. Beides, die irische Neutralität und die englische Kriegsführung, hatte für sie seine Logik. Sie war damit beschäftigt, »die Haltung der Iren zum Krieg zu ermitteln, speziell die Frage der Vertragshäfen im Süden und Südwesten Irlands, deren Zugang Churchill von de Valera garantiert haben wollte«.[2] In ihren Berichten (die Lord Cranborne »vernünftig und ausgewogen« nannte) erklärte sie, jede Bedrohung der irischen Neutralität würde zum »Chaos« führen.

Elizabeth Bowens Kriegserfahrungen und ihr Gefühlsleben waren damals abenteuerlich, reich und bewegend. Doch aus den schriftstellerischen Arbeiten jener Jahre, einigen der besten überhaupt – den Kurzgeschichten, Romanen und *Bowen's Court* –, wird deutlich, daß durch den Krieg Skepsis und Unbehagen gegenüber ihrer Umgebung nur bestärkt wurden. In den dreißiger Jahren erreichte ihre Ernüchterung bezüglich Englands und Europas einen Höhepunkt. Der Krieg steigerte ihren Eindruck, sie sei in einem verdorbenen und verarmten Jahrhundert zu Hause. Sie stand mit dieser Meinung nicht allein: viele andere Schriftsteller empfanden den Krieg als eigene Schuld. Evelyn Waugh beschrieb wiederholt, wie die kranke Gesellschaft auf eine unvermeidliche Krise zusteuere. In *Unconditional Surrender* (1961) behauptet er in dem Kapitel »Der Todeswunsch«, der Krieg sei nicht nur verdient, sondern erwünscht:

»Mir scheint, als habe es ein Bedürfnis nach Krieg gegeben, einen alles umfassenden Todeswunsch. Selbst gute Menschen glaubten, ihre Ehre würde durch den Krieg wiederhergestellt. Durch Töten und Getötetwerden konnten sie ihre Männlichkeit unter Beweis stellen.«[3]

Graham Greene, der im Oktober 1940 seinen Aufsatz *At Home* über den Blitzkrieg schrieb, klang wie Ezra Pound, der sich über die Unvermeidbarkeit des Ersten Weltkriegs entsetzte:

»Gewalt scheint uns unproblematischer, weil sie so lang erwartet wurde – nicht nur in politischer, auch in moralischer Hinsicht. Die Welt, in der wir leben, könnte anders nicht enden … Man fühlt sich in London wohl … oder in den anderen zerbombten Städten … weil das Leben dort den Erwartungen entspricht. Wenn eine angeschlagene Tasse unters heiße Wasser gehalten wird, zerbricht sie, und jetzt zerbricht eine alte verschnörkelte Zivilisation.«[4]

Die Vorstellung einer Zivilisation, die sich ihre Zerstörung zu Recht verdient hat, ist das zentrale Thema in *The Heat of the Day*. London im Krieg und damit »eine Verarmung der Welt« werden heraufbeschworen, und obendrein wird »die Bedeutung von Verrat« hinterfragt. In ihrem gesamten Werk präsentiert die Bowen das Leben der englischen Mittelschicht als etwas, das einen fundamentalen Mangel aufweist. Mit seinen beklemmend fürsorglichen Familien, seinen verarmten gesellschaftlichen Gruppen, seinen verletzten, unschuldigen Individuen, seinen finsteren, mißbrauchten Orten – ist das »Bowen-Terrain« ein »vermintes Gebiet«, ein Ort der Enteignung und des Kompromisses. Jetzt im Krieg stehen selbst die Zimmer und das Mobiliar der Londoner Häuser unter Beschuß – jene »unerschütterlichen *Dinge*«, auf die Portia in ihrem Sicherheitsbedürfnis bisher bauen konnte (»sie erinnern uns, wie extrem selten das Unschöne oder Unvorhergesehene sein Haupt erhebt«).[5] Enterbtsein ist keine Metapher mehr, sondern brutale Tatsache. Der Krieg ist in ihren Augen das Ergebnis der »fürchterlichen Zeit des sogenannten Privatlebens«, das in *Bowen's Court* die »gesunde, abstrakte Idee« verdrängte, die der Bourgeoisie des achtzehnten Jahrhunderts zur Blüte verholfen hatte:

»Und wohin haben uns die edlen Gefühle, unser Kunstempfinden, unsere Vertraulichkeiten gebracht – unsere inspirierenden Gespräche, der Wunsch, frei zu sein von den Fesseln des Geschlechts, der Klasse und der Nationalität, unser Wunsch, jedem gerecht zu werden? In das Jahr 1939.«[6]

Bowen's Court, geschrieben zwischen 1939 und 1941, gibt der historischen Dimension des Verlusts im Kontext der anglo-irischen Zivilisation einen Namen. Gleichzeitig arbeitete Elizabeth Bowen an einer Reihe Kurzgeschichten, von denen vier 1941 in der Sammlung *Look at All Those Roses* erschienen. Die übrigen wurden zwischen 1941 und 1944 in Magazinen wie *Listener, Horizon* und *Cornhill* abgedruckt und später in dem Band *The Demon Lover* (1945) gesammelt. Zu jenem Zeitpunkt hatte sie bereits die ersten fünf Kapitel ihres Kriegsromans *The Heat of the Day* fertiggestellt.[7] Bereits die Kurzgeschichten erzählen mit »halluzinatorischer« Klarsicht vom Leben unter Bedingungen gewaltsamer Anormalität. Der Bowenschen Faszination an sinnentleerten Orten, zwangsweiser Ortsveränderung und Entfremdung kommen die Daseinsbedingungen in London während des Kriegs entgegen. Diese Geschichten beschäftigen sich eindringlich mit verlassenen oder zu Ruinen gewordenen Schauplätzen und deren Wirkung auf den Menschen.

Im Vorwort der amerikanischen Ausgabe von *The Demon Lover* nennt sie das Schreiben dieser Geschichten ihre Form der »Resistance«, des Widerstands, und vergleicht es mit den Kleinigkeiten und Erinnerungsstücken, an die Menschen im Krieg ihre Identität hängen. Typisch für ihre Behandlung des Ortes war immer der Verlust des Ichs. Wenn Orte nicht mehr funktionieren, verlieren die Bewohner ihr Ichgefühl. Im Krieg gehörte dieser Verlust zum Alltag von Leuten, deren Häuser zerstört wurden:

»Leute, deren Häuser in die Luft geflogen waren, machten sich unendliche Mühe, ihre Habseligkeiten aus dem Schutt aufzusammeln – zerbrochenen Nippes, einzelne Schuhe, zerrissene Vorhänge aus irgendeinem Zimmer. Auf dieselbe Weise sammelten und überprüften sie sich im Spiegel der Erzählungen und Gedichte, in ihrer Erinnerung, in den Gesprächen anderer... Während jener Zeit begriff jeder Schriftsteller die gefühlvolle Bindung der Männer und Frauen an Gegenstände oder Bilder oder Orte oder an eine Liebe, an Erinnerungsfetzen, mit denen sein oder ihr Schicksal verbunden schien und ihm Nachdruck verliehen wurde.«[8]

Elizabeth Bowens Kriegserzählungen halten die Verschiebung zwischen Orten, Erinnertem und Vorgestelltem fest. In *Songs My Father Sang Me* (1944) erinnert sich die Erzählerin an ein verlorenes England, das sie als Kind von ihrem Vater gezeigt bekam. Das Mädchen und der Soldat in *Mysterious Kôr* (1944) durchwandern eine zerstörte, antike Zivilisation, deren einzige Bewohner sie sind. Die Frau in *The Happy Autumn Fields*, deren Haus bombardiert wurde und die inmitten von Trümmern liegt – Verputz, Staub, vor die Fenster genagelter

Kattun, das Schlagen eines Hammers und irgend jemand, der auf ein Klavier einhämmert –, geht in Gedanken zurück in die verlorene Welt eines viktorianischen Irlands, die sie nur aus alten Briefen kennt. Als Marys eigene Wirklichkeit in Schutt und Asche liegt, flüchtet sie in Gedanken zu den beiden längst verstorbenen Frauen Sarah und Henrietta, die sie um ihr reiches Gefühlsleben beneidet, während sie sich selbst geradezu neurotisch als unwesentlich empfindet:

»Wie sollen wir ohne unsere Ursprünglichkeit leben? Wir kennen nur noch Unannehmlichkeiten, aber keinen Kummer mehr. Alles zerfällt zu Staub, weil es knochentrocken ist; man staunt nur, wieviel Lärm es macht. Der Quell, der Kern, muß verdorrt sein oder der Pulsschlag schon verendet, bevor du und ich gezeugt wurden. So viel durchströmte die Menschen; so wenig durchströmt uns. Wir können Liebe oder Kummer nur noch nachahmen.«

Der Stil der Erzählung betont einen schmerzlichen Kontrast zwischen der langsamen, melancholischen viktorianischen Welt und dem kargen Unvermögen der Gegenwart. Die viktorianische Familie wird mit geziemender Förmlichkeit präsentiert:

»Papa ließ vor Überraschung Arthurs Hand los, worauf Arthur flach aufs Stoppelfeld fiel.

›Du meine Güte‹, sagte die beleidigte Constance zu Robert.«

»Der Nachmittag nahm kein Ende, nachdem sie den Weizen gemäht hatten, reifte das Licht nach. Licht füllte die Stille, die nun, da Papa und die anderen außer Hörweite waren, vollkommen war.«

Die Sprache für den Kriegsschauplatz London ist dagegen unzusammenhängend und häßlich:

»Von irgendwoher im hohlen Raum kam ein großes Gehämmer. Ganz dicht, eine Stimme: ›Ach, du bist *wach*, Mary?‹ Sie kam von der anderen Seite der offenen Tür, die zwischen ihr und dem Sprechenden war – er stand auf der Schwelle, sie lag auf der unbezogenen Matratze auf einem Bett. Der Sprecher fügte hinzu: ›Ich wollte gerade weg.‹«

Die Brüchigkeit der modernen Welt im Krieg, die »betäubte und verwirrte Gegenwart«, die so verletzlich auf die »Entladung« vergangener Gefühle reagiert, wird in dieser Geschichte mit enormer Schärfe und einem immensen Verlustgefühl dargestellt. In anderen Erzählungen wirkt die Verödung persönlichen Lebens in Kriegszeiten eher unheilvoll.

In *The Demon Lover*, der furchterregendsten dieser Geschichten, kehrt eine Frau mittleren Alters zu ihrem verschlossenen Haus zurück und erlebt dort ein gespenstisches Rendezvous mit ihrem toten Verlobten, der im Ersten Weltkrieg ums Leben kam. Seine Abschiedsworte lauteten damals: »Ich werde wieder bei dir sein ... früher oder später ... warte nur.« Jetzt stellt sie fest, daß die geisterhafte Drohung aus der Vergangenheit ihre nichtige, entwurzelte Gegenwart überwältigt:

»... die Unbenutztheit ihres einstigen Schlafzimmers, das gesamte eheliche Londoner Heim glich einer gesprungenen Tasse, aus der die Erinnerung mit ihrer beruhigenden Kraft geronnen oder versickert war – und diese Krise hatte sich der Briefschreiber bewußt zunutze gemacht. Die Hohlheit des Hauses löschte an diesem Abend Jahre um Jahre voller Stimmen, Gewohnheiten und Schritte aus.«

Bedeutungsschwere unheilschwangere Details kommen in dieser Geschichte kunstvoll zum Einsatz. Als Mrs. Drover ihr verschlossenes Haus erreicht, warnt bereits der erste Absatz den Leser, daß diese Geschichte etwas mit ihr vorhat:

»In ihrer ehemals vertrauten Straße hatte sich, wie in jedem ungenutzten Weg, etwas Ungewohntes, Sonderbares abgelagert; eine Katze schlängelte sich über die Geländer, doch kein Menschenauge beobachtete Mrs. Drovers Rückkehr.«

Der Ort ist viel zu verlassen und dennoch nicht verlassen genug. Im Haus liegt ein Brief ohne Briefmarke: doch niemand kann inzwischen dagewesen sein. Ihre Post wird aufs Land nachgesandt. Als Mrs. Drover ihn lesen will und sich dabei vor Angst hoch oben im stillen Haus verkrochen hat, bringt die Bowen das Wetter als »Terrorbeigabe« ins Spiel:

»Das Zimmer hatte einen Blick hinunter auf den Garten und andere Gärten: die Sonne war verschwunden;

während die Wolken schärfer und tiefer wurden, schienen Bäume und üppige Rasenstücke im Dunkeln zu dampfen.«

Das Theatralische paßt zu Mrs. Drovers Horror über die Einladung zum Rendezvous mit ihrem toten Liebsten. Das stille, verriegelte Haus, die Straße und die plötzlichen Regenschauer erzeugen Hochspannung. Mrs. Drover erinnert sich an die Tyrannei des Mannes und macht sich zur Flucht bereit. Der Gedanke an ein Taxi tröstet sie: »Heute abend, nur ein einziges Taxi – das ihr aber mit seinem hohlen Rumpf aufzulauern schien.« Die Kombination von »hohl« und »auflauern« macht neugierig: der Taxifahrer entpuppt sich als dämonischer Liebhaber:

»Mrs. Drovers Mund stand einige Sekunden offen, bevor sie den ersten Schrei tun konnte. Danach schrie sie ungehemmt und schlug mit ihrer behandschuhten Hand auf das Glas, wobei das Taxi mitleidslos beschleunigte und sich mit ihr ins Hinterland verlassener Straßen davonmachte.«

Jedes Detail zählt hier: das Ablegen der Förmlichkeit und das ungehemmte Schreien, das lautlose Schlagen der behandschuhten Hände; das absichtliche Davonmachen. Der abschließende Satz greift auf, was die Geschichte bereits etabliert hat: die unheilschwangere Stille der Londoner Straßen im Krieg, in denen Mrs. Drover nicht mehr auffindbar sein wird. In ihrem Vorwort nennt Elizabeth Bowen auch den Grund für ihren

Gebrauch des Übernatürlichen in der Sammlung *The Demon Lover*:

»Die Vergangenheit entlädt jedesmal geballte Gefühle in eine betäubte und verwirrte Gegenwart. Man fragt nach dem Ich – und es wird mit nicht wenigen Schmerzen wiedererlangt. Und die Geister... sie sind die Gewißheiten ... ob feindlich oder nicht, scharen sie sich zusammen und füllen das Vakuum des ungewissen Ichs.«[9]

London ist der wirkungsvollste, aber nicht der einzige Schauplatz dieser Geschichten vom »ungewissen Ich«. Eine der besten Erzählungen über den Krieg, *Ivy Gripped the Steps* (die zuerst im September 1945 in *Horizon* erschien), spielt an der Südküste. Die Geschichte ist lang, ein Vorgriff auf *The Little Girls* (1964), und gleicht in mancher Hinsicht den Romanen ihres Freundes L. P. Hartley, *Das Goldregenhaus* (1944) und *Der Zoll des Glücks* (1953), in denen die Vergangenheit als »anderes Land« dargestellt ist. Gavin Doddington kehrt im September 1944 nach Southstone (einem anderen Folkstone) zurück und sieht auch das Haus der Freundin seiner Mutter wieder, der romantischen, unglücklichen Mrs. Violet Nicholson, die er als Junge besuchte und mochte und die seinen »ganz gehemmten Gefühlsmechanismus« auf dem Gewissen hat. In einer langen Rückblende zeigt die Geschichte die Verbindung zwischen dem Schaden, der Gavins Gefühlsleben zugefügt wurde, und dem Verlust einer ganzen Welt (an sich nicht besonders wertvoll), die durch die Gesellschaft des Städtchens vor dem Ersten Weltkrieg und

Violets nutzloses, wenn auch kultiviertes Dasein symbolisiert wird. Gavins Ferien fern des rauhen Landlebens seiner Eltern in den Midlands (einer »stagnierenden Existenz, die an die Not verpfändet war«), seine Begeisterung für Violet, die unausweichliche Enttäuschung leuchten im Licht einer verlorenen Vergangenheit. Als er an einem wolkenverhangenen Abend im September 1944 zurückkehrt, findet er eine sterbende Geisterstadt vor und ein vom Efeu ersticktes Haus. Elizabeth Bowen beschreibt Southstones Verlassenheit mit Begriffen wie: »Abbau und Verfall«, »verblichene Langsamkeit«, »übermäßige Leere«. Wir sehen den Ort einerseits, wie Gavin ihn in Erinnerung hatte, und dann so, wie er im Verlauf der Zeit geworden ist. Trotz des deutlichen Kontrasts zwischen Vergangenheit und Gegenwart beschleicht den Leser auch das Gefühl, die beschauliche, lebenslustige Vorkriegswelt habe ihre Zeit überzogen:

»Jener September war eine Verlängerung des Sommers. Eine vortreffliche Truppe spielte weiter Operette im Theater, in dessen Gärten der Salbei prangte. Der Rasen, nach wochenlangem Mähen bis auf die Wurzeln abgeschoren, war von der wochenlangen Hitze blaßblond. Es gab immer noch viele Besucher; und Einheimische, die sich im August vornehm zurückgezogen hatten, kehrten zurück – über die Promenade flimmerten den ganzen Tag Sonnenschirme, Strohhüte und leichte Kleider vor der tiefblauen Kulisse, die selten Frankreich sehen ließ.

Vor dem Theater standen einige Soldaten in Gruppen herum ... Die Theatergärten waren betoniert und in einen Lastwagenparkplatz verwandelt worden; der Motor des einen Lastwagens lief ...

Er überquerte im Zickzack die Promenade, bahnte sich seinen Weg durch Drahtverhau zu den Geländern; und gesellte sich zu der verstreuten Menge, die dazwischenlehnte und bereitwillig einem Konvoi nachsah oder gleichgültig hinüber aufs befreite Frankreich schaute. Der Weg und die Stufen zur Klippe waren zerstört, das Geländer hing rostend in der Luft.«

Alle Kriegsgeschichten der Bowen handeln von einem reduzierten Gefühlspotential und dem weltweiten – nicht nur privaten – Verlust der Unschuld. Das viktorianische Dasein in *The Happy Autumn Fields* wird von Kindheitsbildern beherrscht: Sarah und Henrietta, zwei im Schoß der Familie lebende Schwestern, sind fast noch Kinder. Obwohl alt genug für die Liebe, hält sie ein intensives, erwartungsvolles Vorgefühl auf das Leben immer noch gefangen. Sie schlafen zusammen, sie teilen ihre Gedanken, ihr Dasein wird durch die Familie definiert, und wie sich herausstellt, sterben beide jung. Mary, die beider Papiere findet und die Tragödie vorausahnt, scheint nicht nur wesentlich welterfahrener (sie hat ein Haus, einen Liebsten), sondern auch viel älter als die viktorianischen Mädchen. Deshalb ist der dem Gedicht *Tears, Idle Tears* von Tennyson entnommene Titel ausgesprochen zutreffend (»In looking on the happy Autumn-fields / And thinking of the days that are no more«). Die Geschichte beschwört ein verschwundenes Zeitalter und beklagt wie Tennysons Gedicht die vergangene Jugend.

Mary, die Hauptfigur der Erzählung, ist zutiefst verzweifelt. Wie Stella, die Heldin in *The Heat of the Day*, ist sie eine »verirrte Seele«. In den Kriegsgeschichten und dem Kriegsroman, die Elizabeth Bowen schrieb, ist Verzweiflung das vorherrschende Thema. Gavin in *Ivy Gripped the Steps* spürt die verheerende Macht des »*horreur de mon néant*«. Dieses Erschrecken vor dem eigenen Nichts – grundsätzlich, ohne Ausflucht oder Trost – ist der Grundtenor in Elizabeth Bowens Werk. Im Krieg erfährt dieses Empfinden seinen Höhepunkt, wie in der Geschichte *Summer Night* (1941):

»Wir stehen der Unmöglichkeit zu leben gegenüber – es sei denn, wir könnten zu etwas anderem durchbrechen. Unsere Sinne und Talente sind zum Stillstand gekommen, und alles um uns herum ist dadurch zur toten Materie geworden – zur toten Materie, die wir nicht einmal verdrängen konnten. Wir können uns selbst nicht mehr ausdrücken: was wir sagen, nähert sich nicht einmal der Wirklichkeit; es nähert sich nur dem Gesagten. Ich sage, dieser Krieg ist eine schreckliche Erleuchtung; er hat unser Dunkel zerstört; wir haben gesehen, wo wir sind. Gelähmt, Gott bewahre, und jeder dem anderen so fern, daß wir einander nicht einmal Zeichen geben können. Und unsere Währung ist wertlos – unsere ›Ideen‹ und so weiter, und so fort. Wir müssen eine neue prägen. Wir müssen zur neuen Form durchbrechen – Genie ist gefragt. Wir hängen kopfüber zwischen Genie und Tod. Ich sag's Ihnen, wir brauchen Genie, um überhaupt zu überleben.«

In *The Heat of the Day* entwickelt Elizabeth Bowen viele ihrer vertrauten Themen. Das Fegefeuer des Mittelschichtdaseins wird zur Brutstätte des Verrats. Die Unwirklichkeit wird vor der surrealen, geisterhaften Kulisse Londons im Zweiten Weltkrieg zelebriert. Eine heimliche Liebesgeschichte muß ihre eigene »Behausung« schaffen. Und wieder finden wir als Figuren eine furchterregend unterdrückerische alternde Frau, einen finsteren hintergrundlosen Zuschauer, einen anständigen, phantasielosen englischen Soldaten und eine in ihr Schicksal ergebene, kaltblütige Heldin. Elizabeth Bowen kehrt auch hier an die Küste Kents und in ein irisches Herrenhaus zurück – Mount Morris, ein anderes Danielstown.

Aber obwohl *The Heat of the Day* in gewisser Hinsicht der Höhepunkt ihres Schaffens ist, war das Schreiben nicht leicht, sondern ein strapaziöses, kompliziertes Unterfangen. Die ersten fünf bereits 1944 fertiggestellten Kapitel mußte die Bowen, als sie den Roman 1945 wiederaufnahm, noch einmal schreiben, und das Buch wurde erst 1949 veröffentlicht. 1945 schrieb sie an Charles Ritchie, dem sie diesen Roman widmete: »Jeder Roman, den ich je geschrieben habe, war schwer, und dieser ist bei weitem der schwerste von allen ... Er wirft jedes erdenkliche Problem der Welt auf.«[10]

Diese Belastung macht das Buch sehr artifiziell. Der idiosynkratische Stil wirkt zwar sorgsam kontrolliert, doch in *The Heat of the Day* wirkt er zum erstenmal leicht affektiert. Obgleich dies ihr erfolgreichster Roman war,[11] wurde in den Besprechungen Kritik an der

»ungewöhnlich schwer faßbaren äußeren Form« laut, an den »Detailhäufungen, die zwar faszinierend, aber letztlich ablenkend« seien.[12] Zur Spannungserzeugung benutzte die Bowen doppelte Verneinungen, Inversionen, Satzbruchstücke und Passivkonstruktionen: Up his sleeve he had something; Soon now, however, should come King's Cross; To a fault not unfeeling, she was not wholly admirable. Das macht die äußere Form nicht nur schwer faßbar, es macht sie womöglich unbegreiflich: »Mr. Kelway had been to be watched seeing out«.* Daniel George, Lektor bei Jonathan Cape und zuständig für *The Heat of the Day*, sonst immer ein Bewunderer der Bowen, nannte diese Manierismen »jacobinischer als Henry James«:

»Ein Satz im Buch – den sie sich nicht nehmen ließ – war: ›Absolut‹, sagte er mit Nachdruck, ›nicht‹. Sein Kommentar dazu lautete: ›Weit, finde ich, hergeholt.‹«[13]

Solche Effekte lassen sich leicht ins Lächerliche ziehen und können irritieren. Dennoch spiegeln sie das Befremdliche und Verwirrende der Kriegserfahrung. In *Mysterious Kôr* wird die Unwirklichkeit Londons im

* Ich gebe diese Beispiele in der englischen Originalversion wieder; in jeder möglichen deutschen Übersetzung würde die Eigenheit dieser Sätze verschwinden, weil die deutsche Sprache einen viel variableren Satzbau als die englische hat. Wichtig für die Sprache Elizabeth Bowens ist hier sicher auch die eingangs erwähnte Tatsache, daß die Schriftstellerin stotterte – was womöglich auch das folgende Beispiel erklärt. A. d. Ü.

hellen Mondschein mit einer eigentümlichen Satzkonstruktion wiedergegeben:

»It was late, but not yet midnight; now the buses had stopped the polished roads and streets in this region sent for minutes together a ghostly unbroken reflection up.«

Ähnlich erzeugen in *The Heat of the Day* unnatürliche Satzwendungen ein Unbehagen:

»Around her the unsubstantial darkness was quickened by a not quite wind.«

»Nothing more than an intimation was in the dark air; the fall's softness vicariously was to be felt on the roofs around, in the streets below.«

»Not knowing who the dead were you could not know which might be the staircase somebody for the first time was not mounting this morning.«

Solche Gestelztheiten schaffen bewußt einen eigentümlichen, sperrigen Orts- und Seelenzustand. Im Kontext wirken sie weniger affektiert und markieren eher starke Gefühle.

Denn Gefühle beherrschen *The Heat of the Day*. Neben *Der letzte September* ist dies der Roman, der am leidenschaftlichsten die eigenen Erfahrungen Elizabeth Bowens wiedergibt. In der Person und Situation der Stella Rodney hat sie einen Großteil ihrer Lebensgeschichte untergebracht. Ihre Kriegserlebnisse in London und ihre Geheimdiensttätigkeit finden aber auch in ihren Erzählungen Niederschlag. In *The Demon Lover* gibt es z.B. zwei komödiantische Erzählungen, *Careless Talk* und *Green Holly*, die sich über »Experten« lustig machen, die angeblich immer »im Bilde sind«. *Careless Talk* erschien zuerst im *New Yorker* unter dem Titel *Everything's Frightfully Interesting*. Im Roman erhält dieses »Im-Bilde-Sein« – in Anbetracht der geheimen Aktivitäten Harrisons, Stellas unerwünschtem Verfolger, und angesichts des Verrats ihres Geliebten Robert Kelway – eine ausgesprochen schwermütige Dimension. Auch die persönliche Parteinahme der Bowen während des Kriegs wird überdeutlich: Irland bleibt im Verlauf des gesamten Romans ein Ort für sich.

Vor allem beschwört dieser Roman surreal und gespenstisch das Lebensgefühl des vom Krieg heimgesuchten London. Der Rezensent Walter Allen erklärt, daß hier »die Atmosphäre des Ortes und der Zeit am umfassendsten und detailliertesten wiedergegeben wird«; der Roman ist für den Zeitraum 1940-1944, was Henry Greens Roman *Caught* für 1939-1940 bedeutet. Anthony Burgess erklärt, dieses Buch »gäbe Gefühl und Geruch der vierziger Jahre exakt wieder«. Angus Calder zitiert in *The People's War* zu Beginn seines Kapitels über den Zeitraum Oktober 1940 bis Dezember 1942 einen langen Abschnitt aus *The Heat of the Day.*[14]

Calder führt diesen Roman zu Recht für ebendiesen speziellen Zeitraum an. Dabei treffen einige der Beschreibungen im Roman auf die Kriegszeit insgesamt zu: das gräßliche, grell erleuchtete Kellerrestaurant in einer Seitenstraße der Regent's Street; der Park in zunehmender Dunkelheit; die leeren Schaufenster einer Provinzstadt (»der Obsthändler füllte die dauernde Leere mit Pappbananendekorationen und einem Dig-for-Victory-Plakat«); die nächtliche, stockfinstere Eisenbahnfahrt, verdunkelte Fenster; »jeder Orientierungspunkt der Hauptstrecke ausgelöscht«. Aber das Hauptinteresse der Bowen gilt der dunkelsten Periode des Kriegs, lange nach dem Zusammenbruch Frankreichs und lange vor der Zweiten Front. Es ist der Wendepunkt, die Schlacht bei El-Alamein; ein besetztes Europa scheint zum Greifen nah (»Gefahr und Sorge fuhren frei von Küste zu Küste«), und der ungestüme Herbst des Blitzkriegs ist bereits eine fast nostalgische Erinnerung:

»Der Herbst 1940 schien, zwei Herbstzeiten später, geradezu unwirklich, ferner als Friede. Kein Planetenlauf würde dicsc besondere Verbindung von Leben und Tod wiederbringen; dieses übersinnliche London war für immer vergangen; es würden weiter Bomben fallen, aber nicht auf die gleiche Stadt. Der Krieg bewegte sich vom Horizont auf die Landkarte. Und jetzt, als man den Krieg nicht mehr sah, hörte, roch, setzte eine tödliche Akklimatisierung ein. Die erste Generation Ruinen, abgeräumt oder abgestützt, begann zu verwittern – bei Tageslicht wirkten sie wie selbstverständlich; die gefahrlosen Septembernächte zwei Jahre später löschten sie aus. Aus diesen neuen heimtückischen echolosen Ruinen atmete man die ansteckendsten Keime ein. Niederlagen, Verluste, Ultimaten erzeugten einander fast unbemerkt; tagtäglich hämmerten die Nachrichten einen weiteren Nagel ins reaktionslose Bewußtsein. Überall hing die Schwere des Noch-Schlimmeren, das man weder hören durfte noch wollte. Es war die lichtlose Tunnelmitte.«

In diesen melancholischen, »gefahrlosen«, »lichtlosen«, »echolosen« Londoner Nächten (viele Szenen spielen in der Dämmerung oder im Dunkeln) hat das Leben der »Dagebliebenen« eine eigentümliche Qualität angenommen:

»Diese Menschen kampierten in zugigen abgetakelten Häusern oder Ecken von Wohnungen, aus denen man die Flucht ergriffen hatte – grob gesprochen waren die Bösen geblieben und die Guten gegangen. Dies war die neue Gesellschaft mit neuem Wohlstand und Schwung; sie lebten nach Lust und Laune – Leute, denen das gefährliche Klima paßte, die sogar anfingen, sich alle ein bißchen zu gleichen, wie Sportler in Sonne, Schnee und Höhenlage der gleichen Skihütte oder Gäste am Strand in Südfrankreich. Das Vergnügen lag im Risiko, in der schwankenden Unbeständigkeit der Szenerie, in der Auszeit – hin und her zwischen Bars und Restaurants, Clubs, eigenen und fremden Wohnungen bewegte sich die kleine Schar durch lärmende Nächte. Gesichter kamen und gingen. Eine vieldeutige Galanterie lag in der Luft, Unverheiratetsein: im Lande ging unter den Selbstverbannten, Ängstlichen, Evakuierten und Sicheren das Gerücht, jeder in London sei verliebt – was stimmte, wenn auch nicht so, wie das Land meinte. Es gab reichlich von allem in London – Aufmerksamkeit, Getränke, Zeit, Taxen, vor allem Platz.«

The Heat of the Day ist ein Beispiel der umfangreichen Literatur über London zu Kriegszeiten. Evelyn Waugh schrieb mit *Put Out More Flags* (1942) über diese Zeit eine unvergleichliche Komödie und benutzte den Krieg als bittere Inspiration für das elegische *Wiedersehen mit Brideshead* (1945), das *The Heat of the Day* beeinflußte: Elizabeth Bowen fand es »superb und triumphal romantisch, und darüber der gewisse Glanz der Vergangenheit (vielmehr der Glanz, mit dem man selbst die Vergangenheit umgibt)«.[15]

Henry Green, wie die Bowen höchst artifiziell und sensibel, hielt ebenfalls die Surrealität des Kriegs fest. *Party Going* (1939) zeigt eine Gruppe dekadenter Partygänger – die nicht nach Frankreich reisen können, weil es in London zu neblig ist – verschanzt in einem Bahnhofshotel, während draußen die Menge unruhig wird: eine beunruhigende Metapher für den Kriegszustand und das Ende einer Ära. *Caught* (1943) ist ein bizarrer Bericht über das Leben in der Freiwilligen Feuerwehr während des Blitzkriegs: »Was heute nacht in London losgeht, wie jede Nacht, gleicht eher einem Film, oder jedenfalls kommt es einem dann so vor. Später, wenn man es sich durch den Kopf gehen läßt, scheint alles unwirklich, vermutlich weil man so müde war ... Man wird dermaßen müde, daß man die Hälfte der Zeit wie benebelt ist«.[16] Elizabeth Bowens Gefühl für die bombardierte Stadt deckt sich mit Graham Greenes Bild des Blitzkriegs, »des eigentümlich verwüsteten, verbarrikadierten London« in *Zentrum des Schreckens* (1943), das wie *The Heat of the Day* von Verrat und Versteckspiel eines Liebespaars handelt. Bowens »eisiges Klirren der Glassplitter, die zwischen den dorrenden Blättern aufgefegt werden«, gleicht Greenes »Klang aufgefegter Glasscherben, wie träges Meeresrauschen an steinigem Strand«. Beide Romane sind voll von Nachtängsten in »der dichter werdenden Dunkelheit« und Ungereimtheiten, die eine besondere Atmosphäre erzeugen:

»London war leer, nur gelegentlich unterbrochen von Lärm und Aktivität. Ein Regenschirmgeschäft brannte Ecke Oxford Street; in Wardour Street ging er durch eine Sandwolke: ein Mann mit grauverstaubtem Gesicht lehnte gegen eine Wand und lachte und ein Feuerwehrmann sagte scharf: ›Jetzt reicht's. Das ist nicht zum Lachen.‹«[17]

Viele Tatsachenberichte untermauern die Stimmung von *The Heat of the Day*. Eine nützliche Auswahl ist in *The People's War* zu lesen, auch der Diplomat Harold Nicolson, der Elizabeth Bowen in ihre »Aktivitäten« einwies,[18] führte ein detailliertes Kriegstagebuch. Charles Ritchies Tagebücher *The Siren Years* sind voller Hinweise auf Elizabeth Bowen und enthalten eindringliche Berichte über London im Krieg – ganz im Stil der Bowen:

»27. Oktober 1941.

Auffällig – die lange baumbestandene Straße im Hyde Park, wo zur Dämmerung die lauten Schritte der Soldatenstiefel hallen ... die ganze lange Straße ist voller

Sehnsucht ... Im Zwielicht sieht man Soldaten mit ihren Mädchen in Liegestühlen auf den Grasflächen am Straßenrand ...

In den teuren Restaurants trinken jetzt rosige, sauber geschrubbte Schuljungen, verkleidet in Gardeuniformen, mit ihren Freundinnen, in kurzen Pelzcapes und Schuhen von Fortnum and Mason, schlechten Martini; tagsüber haben die Mädchen Generäle ins Kriegsministerium gefahren oder mit Soldaten in Kantinen Tee getrunken und ein Schwätzchen gehalten. Grüne Witwen in Schwarz mit Diamantbroschen oder Perlen finden Gespräche polnischer Offiziere erfrischend anders als die ihrer englischen Ehemänner. Häßliche quicklebendige Bodentruppen bestellen *vin rosé* im Coquille ... Die Welt besteht aus Hotels und Bars und kleinen Kneipen, die über Nacht in Mode gekommen sind ... Am Berkeley Square ist der Zaun unten. Ein alter Mann macht mitten im Park Feuer.«[19]

Die Nähe von *The Heat of the Day* zu Elizabeth Bowens persönlicher Liebesgeschichte mitten im Krieg wird von folgendem Bericht eines 1941 gemeinsam verbrachten Septembernachmittags eindrucksvoll belegt:

»29. September, 1941.

Heute nachmittag sind Elizabeth und ich in den Regent's Park gegangen, um uns die Rosen anzusehen. Tagelang haben wir von diesen Rosen geredet, aber ich kam nie vor Einbruch der Nacht aus dem Büro, und es sah schon aus, als würden wir sie nie zusammen sehen. Dann rief sie mich eines vollkommenen Septembernachmittags an und erklärte, wenn wir heute nicht gingen, wäre es zu spät – sie seien fast verblüht. Also habe ich die Unterlagen des Außenministeriums in den Safe gepackt, die Akten eingeschlossen und ein Taxi zum Regent's Park genommen. Bei unserem gemeinsamen Gang sah ich die Blumen mit ihren Augen. Die ganze Szenerie, der neblige Fluß, die Regency-Villen mit ihren ummauerten Gärten und feuchten Rasenstücken und das Wetter des späten Septembernachmittags verschmolzen zu einem Traum – einem Traum, in dem alle Symbole eine geheimnisvolle Macht bekamen – Regent's Park – Landschaft der Liebe. Ein schwarzer Schwan glitt im Abendlicht flußabwärts – die dunklen purpurroten Rosen, deren Blütenblätter schon am Boden verstreut lagen – das verlassene Nash-Haus mit seiner abgeblätterten Stuckkolonnade und dem überwucherten Garten – alles waren Symbole, die eine Sprache sprachen, mit der wir uns wie durch ein Wunder verständigen konnten.«[20]

The Heat of the Day beginnt im Regent's Park am »ersten Septembersonntag 1942«, als die »großen kugelrunden Rosen« auf dem »Gipfel ihrer zweiten Blüte« sind. So nimmt eine Liebesgeschichte mitten im Krieg ihren Lauf. Stella Rodney und Robert Kelway treffen sich im ungestümen Herbst der frühen Londoner Luftangriffe; ihr erstes Gespräch wird vom »tosenden Krachen« eines nahen Treffers unterbrochen. Lähmend sind ihre ersten Wochen durch »den außergewöhnlichen Luftkampf«. Die nervenzermürbenden Extreme des Blitzkriegs verleihen ihren Treffen theatralische Unwirklichkeit. Stella fühlt sich, als habe sie »die Grenze der Fiktion« überschritten. Die nächsten zwei Jahre »schweißt sie zusammen«, und ihre Vertrautheit wächst durch die unsicheren Bedingungen: »Nichts konnte einer romantischen Liebe dienlicher sein als der Krieg mit seinen Provisorien, seinem Beiseiteschieben, Aufschieben.« Stella, wie die Bowen etwa vierzig Jahre alt, gehört zu der Generation, »die das Gefühl des Fehlschlags nicht los wurde«. Sie identifiziert sich mit ihrer Zeit: »der verhängnisvolle Verlauf eines fatalistischen Jahrhunderts schien für sie symbolisch«. Diese Identifikation wird durch ihre Beziehung zu Robert verstärkt: »Wir sind Freunde der äußeren Umstände – Krieg, diese Isolation, diese Atmosphäre, in der alles weitergeht und nichts gesagt wird ... Sieh doch, wie der ganze Ruin uns zugute kommt!«

So lautet das zentrale Thema, das die Erzählerin mit dem für sie typischen Ernst darbietet:

»Aber sie waren nicht allein, waren es von Anfang an nicht gewesen, vom Anfang der Liebe nicht. Ihre Zeit saß als Dritter mit am Tisch. Sie waren Geschöpfe der Geschichte, deren Zusammentreffen an keinem anderen Tag möglich gewesen wäre – der Tag war naturgegeben. Was für Liebende immer zutraf, auch wenn sie es erst jetzt einsahen. Die Beziehung zueinander hängt von der Beziehung des einzelnen zur Zeit ab, zum Geschehen. Wenn es nicht immer spürbar war – und wer weiß das? –, beginnt es sich doch unwiderruflich spürbar zu machen ... Hätten diese beiden sich zu einer besseren Zeit besser lieben können? Sie wären zu keiner anderen sie selbst gewesen; was ihre Welt auf den Punkt gebracht hatte, lag ihnen im Blut.«

Doch der Roman beginnt nicht mit dieser intensiven Beschreibung einer Liebe in Kriegszeiten. Bis wir soweit kommen, ist diese Liebe schon in Gefahr. Wie *The Death of the Heart* beginnt *The Heat of the Day* im dämmrigen Regent's Park, diesmal mit einem Konzert auf der Freilichtbühne. Die ersten Personen, die wir kennenlernen, sind nicht Stella und Robert, sondern die einsame, naive Louie Lewis – die gerade ein unbefriedigendes Rendezvous hinter sich hat – und den mysteriösen Harrison, der gleich bedrohlich wirkt:

»Die extreme Ruhe dieses Mannes vermittelte kein Sichgehenlassen, sondern Geheimnistuerei ... Eines seiner Augen war oder schien unmerklich höher als das andere ... Es war ein versperrtes Gesicht.«

Stella erleben wir zuerst in ihrer Wohnung in der Weymouth Street – nicht mit Robert, sondern mit Harrison. Er ist gekommen, um ihr zu sagen, daß Robert ein Spitzel sei, der Geheimsachen des Kriegsministeriums an den Feind verkaufe. Harrison versucht Stella zu erpressen: gibt sie Robert den Laufpaß und akzeptiert Harrison als Begleiter und Liebhaber, wird dieser seinen Rivalen »freilassen«. Bevor der Roman näher auf Stellas Entsetzen und Unglauben angesichts dieser Mitteilung eingeht, erfährt der Leser etwas über die »lieblose« Beziehung Stellas zu ihrem Sohn Roderick, der für eine Nacht Urlaub bekommen hat. Anschließend blendet die Handlung vier Monate zurück: zur Beerdigung eines angeheirateten irischen Cousins Stellas, Francis Morris. Bei der Beerdigung erfährt Stella, daß Roderick das Herrenhaus Mount Morris geerbt hat; und Harrison, ein unbekannter Trauergast, tischt ihr die unglaubwürdige Geschichte seiner Freundschaft mit Francis auf. Erst wenn die Mutter-Sohn-Beziehung, die irische Erbschaft, Stellas Ruf bei den Verwandten ihres früheren Ehemanns und das erste Treffen mit Harrison abgehandelt sind, wendet sich der Roman der Liebesgeschichte zu.

The Heat of the Day ist also kein Kriminalroman wie *Zentrum des Schreckens* von Graham Greene, denn gleich zu Anfang wissen wir, was Stella von Harrison zu befürchten hat, und werden in Harrisons Geheimnis eingeweiht. Die Spannung liegt nicht in der Handlung, sondern der Psychologie der Geschichte. Ist Robert Kelway ein Verräter, und wenn ja, was wird Stella tun?

Zuerst begleitet Stella Robert nach Holme Dene, den beklemmenden Sitz seiner Familie; wie Harrison im Verlauf ihres nächsten, gefährlicheren Treffens kommentiert, »um den Quell des Verderbs zu besichtigen«. Danach fährt sie nach Irland. Bei ihrer Rückkehr stellt sie Robert zur Rede, der den Verdacht aufgebracht von sich weist und ihr einen Heiratsantrag macht. (Hier bringt die Erzählerin die tiefsinnige Passage über die Abhängigkeit der Liebenden vom Lauf der Geschichte.) Bevor Stella Harrison zum dritten Mal trifft – diesmal in einer alptraumhaften Grillbar mit Louie als Zeugin –, werden Rodericks Erbangelegenheiten geklärt. In der Grillbar wiederholt Harrison seine Prognose, Robert ändere sein Verhalten, wenn man ihm die Wahrheit ins Gesicht sage. Stella weiß, daß er recht hat, springt über ihren Schatten und bietet sich ihm verzweifelt an. Es folgt Louies Lebensgeschichte, anschließend eine Szene in Holme Dene – und nur an diesem Punkt erleben wir Robert, eindeutig schuldig, ohne Stella. Dann, des Nachts in Stellas Wohnung, beichtet und erklärt Robert seinen Verrat und geht hinaus aufs Dach, in den Tod. Die Dramatik dieses Höhepunkts wird allerdings durch zwei ruhige Szenen unterlaufen. Als Harrison nach langer Zeit wieder auftaucht und Stella besucht, wirkt er fast wie ein guter alter Bekannter. Stella hat in den Luftangriffen von 1944 »überleben gelernt« und den romantischen Robert aus ihren Gedanken verbannt. Zu diesem Zeitpunkt verrät Harrison, daß er ebenfalls Robert heißt.

Das Gefüge dieser Handlung bereitete der Bowen, wie sie Ritchie erklärte, »jedes erdenkliche Problem der Welt«.[21] Eines davon war die Balance der Beziehung zwischen Stella und ihren beiden Verehrern: denn eigentlich interessierte sich die Schriftstellerin mehr für Harrison als für Kelway:

»Sein Vokabular *und* sein moralisches Vokabular werfen immer neue Möglichkeiten auf, und trotzdem ist der andere Mann, der Geliebte der Heldin, Robert, immer noch der problematische Charakter und Prüfstein des Buchs.«[22]

Harrison ist der passende Bewohner der Geisterstadt, ein Mann aus dem Nichts (»Es gibt immer zwei, drei Orte, wo ich unterkommen kann«). Berechnung und Taktieren sind seine zweite Natur; er ist aggressiv und selbstquälerisch, dabei ohne Verständnis für fremde Gefühle. Er ist nie geliebt worden; er kennt nur Beziehungen, in denen »Motive« eine Rolle spielen; in jedem, den er trifft, sieht er einen Spion, und sein Äußeres ist irritierend. Stella hält ihn bei der Beerdigung für einen Insassen des Heims, in dem die Frau ihres Cousins Francis lebt. Später hält sie ihn für einen Handlungsreisenden. Und tatsächlich vertritt er Ausbeutung und universellen Wahnsinn. Er ist ein Mann seiner Zeit, besonders in seiner unbeholfenen, nachlässigen, trägen Sprache. Wenn Robert Sprache eine »tote Währung« nennt, denken wir gleich an Harrison:

»›Der Krieg hat, wenn man es bedenkt, nichts ausgelöst, was nicht schon da war – allerdings gibt er uns anderen recht. Ich meine, du bist davon ausgegangen, daß manche Dinge nicht passieren; andererseits bin ich immer davon ausgegangen, daß manches eher passiert als nicht. Was du jetzt siehst, ist deshalb das, was ich die ganze Zeit schon gesehen habe. Ich sage nicht, daß ich deshalb im Vorteil bin, aber ich spüre deutlich: ›Jetzt kommt mein Auftritt.‹

›Mit anderen Worten, dies ist ein Krieg für Schwindler?‹

›Das würde ich nicht sagen. Es ist Krieg, natürlich; aber für mich ist die Hauptsache, daß ich zur Zeit kein Schwindler bin. Für mich hat's weniger gute Zeiten gegeben, in denen ich mich ein bißchen verrechnet habe, du siehst also, daß die Dinge für mich jetzt besser liegen: alles läuft so, wie ich es mir vorgestellt habe.‹«

Stellas Szenen mit Harrison sind interessanter als die mit Robert. Obwohl eine Handlungsschwäche darin besteht, daß Stella sich überhaupt für Harrison erwärmt: die eigentümliche Vertrautheit zwischen ihnen ist so schwer vorstellbar wie Harrisons opernhafte Lust. Bis zur letzten Enthüllungsszene ist Robert dagegen nur der romantische, undurchsichtige Geheimnisvolle.

In *Der letzte September*, dem anderen Roman, der Persönliches und Politisches miteinander verbindet, greifen die individuellen Ereignisse und die irische Lage perfekt ineinander. In *The Heat of the Day* ist das Verhältnis beider Komponenten schwieriger. Die Gewalt, die in den vorhergehenden Büchern allein aus privaten und emotionalen Gefechten rührte (Max' Selbstmord, Emmelines und Markies Autounfall), entspringt nun den historischen Bedingungen. Dabei ist der Roman persönlich und fiktiv und weniger öffentlich und faktisch. Elizabeth Bowens Romanthema war nicht »eine internationale Verschwörung im Herbst 1942, um den Krieg der Alliierten zu sabotieren«.[23] Indem sie den Roman als eine Serie klaustrophobischer, von Verheimlichung und Mißverständnissen geprägter Gespräche zwischen Menschen aufbaut, die wir nur in Beziehung zueinander, nicht zu ihrer Arbeit erleben, schreibt sie eine Spionagegeschichte ohne »Action«. Es gibt keine Szenen, in denen jemand angeworben wird; keine Treffen mit Regierungsabteilungen; keine Geschichten von Unterwanderungen; keine Details von Spionage oder Gegenspionage; keine Informationen über den Geheimdienst; nichts über die Operationen der Geheimdienstabteilungen MI5 oder MI6. Harrison und Robert machen nur Andeutungen über ihre jeweiligen Organisationen, die wir dann mit Stellas Augen sehen. Es ist absichtlich ein weiblicher Blick auf die männliche Welt des »Geheimdienstes«, ein mit persönlichen Mitteln beschriebener »Krieg der Ideologien in fensterlosen Gemäuern«. Dies unterscheidet *The Heat of the Day* von den üblichen männlich geprägten englischen Spionageromanen. (Inzwischen gilt der Spion als eine der großen Symbolfiguren der Mitte des zwanzigsten Jahrhunderts.[24]) Verglichen mit den Romanen eines Conrad oder Kipling, Buchan oder Greene, Fleming oder le Carré wirkt *The Heat of the Day* als Spionagestory wenig überzeugend.

Dabei wäre Elizabeth Bowen durchaus in der Lage gewesen, einen detaillierten und stichhaltigen Spionageroman zu schreiben. Ihre eigene Tätigkeit für den Geheimdienst bot ihr ausreichendes Hintergrundwissen. 1941 schrieb sie Virginia Woolf über die Gespräche, die sie in Dublin geführt hatte: »Meistens sehe ich die Leute aus der Politik: sie kommen mir wie eine felsige, gefährliche Miniaturwelt vor.«[25] Ihre langjährige Freundschaft zu John Buchan hätte ihr ebenso hilfreich sein können. Auch ihre Liebesgeschichte mit Charles Ritchie spielte beim Schreiben eine Rolle, denn sie steigerte offenbar ihr Gefühl, eine Grenzgängerin zwischen zwei Welten zu sein: »Wir sind merkwürdige Selfmade-Wesen«, schrieb sie ihm, »die ihre persönliche Welt mit sich herumtragen wie Schnecken ihre Häuser, und gleichzeitig passen wir uns immer unseren jeweiligen Umgebungen an.«[26] Sicher hat Ritchie sie auch ein wenig mit Klatsch aus dem Auswärtigen Amt und dem Nachrichtendienst versorgt. Und sie kannte seine Einstellung zum Krieg – in der er davon ausging, daß die Alliierten »innerhalb der nächsten sechs Monate« den Krieg verlieren würden.

»Der Krieg bietet uns kein Ideal, für das es sich zu sterben lohnt – es wäre kein Opfer für eine edle Sache. Wir kämpfen ohne Glauben an die Zukunft. Es ist zu spät, so zu tun (obwohl wir so tun werden), als verteidigten wir die internationalen Verpflichtungen oder die Freiheit des Individuums. Wir kämpfen, weil wir einen Erpresser nicht weiter bezahlen wollen. Wer auch immer gewinnt, wir, die zur sogenannten ›Zivilisation des zwanzigsten Jahrhunderts gehören‹ haben schon verloren, bevor wir anfangen.«[27]

Elizabeth Bowens ähnlich ernüchterter Blick auf »die Zivilisation des zwanzigsten Jahrhunderts« mag auch von ihrer Freundschaft mit Goronwy Rees herrühren. Wie der Burgess-Philby-Maclean-Skandal in den fünfziger Jahren enthüllte und 1979 die Enttarnung Anthony Blunts als Spion bestätigte, kamen die Verräter mitten aus dem britischen Establishment. Viele britische Intellektuelle der Oberschicht, mit denen Elizabeth Bowen (oder Charles Ritchie) eng befreundet war – Maurice Bowra, Isaiah Berlin, Cyril Conolly, Miriam Rothschild[28] –, kannten Burgess und Maclean gut. Goronwy Rees lernte seinen Freund Guy Burgess im Sommer 1932 bei einer Dinnerparty in Oxford kennen, die Maurice Bowra gab (den die Bowen seit 1926 kannte).[29] Während Rees Anfang der dreißiger Jahre das All Souls College besuchte, lernte er auch Elizabeth Bowen kennen. Bei einem Fest 1936 in Bowen's Court mißbrauchte Rees Bowens Gastfreundschaft, indem er mit Rosamond Lehmann ein Techtelmechtel begann.[30] Um diese Zeit traf Rees häufig Burgess in seiner Wohnung in der Ebury Street und wurde Zeuge der verblüffenden Verwandlung Burgess' vom Kommunisten zum Faschisten. Und bald nachdem Rees 1936 stellvertretender Herausgeber beim *Spectator* wurde, erklärte ihm Burgess (der damals für die BBC arbeitete), er und Blunt seien Comintern-Agenten, und versuchte ihn als Spion für die Sowjets anzuwerben.[31] Rees war dermaßen fassungslos, daß er Rosamond Lehmann ins Vertrauen zog. »Ihr ging angesichts dieser Enthüllung ein Licht auf. ›Zum erstenmal begriff ich, wieso Guy mit seinen eindeutig linken Ansichten soviel Zeit mit Faschisten verbrachte.‹«[32] Rosamond Lehmann wollte nicht wirklich glauben, daß Guy ein Spion war, und erst viel später, nach seiner Enttarnung, gab sie ihr Wissen im Informationsministerium zu Protokoll. Auch Rees blieb – bis zu Burgess' und Macleans Flucht – aufgrund der Beweislage skeptisch. Schließlich gab er, was er wußte, der Geheimdienstabteilung MI6 zu Protokoll – wovon Anthony Blunt ihn »als Cambridge-Liberalen« abhalten wollte. Doch Rees wies Forsters These von sich, man habe die Wahl, entweder sein Land oder seinen Freund zu verraten:

»Ich stritt Forsters Antithese ab. Das eigene Land sei kein abstrakter Begriff, den man relativ leicht einem Individuum zuliebe opfern könne; es bestehe selbst aus einem engen Geflecht individueller und gesellschaftlicher Beziehungen, bei denen die Loyalität gegenüber einer einzelnen Person nur ein einziger Strang des Geflechts sei.«[33]

In einem Fernsehinterview 1977 beschrieb Rees die Weigerung vieler Personen im Außenministerium, zu glauben, Philby und Maclean seien Spione. Die gesamte Affäre sei ein Hinweis gewesen, »daß etwas an der englischen Gesellschaftsstruktur grundsätzlich falsch war«.[34]

Dies sind faszinierende Einzelheiten. Der Historiker Andrew Boyle geht davon aus, daß Rees und Rosamond Lehmann womöglich das Gerücht in ihrem engeren Freundeskreis ausgestreut haben (»der Klatsch über Burgess verbreitete sich nicht über seinen intellektuellen linksgerichteten Freundeskreis hinaus«).[35] Obwohl Elizabeth Bowen nicht »linksgerichtet« war, blieb sie doch weiter, wenn auch nicht mit Rees, so doch mit Rosamond Lehmann befreundet und hat von diesem Gerücht sicherlich gehört. Es ist verlockend, davon auszugehen, daß ihr der Versuch bekannt war, den Mann, der ihr Vorbild für den verräterischen Eddie in *The Death of the Heart* war, während sie *The Heat of the Day* schrieb, als russischen Spion anzuwerben. Und interessant ist auch, daß Rosamond Lehmann, wie viele andere Leser, die Figur des Robert zurückhaltend betrachtete und es passender gefunden hätte, wäre er ein Sowjetspion gewesen: »Mich stört ein bißchen, daß ich nicht verstehe, warum er nicht Kommunist und auf der Seite der Russen und Alliierten stand, sondern ein Agent des Feindes sein mußte.«[36]

Ich wage zu behaupten, daß Elizabeth Bowen dieses »Klima des Verrats« kannte, und auf jeden Fall war es das pychologische Klima, das sie interessierte. Robert Kelways Loyalitätsbruch gründet in seiner Verwundung in Dünkirchen (»eine Freiheitsarmee formierte sich, um von Vergnügungsdampfern abgeholt zu werden«).[37] Doch die Wurzeln liegen in seinem Familienhintergrund:

»Ich wurde verwundet geboren: Sohn meines Vaters. Dünkirchen wartete schon in uns – was für ein Volk! Eine Klasse ohne Mitte, ein Volk ohne Land – Ungesund ... Ich hätte ein Land lieben können, aber um zu lieben, muß man etwas haben – du warst mein Land.«

Dies ist eine Variante der Antithese Forsters oder Audens: »Es gibt keinen Staat ... wir müssen einander lieben oder sterben.«[38]

Roberts Zuhause, der Geburtsort seiner Entfremdung, ist die Summe aller gräßlichen und grauslichen Häuser, die Elizabeth Bowen je beschrieben hat. Holme Dene ist »eines der monströsen Gebilde, die um die Jahrhundertwende in Südengland entstanden ..., um Damen der Mittelschicht zu beglücken und beschwichtigen«. Es ist übergroß, mit Mobiliar vollgestopft und hat seinen festen Platz auf der Angebotsliste der Häusermakler. Der Krieg hat das Mißbehagen nur bestätigt. Draußen warnt ein Schild: »VORSICHT: UNÜBERSICHTLICHE EINFAHRT«, die Giebel sind mit wildem Wein bewachsen; dazu »ein Tennispavillon, eine Pergola, eine Sonnenuhr, ein Steingarten, ein Taubenschlag, Gartenzwerge, eine Schaukel, rustikale Gartenmöbel und ein Vogelbad«. Drinnen finden sich Paravents, Bogengänge, eine Wendeltreppe, Mahagonimöbel, »Vorhänge aus Baumwollchenille, eine Schale mit künstlich wirkenden orangefarbenen Dahlien«. Die oberen Etagen, »ausgestattet mit spielerischer Weitschweifigkeit«, sind, so Robert, »vollgestopft mit Materie – Unterdrückung, Zweifeln, Ängsten, Ausreden und Notlügen«. In seinem immer noch unveränderten Zimmer (»Als seist du tot«, sagt Stella), hängen sechzig, siebzig Fotos von ihm: »meine kriminelle Vergangenheit«.

In diesem entsetzlichen Haus hockt Mrs. Kelway und tyrannisiert ihre tüchtige verwitwete Tochter Ernestine und die zwei dumpfen Kinder der anderen, in Indien lebenden Tochter. Die Beziehung der Kinder zu Robert, den sie als Helden bewundern, ist gut skizziert. Früher herrschte Mrs. Kelway auch über einen Ehemann, »der sich in die Ehe hatte einspannen lassen, wie Ernies Labrador in sein Laufgeschirr«. Robert und sein Vater konnten sich in diesem »Menschenfresser-Haus« nie ins Gesicht sehen. Am Ende war der Vater eine Ulkfigur, sein Tod eine Erlösung.

Wieder entwirft Elizabeth Bowen unnachahmlich burleske Szenen. Holme Dene ist ein zweites Waikiki (Gespräche über Butterrationierung, Ernestines Geschäftigkeit: »Horch doch: schon wieder das Telefon! Wieder wer hinter mir her!«): Aber sie muß aufpassen, daß die satirische Darstellung des Hauses gewichtig genug ist, um auch das moralische, zivilisatorische Versagen zu symbolisieren und Roberts Verrat zu begründen. Der schwache Vater, das Regime der Mutter und die erstickende Nichtigkeit des Hauses müssen seine Verachtung der englischen Demokratie rechtfertigen:

»Freiheit. Freiheit, um was zu sein? – verpfuscht, mittelmäßig, verdammt ... Sieh dir deine Menge ›freier‹ armer Würstchen an, deine Demokratie – von der Wiege bis zum Grab übers Ohr gehauen ... Einer von tausend hat das Zeug zur Freiheit – und dann hat er auch das Zeug zu was Besserem und weiß das: wer möchte schon frei sein, wenn er mächtig sein kann? Freiheit – Sklavengejammer! ... Wir müssen den Dingen ins Gesicht sehen, und wir müssen handeln, und es muß Gesetze geben.«

Stella, deren beide Brüder im letzten Krieg getötet wurden (»Sie hatten das Glück zu sterben, bevor die Illusion zusammenbrach«), hat Robert vertraut und ist von einer engen Beziehung zu ihm ausgegangen. Nun versucht sie vergeblich die katastrophale Wahrheit zu begreifen:

»›Du hältst also zum Feind.‹

›Natürlich sind sie Feinde: sie halten uns die logischen Konsequenzen vor Augen. Sie überdauern nicht, aber die Konsequenz wird überdauern.‹

›Ich kann dir nicht glauben.‹

›Du könntest es.‹

›Sie sind doch nicht nur Feinde, sie sind doch entsetzlich – verlogen, unvorstellbar, absurd.‹

›Oh, *sie* – offensichtlich! Aber beurteile es aus ihrer Sicht. Und, vergiß nicht, im Entstehen ist alles absurd.‹

›Sie haben auch Angst.‹

›Natürlich: sie haben angefangen ... Vielleicht gefällt dir das nicht, aber es ist der Beginn eines Tages. Eines Tages unserer Zeitrechnung.‹«

Elizabeth Bowen erklärt diese an Nietzsche angelehnte Ideologie durch eine traumatische Kindheit und befindet sich damit, auch wenn sie keine Anhängerin Freuds ist, im Einklang mit den gängigen Ansichten ihrer Zeit. In Greenes Roman *Zentrum des Schreckens* existiert hierzu eine Parallele:

»›In diesem Krieg gibt es alle möglichen Ideologien... Alte Grenzen werden vom Erdboden verschluckt, die neuen Wirtschaftsideen... die enorme Größe des Traums. Er zieht Menschen an, die nicht gebunden sind – an bestimmte Dörfer, bestimmte Städte, die sie nicht vom Erdboden verschluckt sehen wollen. Leute mit unglücklicher Kindheit, fortschrittliche Leute, die Esperanto lernen, Vegetarier, die kein Blutvergießen wollen.‹

›Aber Hitler vergießt doch reichlich.‹

›Ja, aber Idealisten sehen Blut nicht wie du und ich. Sie sind keine Materialisten. Für sie ist das reine Statistik.‹«[39]

Rebecca West betont in ihrem Buch *The Meaning of Treason* (1949) über den Prozeß des William Joyce (Lord Haw Haw, der »die Kameraderie der Nazis genoß, die seiner Ansicht nach die Erde beherrschen würden, weil sie nichts Unterwürfiges hatten«) die Bedeutung der infantilen Wurzeln von Anarchismus und Fanatismus:

»Den meisten Eltern und Kindern gelingt es gut, ihre Beziehungen durch gegenseitige Toleranz zu mildern, und die meisten Bürger finden einen Ausgleich zwischen den Ansprüchen des Staats und ihren individuellen Bedürfnissen. Doch dann gibt es jene, die, ob ihrer Liebes- und Haßgefühle für die Eltern, nie Kompromisse eingehen; und diese Menschen leben später oft zwanghaft ihre Haßliebe zur Gesellschaft aus, der sie zwar angehören, die sie aber zerstören möchten, um sie schöner und edler zu gestalten.«

Wie Elizabeth Bowen diagnostiziert Rebecca West eine Beziehung zwischen Menschenhaß, Verachtung und Verrat. »Wenn ein Mensch sein Land nicht genug liebt, daß er diesem das Recht zur Selbstregierung zubilligt, wird er es schließlich überhaupt nicht mehr lieben, sondern hassen.«[40]

Womöglich war die Idee der Bowen, Robert Kelway zum Nazi-Spion und nicht zum Sowjet-Spion zu machen, von Lord Haw Haw beeinflußt. Rebecca Wests *The Meaning of Treason* entstand zur gleichen Zeit, doch der Unterschied zwischen beiden Büchern liegt nicht nur in der Tatsache, daß es sich bei *The Heat of the Day* um eine Fiktion und bei *The Meaning of Treason* um Fakten handelt. Rebecca West macht keinen Hehl daraus, daß William Joyce ein ausgesprochen abstoßender Zeitgenosse war; die Bowen will dagegen, daß wir Robert Kelway mögen, denn er gleicht ihr in seiner ablehnenden Haltung gegenüber der Regierung in mancher Hinsicht. Das bringt nicht nur ein politisch-moralisches Problem mit sich, sondern auch ein ästhetisches. Und es führt dazu, daß der Verrat als Thematik eigentümlich unstet behandelt wird. Verrat, Geheimnisse und Doppelleben sind für Elizabeth Bowen immer von verlockendem und aufregendem Interesse. Hier schwanken Struktur, Atmosphäre und die Stimmung des Romans zwischen emotionaler Akzeptanz der Entfremdung und Doppelzüngigkeit Kelways einerseits und tiefem Abscheu andererseits.

Aus romantechnischer Sicht ist Robert Kelway als Figur stark kritisiert worden. In seiner Verwandlung vom romantischen Liebhaber zum idealistischen Verräter liegt ein zu harter Bruch, und beide Rollen überzeugen kaum.[41] Das Problem des Romans liegt aber auch in dem Vorhaben – à la Henry James –, den Zustand der Zivilisation an persönlichen Beziehungen festzumachen. Es erfordert übermäßige Kunstgriffe, anhand der persönlichen Situation Harrisons, Stellas und Roberts – und der Familiengeschichte von Holme Dene –, die Hohlheit der englischen Zivilisation, die Operationen des britischen Geheimdiensts und die Bedrohung durch einen möglichen Nazi-Sieg zu demonstrieren.

Elizabeth Bowen benutzt immer wieder inhaltslastige Bilder, um Bedeutung herüberzubringen. So steht Harrison in Stellas Wohnzimmer und sieht sich dort um »wie ein Deutscher in Paris«. Stella wirkt am Bahnhof Euston wie ein Schatten im Hades. Draußen, in Roberts Mietwagen, der »heimlich unter einer klammen Mauer geparkt ist«, »macht sich Ernestine wie ein Frettchen unsichtbar zu schaffen«.* Die Schatten des Kellerrestaurants, in das Harrison Stella ausführt, wurden »aufgestöbert und abgemurkst«. Robert, den das gleiche

* Ferret bedeutet im Englischen Frettchen, wird aber auch für Detektiv benutzt. A. d. Ü.

Schicksal erwartet, steht zu Hause in Holme Dene vor Fluren, die »wie Hakenkreuzarme ins Nichts führen«, und hört anschließend das Telefon »dämonisch klingeln«. Von Beginn an, schon im Regent's Park Theatre, gibt es dramatische Sinnestäuschungen: Harrison wirkt wie »ein Geist oder Schauspieler«. Das Mobiliar in Holme Dene gleicht dem Bühnenbild einer Wanderbühne: »egal wohin gestellt, die Illusion bleibt gleich«. Das Kellerrestaurant wirkt, »als habe es vor heute abend nicht existiert«. Es strotzt vor zweidimensionalen Szenendetails:

»Der lange Reißverschluß rückenabwärts ließ die Frau aussehen, als hätte sie eine stählerne Wirbelsäule. Ein künstlich grünes Salatblatt war auf den gesprenkelten Linoleumfußboden gefallen; ein Mann im Nadelstreifenanzug zeigte gerade so viel Profil, daß man deutlich einen Puderfleck auf seiner Schulter sah ... Wohin sie auch blickte, nahmen Details eine ungeheure Bedeutung an ...«

Die Figuren haben Shakespearesches Format, so gleicht Robert Hamlet[42], und Stellas Isolation und Trauer erinnern an die Herzogin von Malfi. Daß es sich hier um eine unentrinnbare Tragödie handelt, wird durch die vielen Uhren und Glocken im Roman betont. Jede Szene hat ihre Uhrzeit. Warten spielt eine große Rolle (»Die Uhr hatte die volle Stunde geschlagen, jeder Schritt konnte nun seiner sein«). Robert und Harrison besitzen Uhren mit Leuchtzifferblättern – für Elizabeth Bowen offenbar etwas Klaustrophobisches. Stellas

Verdacht gegenüber Robert gleicht einer Uhr, »die unterm Kissen tickt«, und in Holme Dene gibt es eine penetrante Standuhr (wie in der Erzählung *The Inherited Clock*). Im Gegensatz dazu trifft sich das Liebespaar in einem Restaurant, in dem die Uhr »durch eine Erschütterung stehengeblieben war«, und Stella reist nach Mount Morris in eine zeitlose Welt, in der es kein Telefon gibt und die Uhr kein Zifferblatt hat. Die letzte nächtliche Begegnung zwischen Robert und Stella ist ein Wettlauf mit der Zeit, und unten auf der Straße wartet schon der Verfolger. Roberts Tod später wird ironischerweise von jenem Glockengeläut begleitet, das den Sieg von El-Alamein ankündigt.

Der Roman bemüht sich, persönlichen Beziehungen historische Bedeutung zu verleihen. Nur mühsam bietet er Alternativen zur Position des Verräters, weil die Erzählerin mit Roberts Abscheu gegenüber seinem Land sympathisiert. Diese Extremposition muß also ausgeglichen werden. Denn *The Heat of the Day* ist alles andere als ein Buch, das dem Faschismus und der Zerstörung Englands Vorschub leistet. Es teilt allerdings die desillusionierte Sicht des Verräters auf die englische Klassengesellschaft. Dabei sind Stolz, Hoffnung und Überleben durchaus angelegt.

Verkörpert werden sie durch die beiden Nebenfiguren des Romans, Louie und Roderick. Louie stammt von der Küste Kents, Roderick aus Irland – beides Kindheitsorte der Bowen. Beide Personen gehören zur nächsten Generation; sie erleben Stellas Tragödie zwar mit, können sie aber nicht ganz nachvollziehen. Beide sind nicht korrupt. Und beide garantieren das Überleben, Louie durch ihre Zufallsschwangerschaft und Roderick, indem er sein irisches Erbe antritt.

Louie Lewis (deren Name das Gegenstück zu Roderick Rodney ist) befindet sich allein in London »wie eine Ausflüglerin, die den letzten Nachtzug nach Hause verpaßt hat«. Ihre Eltern wurden während der Schlacht um England getötet. Louie zog dann mit ihrem Ehemann Tom, inzwischen Frontsoldat, von Seale-on-Sea fort. Sie ist allein, naiv promiskuitiv, weinerlich und ein bißchen dumm: »Sie fand, sie sei sinnlos«. Nach ihrem gescheiterten Versuch, im Park mit Harrison anzubandeln, findet sie Trost in ihrer Freundschaft mit Connie, einer durchsetzungsfreudigen Luftschutzhelferin. Und sie stellt fest, daß langfristig auch Zeitschriften durchaus ihrem Ichgefühl weiterhelfen:

»War sie nicht auch eine Arbeiterin, eine einsame Soldatenfrau, eine Kriegswaise, Füßgängerin, Londonerin, Haus- und Tierfreundin, eine denkende Demokratin, Kinobesucherin, eine britische Frau, Briefeschreiberin, Benzinsparerin und Hausfrau?«

Louie macht Bekanntschaft mit Stella – an jenem Abend, als Harrison Stella davon überzeugt, daß Robert ein Verräter ist –, doch es ist unwahrscheinlich, daß sich zwischen ihnen Freundschaft anbahnt. Die Romantik, die Louie diesem Treffen andichtet, wird durch den Zeitungsbericht über Roberts Tod und die Nachuntersuchungen zerstört. (Wie bei ihrer Scheidung verbirgt Stella die unerträgliche Wahrheit und gibt sich als zweifelhafte Gesellschaftsdame mit betrunkenem Liebhaber.) Daß dies für Louie ein Vertrauensbruch ist – denn sie hat nun niemanden mehr, den sie anhimmeln kann –, paßt zum Grundmuster des Romans. 1944 wird Louie schwanger und erfährt gleichzeitig von Toms Tod. Das Buch endet – genau zwei Jahre nach seinem Beginn – im September, mit dem Einmarsch der Alliierten in Europa. Louie fährt in Seale-on-Sea den kleinen Tom spazieren – auf der Kanalpromenade kann man das Donnern der heimkehrenden Bomber hören. Gleichzeitig fliegen drei Schwäne vorbei und »verschwinden in Richtung Westen«.

Dieses Ende erinnert an E. M. Forsters *Wiedersehen in Howards End*, wo die jungen Leute der Unterschicht neue Kraft und Hoffnung symbolisieren.[43] Allerdings weckt die leicht ironische, gönnerhafte Darstellung von Connie und Louie – wie die Darstellung der Basts bei Forster – beim Leser heute eher ein peinliches Gefühl. Die Klischees sind beabsichtigt: Elizabeth Bowen wollte in ihrem Roman auch die »Durchschnittsversion« des Kriegsalltags darstellen. Diese Teile des Buchs sind gespickt mit Details – von Lebensmittelkarten zu Haarklammern und dem Leben von Luftschutzhelfern – im Gegensatz zu Stellas und Roberts privilegierterer Position, in der Materielles kaum eine Rolle spielt. Doch Cockney-Jargon, wie Henry Green ihn in seinem Roman *Caught* Mrs. Howells in den Mund legt, wollte sie nicht:

»›Jawohl‹, sagte sie, ›ich bin bei den Bodentruppen in London, bin ne echte Cockney und kaum aus meiner alten Ecke raus und muß jetzt Hosen tragen, obwohl ich so eine nich bin. Was mein Mann sagen täte, wenn er noch lebendig wär', keine Ahnung. Es wird schon was passieren, merken Sie sich das, ich bin nich von gestern, ich hab' schon zwei so Dinger gesehen, dies is mein dritter Krieg, und der letzte war schon kein Picknick, das sag' ich Ihnen.‹«[44]

Bowens Figur Connie klingt weniger umgangssprachlich, eher prophetisch:

»Ich hab' noch nie so wach gelegen – muß vom Essen kommen: nichts ist heutzutage in Ordnung. Nein, weh tut es nicht, voll fühle ich mich auch nicht, sind auch keine Blähungen, nur das Universum fiebert mir im Kopf rum. – Schon mal Natron gekriegt? – Nein, wohl nicht.«

Louie und Connie verkörpern mehr als nur waschechte Londonerinnen. Sie repräsentieren, was in Roberts Ideologie fehlt – den natürlichen Überlebens- und Fortpflanzungswillen.

Eine überzeugendere Alternative zur Verzweiflung bietet Elizabeth Bowen mit dem soliden, sympathischen, gradlinigen Roderick und seiner Erbschaft. Die Beziehung zwischen Stella und Roderick ist gut getroffen. Stellas Schuldgefühle gegenüber ihrem Sohn, dem sie sein Liebstes genommen hat – »ein gesundes Familienleben« und eine »philosophische Einstellung zur Gesellschaft« –, bewegen auch den Leser. Dem steht Rodericks aufrichtiger Wunsch nach Klarheit und Ordnung gegenüber.

Rodericks irische Erbschaft wird nicht idealisiert. Die letzten Bewohner des Herrenhauses (die direkt aus Bowen's Court stammen könnten) haben versagt: Cousin Francis, ein exzentrischer anglo-irischer Großgrundbesitzer, für den die irische Neutralität einen letzten harten Schlag bedeutete; dazu dessen Frau Nettie, die in der Einsamkeit von Mount Morris verrückt geworden ist und in »der eleganten Wisteria Lodge« zurückgezogen dahinlebt. Stellas Besuch in Mount Morris ist keine richtige Flucht. Harrison ist schon vor ihr da gewesen und hat Cousin Frankie in irgendeine Verschwörung hineingezogen (vermutlich die irische Neutralität betreffend – was diskreterweise nur angedeutet wird). Stella plagen in Mount Morris massive Zweifel bezüglich Roberts. Im Wohnzimmer findet sie ein Photo der sinkenden *Titanic* – ein Ereignis, das 1912 für die Bowens in Irland »der erste finstere Riß in der Oberfläche der Dinge bedeutete«.[45]

Dennoch hat Irland auf Stella eine befreiende Wirkung. Sie fühlt sich in eine andere Zeit versetzt. Friedensbilder tauchen auf – das ruhige unschuldige Gesicht eines irischen Dienstmädchens, die drei Schwäne auf dem Fluß (wie jene, die Louie später sieht), das herbstliche Wetter. Hier erfährt Stella auch die Nachricht vom Wendepunkt des Kriegs, dem Sieg Montgomerys in Nordafrika.

Roderick ist eindeutig der rechtmäßige Erbe dieses Orts. »Er war vom Schicksal dafür auserwählt; es schien ihr besser als eine Freiheit im Nichts.«

»Der Besitz von Mount Morris bewegte Roderick stark. Er bedeutete für ihn, von Tag zu Tag mehr, eine historische Zukunft.«

Roderick möchte unbedingt von Anfang an alles richtig machen und sichergehen, daß Tante Nettie nicht sein Erbe anficht. Das vertrauensselige Gespräch, das der junge Soldat mit ihr in Wisteria Lodge führt, steht in bewegendem Kontrast zur Haupthandlung. Er hofft, daß er das Testament richtig ausgelegt hat:

»Wenn er schreibt ... ›*In der Hoffnung, daß er auf seine Weise die alte Tradition fortführt*‹, meint er dann, daß ich nach meinem Gutdünken fortfahren darf, solange ich die Tradition fortführe; oder daß ich, solange ich wie er weitermache, ›Tradition‹ nach meiner Vorstellung auslegen darf?«

Schon bei seinem ersten Besuch in Mount Morris 1944 ist er von diesem Ort »gefesselt«. Zum ersten Mal wird ihm seine Sterblichkeit bewußt und wie wichtig »Kontinuität« ist. Der Abschnitt endet, ohne daß wir erfahren, ob Roderick die Invasion der Alliierten überlebt; dennoch strahlt der Ort selbst einen enormen Überlebenswillen aus.

Diese Ortsgebundenheit bildet den Mittelpunkt des Widerstands in *The Heat of the Day*. Wenn Robert betont, er habe kein Land, weckt Stellas Antwort noch einmal die Gesamtstimmung des Romans, die am Ende den Patriotismus rechtfertigt:

»›Nein, aber du kannst nicht sagen, daß es kein Land gibt!‹ rief sie laut und erschrocken. Sie hatte jeden Zentimeter eines Landes mit ihm abgeschritten ... Des Landes, bei dem sie nicht wußte, wie viele Orte es waren, wieviel Zeit. Sie dachte an Herbstblätter, die knisternd zusammengeharkt wurden, an jenem kristallenen Londoner Ruinenmorgen, als sie beim Erwachen sein Gesicht sah; sie sah Straße für Straße, Abend für Abend, vergehen ...«

Die Moral entspringt einer ästhetischen Vision. Stellas Antwort an Robert verdeutlicht, wie Elizabeth Bowen das Schreiben in Kriegszeiten sah: »Schreiben als Widerstand«, der die »leidenschaftliche innere Beziehung« des Individuums festlegt zu »jedem Gegenstand oder Bild oder Ort, zu jeder Liebe, jedem Erinnerungsstück, mit dem sein oder ihr Schicksal verknüpft ist und durch das dieses Schicksal gegen die Entpersönlichung des Kriegs gesichert ist«.[46] Der Bedrohung des Ichs im Krieg begegnet sie mit ihrem klaren, leidenschaftlichen Gefühl für Einzelheiten, für die Vergangenheit und für den Ort.

8

Rückwende

»Was fehlt heutzutage in der Luft, daß wir sie nicht atmen können?«

Die »schreckliche Erleuchtung« des Kriegs bestätigte auf breiter Ebene Elizabeth Bowens persönliche Vision einer dürftigen, heimatlosen Zivilisation. »Wie sollen wir ohne eigenes Wesen leben?... Früher hatten die Leute reichlich davon, wir dagegen haben so wenig. Wir können Liebe und Trauer nur noch imitieren.« Die Zukunft erforderte »Genie«, um überhaupt darin zu leben. Ihre Gefühle gegenüber dem Krieg legt sie in einem Hörspiel über Anthony Trollope 1946 einem jungen Soldaten in den Mund, der während einer Eisenbahnreise ein fiktives Gespräch mit dem viktorianischen Schriftsteller über dessen Romane führt:

»Wir haben Heimweh nach allem Echten und Wahren... dem Lebensstil der offensichtlich ganz und gar vergangen ist... Ich glaube, Ihre Romane sind ein Halt gegen die *Hoffnungslosigkeit*, zu der wir neigen... Wesentlich ist für uns heutzutage, daß wir an Leute glauben können und an ihre Lebenskraft... wir sehnen uns nach dem Gewöhnlichen.«[1]

Die Nachkriegswerke der Bowen beschäftigen sich mehr denn je mit dem Versagen von Gefühl und Gewißheit in der modernen Zivilisation und mit dem unvermeidlichen tröstlichen Rückzug auf Erinnerung und Phantasie. Ihre letzten drei Romane spiegeln eine tiefe Abneigung gegen die Zeit: »Ihre Zeit – die ihre, weil sie darin leben mußte und keine andere Wahl hatte – stand in schlechtem Ruf, was kein Wunder war... zuviel hatte zu lange stattgefunden.«[2] »Nichts ist mehr echt... Es gibt einen großen Markt für vorgefertigte Gefühle.«[3] »Was wird aus jemandes Natur?«[4] Wenn sie sich über zeitgenössische Romane äußert, entdeckt sie »eine wachsende Diskrepanz zwischen Fakten oder Umständen und Gefühl oder romantischem Willen«,[5] und einen zwanghaften Rückzug aus dem Nichts des modernen Daseins auf »die besseren Tage«. Dies ist ein Zitat aus einem Essay mit dem Titel *The Bend Back*:

»Nun, nach einem zweiten Krieg mit seinen Wunden, seiner zermürbenden Unpersönlichkeit, Vernichtung so vieler Spuren und Wahrzeichen, verlangen Herz und Phantasie einmal mehr ihr Recht... Kann dieses Bedürfnis nur befriedigt werden, indem man in der Vergangenheit lebt? Gegenwärtig scheint es so.

...Was fehlt heutzutage in der Luft, daß wir sie nicht atmen können: oder jedenfalls nicht mit einem Hauch Freude? Warum lassen sich das Vertrauen ins Leben, das Engagement am Leben, die Inbesitznahme des Lebens nicht wiedergewinnen?«[6]

Die drei Romane, die Elizabeth Bowen in den fünfziger und sechziger Jahren schrieb, handeln von Entwurzelung, Entfremdung und Trostsuche. Die »Rückwende« in die eigene Vergangenheit, zum Vorkriegsirland und zu ihrer Schulzeit in Kent – auch in die Vergangenheit ihrer Romanfiguren –, ist ein Versuch, wie Proust ihn unternahm, die verlorene Vergangenheit heraufzubeschwören. Ihr letzter Roman spielt zwar in der Gegenwart, aber seinen Charakteren ist die Welt fremd geworden.

Der Schwerpunkt der letzten Romane auf Entwurzelung, Diskrepanz zwischen »Fakten oder Umständen und Gefühl oder romantischem Willen« bestätigt eine innere Haltung, die sich schon lange angedeutet hat. Sie rührt aus den Erfahrungen ihrer zweiten Lebenshälfte. Nach dem Krieg lebte sie mit Alan Cameron häufiger in Irland als in England. Alan ging es gesundheitlich nicht gut, er hatte Schwierigkeiten mit den Augen und ein erhebliches Alkoholproblem. Beide verbrachten viel Zeit auf Bowen's Court. Das Nachkriegs-London und die sozialdemokratische Regierung lagen ihnen nicht, so daß sich das Paar von seinem Haus in Clarence Terrace trennte. 1952 starb Alan Cameron friedlich im Schlaf.

Elizabeth Bowen trauerte um ihren Mann; er fehlte ihr. Beruflich war sie berühmt und viel gefragt; sie machte Rundfunkaufnahmen, schrieb Literaturkritiken, war Preisrichterin und hielt Vorlesungen im British Council. Sie erhielt die Ehrendoktorwürde des Trinity College in Dublin und Oxford und wurde 1948 mit dem Orden des »Commander of the British Empire« ausgezeichnet. Sie war Mitglied einer Königlichen Kommission zum Thema der Todesstrafe. Außerdem reiste sie regelmäßig in die Vereinigten Staaten, hielt auch dort Vorlesungen, unterrichtete »Creative Writing« – und traf, wenn möglich, Charles Ritchie. Sie schloß neue Freundschaften; besonders mit dem Ehepaar Stephen und Ursula Vernon, deren Häuser in der Grafschaft Limerick und in Kinsale bald ihre irischen Zufluchtsorte wurden.

Dies war besonders nach 1959 der Fall, als Bowen's Court letztlich finanziell nicht mehr tragbar war. *A World of Love* (ihr erstes Buch nach dem Krieg, abgesehen von einem Band Essays und Kritiken, *Collected Impressions*, sowie einem kurzen, anschaulichen Buch über Dublins Grandhotel *The Shelbourne*) hatte sie allerdings noch in Irland begonnen. Das heruntergekommene Herrenhaus spiegelt, wie Victoria Glendinning sagt, ihr »eigenes Los auf Bowen's Court«.7

Auch nachdem Bowen's Court 1959 verkauft und abgerissen worden war, fuhr sie öfter nach Irland, für gewöhnlich als Gast der Vernons. Mehr denn je führte sie ein Nomadenleben. Sie reiste häufig in die Vereinigten Staaten (unter anderem nach Vassar, Princeton und Bryn Mawr). Aber nach der Zerstörung von Bowen's Court hatte sie eigentlich kein richtiges Zuhause mehr. Sie versuchte, sich wieder in England einzurichten, und griff bei der Ortswahl immer auf die Vergangenheit zurück. Zuerst zog sie nach Headington, in ein Haus das Isaiah Berlin gehörte; 1965 kaufte sie ein Haus namens Carbery im Seebad Hythe. Ihre letzten Jahre waren von Krankheit bestimmt – sie litt unter Bronchitis, erkrankte an Lungenentzündung. Ihr Leben lang war sie eine starke Raucherin gewesen; 1972 lautete die Diagnose Lungenkrebs. Im Beisein von Charles Ritchie starb sie am 22. Februar 1973.

Doch in den Jahren vor ihrem Tod war Elizabeth Bowen bis zum letztmöglichen Moment aktiv und gesellig. Dabei vermitteln ihre letzten beiden Romane eine schmerzliche Unsicherheit und ein gestörtes Gleichgewicht, für das es sicher sowohl persönliche wie literarische Gründe gab. Die bedeutendsten Romane der Bowen in den dreißiger und vierziger Jahren waren aus einem Zusammenwirken ihrer historischen Sicht, literarischen Haltung und ihres Gesellschaftsbilds entstanden. In den Nachkriegsjahren schien ihr Schreiben weniger im Einklang mit der beschriebenen Welt. Ihre beiden letzten Romane haben etwas zutiefst Unbehagliches, der Ton ist ungewiß. Und obwohl *A World of Love*, ihr einziger Roman in den fünfziger Jahren, ein bewegendes atmosphärisches Buch ist, hat es auch etwas Manieriertes – und anders als in *The Death of the Heart* oder *The House in Paris* werden Jugend und Unschuld mit einer gewissen Sentimentalität behandelt.

Nach *A World of Love* empfand die Autorin das Bedürfnis nach schriftstellerischer Veränderung. Es erging ihr wie Virginia Woolf, die nach ihrem Roman *Die Wellen* (1931) auf Erneuerung drängte, damit ihr nächster Roman *Die Jahre* (1937) zu einem angemessenen erzählerischen Dokument der dreißiger Jahre würde. Ähnlich erging es der Bowen, die eine Auseinandersetzung mit den sechziger Jahren suchte. Victoria Glendinning betont den Einfluß von Iris Murdoch und Muriel Spark auf *The Little Girls* (1964), besonders deren Interesse an »Alptraum und Phantasie«.[8] Elizabeth Bowen wollte diesen Roman »ganz von außen« schreiben, ohne die Gedanken und Gefühle ihrer Figuren zu enthüllen.[9] Und da lag ihr Problem. Ihre literarischen Anfänge waren von James, Forster und Virginia Woolf beeinflußt gewesen. Sie hatte manches gemeinsam mit Autoren wie L. P. Hartley, Henry Green, Rosamond Lehmann und dem frühen Graham Greene. Doch in den sechziger Jahren schien sie sich in ihrem eigenen Stil wenig wohlzufühlen. Ihr Interesse am Unbewußten und Anormalen wuchs. Ihre letzten Romane beschäftigen sich mit ungewollten Erinnerungen, nonverbaler Kommunikation, Entwicklungshemmungen, infantilen Handlungen und Phantasieleben. Ihre sonst so beherrschten Motiv- und Gefühlsanalysen verschwanden. Und während die Umgebung ihr immer fremder wurde, gerieten auch ihre sonst so intensiven Ortsbeschwörungen ins Wanken. In ihren letzten beiden Romanen sucht sie nach einer neuen Sprache, einer neuen Methode. Dabei beginnt sie am Roman als Form zu zweifeln.

Sämtliche letzten Romane beschäftigen sich hauptsächlich mit Zeit und Erinnerung. Sie handeln von Déjà-vu-Erlebnissen und von den Randzonen der Wahrnehmung, wo Erinnerung und Phantasie überlappen: »Gab es nicht Leute, die behaupteten, alles sei bereits *geschehen* und daß Vorausschau eigentlich Erinnerung sei?«[10] »Es heißt – nicht wahr? –, man mache nichts zum ersten Mal.«[11] »Man bildet sich ein, daß man etwas erinnert, dabei malt man sich meist etwas aus: Proust sagt das. Oder ist es eher, daß man etwas erinnert, wenn man denkt, man malt sich etwas aus?«[12] In den letzten beiden Büchern ist der Rückblick verworren: was tatsächlich geschah, ist ungewiß. Das für Elizabeth Bowens Werk so wichtige Gedächtnis ist in Mißkredit geraten.

Doch ihr einziger Roman aus den fünfziger Jahren, *A World of Love* (1955), handelt allein von der Erinnerung und schmerzlichen Suche nach der Vergangenheit. Elizabeth Bowen sagt ihrer irischen Geschichte und vielen ihrer Lieblingsthemen Lebewohl. Wie der lyrische Titel andeutet, handelt es sich um eine Romanze, um Gefühle und persönliche Beziehungen – also um einen Rückzug aus den politischen Wirren von *The Heat of the Day.* Der Titel stammt aus einem Zitat von Thomas Traherne (1637–74): »Es gibt in uns eine Welt der Liebe zu etwas, obgleich wir nicht wissen, was in aller Welt es sein mag.« *A World of Love* gleicht von allen Romanen der Bowen am ehesten einer Gespenstergeschichte.

Schon zu Beginn ist die Romanatmosphäre so typisch Bowen, als parodiere die Schriftstellerin sich selbst – Schauplatz Grafschaft Cork; Sonnenaufgang (»nach der Hitze des vergangenen Tages«); ein außergewöhnlich heißer Junitag; eine »erwartungsvolle, leere, eindringliche« Landschaft; ein verfallenes irisches Haus, Montefort, vor dem »überraschenderweise« ein Obelisk steht; ein wunderschönes zwanzigjähriges Mädchen in einem schleppenden edwardianischen Musselinkleid, das einen Brief liest. Wie bei *The Happy Autumn Fields* könnte man anfänglich denken, der Roman spiele in der Vergangenheit. Und genau wie in der Kurzgeschichte gibt es dann einen harten und abrupten Szenenwechsel ins moderne armselige Durcheinander eines weiblichen Schlafzimmers: »ein Päckchen Gold Flake, eine Bibel, ein Glas mit schmutzigem Bodensatz, Streichhölzer, Sonnenbrille, Schlaftabletten, eine Nagelfeile und ein Kerzenleuchter mit einer Wachsschicht, in der noch der heruntergebrannte Docht der Kerze zu erkennen war«. Monteforts heruntergewirtschafteter Zustand steht in krassem Gegensatz zu einer besseren Vergangenheit. Die verzückte Romantik des lesenden Mädchens steht der desillusionierten Härte der Frau im Schlafzimmer gegenüber.

Wie Henrietta und Leopold die Vergangenheit des Hauses in Paris entdecken, hat Jane Danby in einem Koffer außer dem edwardianischen Kleid ein Bündel Briefe gefunden. Ihr Zufallsfund weckt nicht nur die Gespenster der Vergangenheit, sondern eröffnet ihr auch freie Bahn in die Zukunft. Es ist, wie viele der Handlungen Elizabeth Bowens, eine Dornröschengeschichte. Doch diesmal ist das Erwachen kein tragischer Schock oder eine Entzauberung wie bei Lois, Emmeline oder Portia. *A World of Love* gönnt sich ein Happy-End.

Aber wie in *The House in Paris* gibt es in Montefort eine unglückliche Vergangenheit, die in die Gegenwart hineinwirkt. Inzwischen gehört das Haus Antonia, der Frau im Schlafzimmer, sie hat es von ihrem Cousin Guy (dem Verfasser der Briefe) geerbt, der 1918 im Krieg starb. Guy war mit der schönen siebzehnjährigen Lilia aus England verlobt, hinter deren Rücken er rücksichtslos eine Affäre mit Antonia hatte. Nach Guys Tod kümmerte sich Antonia um Lilia, verheiratete sie als Dreißigjährige mit einem anderen Cousin aus »wilder Ehe«, Fred Danby, und brachte das Paar in Montefort unter. Die beiden, Lilia und Fred, schwanken zwischen Leidenschaft und Kälte; zwei Kinder werden geboren, Jane und ihre exzentrische jüngere Schwester Maud. Der undefinierbare Status der Danbys als »Hofmeister«, Landwirte und Gäste Antonias dauert bereits einundzwanzig Jahre, weil keiner bereit ist, »sich hinzusetzen und die Sache auf den Tisch zu bringen«. Lilias verbissene Abneigung gegenüber Montefort und Antonia, Freds abgöttische Beziehung zu seiner ältesten Tochter, die Entfremdung zwischen Fred und Lilia – dazu Antonias Gereiztheit angesichts dieser Konstellation – werden mit dem Brieffund schlagartig klar. Nach mehr als dreißig Jahren scheint Guy wieder anwesend. Jane verliebt sich in seine bloße Vorstellung und wird so vom Mädchen zur Frau. Auf einem Dorffest entdeckt die nachbarliche Schloßherrin Lady Latterly, wie schön Jane ist, und lädt sie zu einer Dinnerparty ins Schloß ein – eine komische Szene, die durch Guys gespenstische Anwesenheit, der oft dort bei den früheren Besitzern gewesen war, geradezu zum Hochzeitsschmaus wird. Jane verkehrt nun in Lady Latterlys Kreisen und wird vom Schloßchauffeur zum Flughafen kutschiert, um einen Gast und früheren Verehrer Lady Latterlys – Richard Priam – abzuholen. Es kommt, wie es kommen muß; die Briefe hatten den Boden bereitet: »Sie sahen und liebten sich.«

Janes romantische Ader steht im Kontrast zur grotesken »Besessenheit« der kleinen Schwester Maud, die mit ihrem »zweiten Ich« kämpft, ihre Familie verflucht – und am Radio niemals den Glockenschlag von Big Ben verpaßt. Janes Unschuld steht auch im Widerspruch zur älteren Generation, die durch den Brieffund aus der

Fassung gebracht wird. Antonias unglückliche Liebe zu Guy, Freds und Lilias Eifersucht und Verbitterung werden noch einmal wach. Alle sind wie Elizabeth Bowen um die fünfzig, und keinem von ihnen geht der Briefschreiber aus dem Sinn. Zum ersten Mal läßt sich nicht verleugnen, daß er beiden Frauen untreu war. Doch anders als in *The House in Paris* und *To the North* handelt es sich hier um einen Roman, dessen Geschichte – eher wie in *The Death of the Heart* – auf einen Kompromiß und nicht auf eine Tragödie hinausläuft. Die Beziehung zwischen Lilia und Fred wird schließlich umgänglicher; Antonia akzeptiert, wenn auch spät, Guys Liebe zu Lilia und deren Folgen für sich selbst. Obwohl »man nie dessen ganz ledig wurde, was man getan hatte«, werden zu guter Letzt die Gespenster vertrieben, und man blickt der »Zukunft entgegen«.

In *A World of Love* klingen viele frühere Themen der Bowen wieder an. Die Vergangenheit bricht in die Gegenwart ein, wie in *The House in Paris* oder *The Happy Autumn Fields*. Ein junges Mädchen wartet in einem irischen Haus darauf, daß sich endlich etwas tut, wie in *Der letzte September.* Vieles kommt einem bekannt vor. Maud wirkt wie eine Mischung aus allen bösen kleinen Mädchen, die Elizabeth Bowen je erfunden hat. Guys Abschiedsworte: »Du wirst mich nie wieder los!« erinnern an den Abschied des Soldaten in *The Demon Lover*. (»Ich werde wieder bei dir sein ... früher oder später. Vergiß das nicht. Warte nur.«[13]) Die Liebesqualen von Cousin und Cousine lassen an die grausame Beziehung zwischen Cousin und Cousine in der Kurzgeschichte *The Inherited Clock* denken – die von der erwachsenen

Frau aus der Erinnerung verdrängt wurde. Janes Besuch auf Lady Latterlys Schloß gleicht Mariannes Ausflug mit Davina in *The Disinherited*. Wie Marianne bewegt sich Jane entrückt durchs »leere, öde, abgewirtschaftete und vergnügungsfeindliche Wohnzimmer«. Auch Lady Latterlys englische Gäste haben etwas Gespenstisches: »dieser Kreis heimatloser Reicher hatte etwas Phantasmagorisches an sich«. In *A World of Love* spuken die Geschöpfe der Autorin aus früheren Zeiten, und vor allem taucht das alte Anglo-Irland aus der Versenkung auf.

Verglichen mit dem anglo-irischen Roman von 1929 hat *A World of Love* etwas von einem Schattenreich. *Der letzte September* war dagegen quicklebendig. Lois war immerhin in einen leibhaftigen Soldaten und nicht in einen Geist verliebt. Die anglo-irische Gesellschaft war zwar beschränkt, besaß aber doch Energie und Würde. Individuelles Dasein war unentwirrbar mit der politischen Lage verknüpft. In *A World of Love* verliebt sich das Mädchen in ein Phantom; es gibt keine anglo-irische Gesellschaft mehr; und das Leben in Montefort und im Schloß – entweder demütigend arm oder demütigend wohlhabend – findet in einem Vakuum statt. Der Roman handelt zwar von einem jugendlichen Präludium zur Erwachsenenliebe, doch sein eigentliches Thema ist der Verlust. Es ist das blasse, geisterhafte letzte Kapitel der Geschichte Anglo-Irlands, das Elizabeth Bowen hier erzählt.

Und die besten Passagen in *A World of Love* sind nicht die romantischen Zwischenspiele, wenn zum Beispiel Jane mit ihrem sechsten Sinn Guys Gegenwart beim Schloßdinner spürt. Glanzstücke sind die ironischen Berichte über den anglo-irischen Stand der Dinge. Die englische Lady Latterly, die einem Roman von Charles Dickens entsprungen sein könnte, besitzt eine zweifelhafte Vergangenheit und nun ein »ungewöhnlich banales irisches Schloß, das wegen seiner Baufälligkeit lange leer stand«. Sie gehört also zu jenem Strom von Neureichen, die sich in einer Gegend breitgemacht haben, die früher jeden Eindringling in die Flucht schlug und bis heute mit »augenlosen Türmen und zeitnarbigen Schlössern« übersät ist. Für einen irischen Gast, der die Grafschaft Cork noch im alten Zustand erinnert, sind Lady Latterly und ihre Gäste kein Ersatz für die frühere Gesellschaft: »Sie können sich ein Grundstück kaufen; aber sie können sich keine Vergangenheit kaufen ... heutzutage geht man dahin, wo das Geld ist – dennoch mein Respekt, Mylady. Früher ging man dahin, wo die Leute waren.«

Den Ladenbesitzern, die den Bewohnern von Montefort nichts mehr stunden, kommt das Geld vom Schloß gerade recht. Vergleicht man den deprimierenden Ort mit Mrs. Fogartys Wohnzimmer in Clonmore in *Der letzte September*, zeigt sich, wie tief die Welt gesunken ist:

»Draußen auf dem Gehweg vor Lonergans Laden zog Lilia die Schultern hoch, als sähe sie der Realität ins Gesicht – und blickte dann die gerade breite Hauptstraße von Clonmore hinab auf die abwechselnd grauen oder farbig gestrichenen Häuser, kreuz und quer parkenden Wagen, vereinzelten Eselskarren und umgefallenen Fahrräder. Dung pappte auf dem Pflaster vom Markt gestern morgen; alle Läden hatten unsinnig gleichförmige Eingänge, in denen Stiefel und Kessel hingen und gestapelter Kattun lag – in den öden Schaufenstern verblichen die Waren. Kneipen waren zahlreich und düster. Wie überbelichtet lag die Stadt da, schattenlos – nirgends ein Baum, nirgends eine Markise. Eiscreme gab es zu kaufen, aber es gab kein Café. Zum Dasein bot Clonmore einem keinen Grund, es bot einem überhaupt keinen zu existieren.«

Die Vorlage für Montefort ist ein verlassenes Gehöft bei Bowen's Court, aber es hat viel von der Atmosphäre von Bowen's Court selbst.[14] Es verbreitet eine Ahnung des Niedergangs wie die Häuser in den Romanen von Somerville & Ross. Der Obelisk vorm Haus wurde von einem typischen anglo-irischen Gutsbesitzer errichtet:

»Heiratete die Köchin ... wurde verrückt im Kopf vom Trinken und Grübeln, hinterließ keine Kinder – jedenfalls keine legalen. Also kam der Besitz an den Cousin ersten Grades.«

Inzwischen ist das Haus einsam (keine Telefonanrufe, weil es kein Telefon gab, keine Lieferwagen, selten ein Passant, keine nennenswerten Nachbarn) und heruntergekommen:

»Das Grün der Efeuranken über den Fensterbalken und die andauernde Feuchtigkeit der Steinfliesen ließen die Küche kühl wirken, ohne daß sie es war. Dies war der Raum in Montefort, der sich am wenigsten verändert hatte: Gewohnheit hing in der Luft wie ein alter Zauber. Generationen von Dünsten des Backens und Bratens, des Schmorens und Dämpfens hatten die gekalkten Wände gebeizt, frisch waren die Gerüche von Holzasche, Schlacke, Teeblättern, ausgewrungener Lappen und Lampenöl. Der massive Tisch, auf dem beim Erntedank die Gigue getanzt wurde, war vermutlich inzwischen stabiler als die Balken im Haus ... Der große und gefräßige Küchenherd, dessen Bullern keiner beschwichtigen konnte, war in eine eigene schwarze Höhle gebaut – auf ihm stand ewig ein Kessel und stieß, vor sich hinsummend, feine Dampffahnen aus, den ganzen Tag wurde Tee gebrüht, und immer tanzte irgendein Deckel auf dem einen oder anderen der puffenden Töpfe, Pfännchen und Kasserollen. Wenn nichts anderes, so brodelte hier ständig das Hühnerfutter ... Der einzige Wasserhahn am Becken war mit einem ausgetrockneten Regenwassertank verbunden – seitdem ratterte täglich ein Eselskarren mit einem Faß hinab zum Flußteich ... Von einem der Tassenhaken baumelte ein noch immer hübscher Kalender vom Vorjahr; und Fetzen eines zweiten, noch älteren, waren an der Wand überm Spülbecken festgenagelt. All dies sprach, mit dem achtlosen Getrödel und häufigen Stehenbleiben der billigen scharlachroten Uhr, die jemand irgendwo zwischen Schüsseln und Geschirr geschoben hatte, von der fast vollkommenen Belanglosigkeit der Zeit, im abstrakten Sinn, in dieser unermüdlichen Küche.«

Selten ist ein Raum so großartig beschrieben worden, doch der Text birgt manches, das einen zur Verzweiflung bringen kann. Die Passage steckt voll stilistischer Marotten: aufdringliche Kommas, gezierte Adjektive wie der »ewig dastehende« Kessel und die »unermüdliche« Küche; Inversionen, Qualifikationen und doppelte Verneinungen. Zur Erzeugung einer poetischen Stimmung verläßt sich der Roman gern auf solche Kunstgriffe.

Der Manierismus vernebelt Ereignisse und Beziehungen. Wie abhängig Fred von Jane ist; wie hart Antonia mit Lilia umspringt; wie eingenommen Jane von Vesta Latterly ist – alles wird mit Weichzeichner wiedergegeben, besonders wenn man es mit den schonungslosen Darstellungen der Ehe von Thomas und Anna Quayne oder Leopolds Treffen mit Mme Fisher vergleicht. Jane wirkt sanft und konventionell: »Ihre Stirn war breit, ihre Augen von schattenlosem Blau, ihr Mund eher zum Lächeln geneigt als zum vielen Reden – ein Gesicht, das frauliche Züge annehmen wollte, doch selbst in seiner überirdischen Verklärtheit heute morgen noch nicht soweit war.« Maud ist eine Ausnahme – bitterböse protestantisch und von Furunkeln gepeinigt, verkörpert sie »moralische Gewalt«. Mit ihrer Manie für Big Bens Gebimmel erinnert sie an »das absolute und unausweichliche Schlagen der Zeit«.

Die Faszination des Romans liegt in seiner Behandlung von Zeit und Erinnerung. Jane widersteht »der Zeit, in der zu leben sie gezwungen war«, doch die »Wunderlichkeit« der Vergangenheit gefällt ihr nicht: »dieses ständige lästige Getue um erlittenes Leid, unbeglichene alte Rechnungen«. Dem steht, mit viel Ironie kolportiert, die Unfähigkeit der älteren Generation gegenüber, sich von den Toten zu befreien. Antonia, die Figur, die der Erzählerin am nächsten kommt, sinniert über die Auswirkung der Kriege auf unsere Einstellung zum Tod und das Gefühl von Unwirklichkeit, das die Nachkriegszeit mit sich gebracht hat. Diese zentrale Betrachtung erklärt, warum *A World of Love* zwangsläufig so schemenhaft und »ungewiß« sein muß:

»Das Leben trachtet danach die Toten zu enteignen, sie zu vertreiben und zu ersetzen. Ihr Platz füllt sich wieder; jüngere Leute kommen hinzu; der ganze Raum wird gebraucht ... Daß man sie in ihrer Zeit zurückließ, führte zur Entfremdung zwischen ihnen und uns, die wir in unserer Zeit leben müssen.

Aber bis der Tod anerkannt ist, steht nichts fest, und so lange ist nichts besiegelt. Unsere Vorstellung von Endgültigkeit ist weniger unumstößlich geworden, das haben zwei Kriege gelehrt. Das Naturgesetz wurde in Frage gestellt: es ist zum Beispiel schwer, den Tod eines jungen Mannes im Kampf als Schicksal hinzunehmen, schwer, sich dem Gefühl zu entziehen, auch das gewaltsam beendete Leben ginge weiter; schwer, nicht zu fragen, ob die abrupte, sinnlose, viel zu frühe Trennung überhaupt möglich sei? ... Diese Jahre, in denen sie weiterlebte, gehörten ihm, seine Frist war noch nicht abgelaufen. Die Lebenden lebten in seiner Lebenszeit ... Sie waren unvollständig.«

Beinahe zehn Jahre vergingen bis zum nächsten Roman. Elizabeth Bowen durchlebte inzwischen eine besonders schwere Zeit und schrieb lediglich *A Time in Rome* (1960), ein Buch, das kein Erfolg wurde – zu persönlich für einen Reiseführer und zu impressionistisch für eine historische Erörterung. Auch dort greift die Schriftstellerin die Thematik ihrer letzten beiden Romane auf – Zeit und Erinnerung:

»Es liegt in der Natur (zumindest in meiner), zu konkretisieren und zu spezifizieren, eine Zeit zu ›wählen‹ und, wenn möglich, sich in den einen oder anderen Augenblick zurückzuversetzen ... In Rom hätte ich gern die Barriere zwischen mir und den Ereignissen außerhalb *meiner* Erinnerung durchbrochen. Ich suchte nach Aktualitätssplittern im Gewoge der anderen Erfahrung. Zeit ist eine Art Raum; sie schafft Distanz. Mein chaotischer Ortssinn war gewissermaßen ein Symptom des inneren Durcheinanders – dabei war mein Kopf nicht leer, er brummte vor Überschwang und Befürchtungen: von der verschwommenen Sicht war mir schwindlig. Der Verstand half nicht, also ließ ich es geschehen ... Das Gerede vom ›Eintreten‹ in die Vergangenheit ist Unsinn, aber diese kann sich bis zu einem gewissen Grad Eintritt in unser Inneres verschaffen.«[15]

Die Vorstellung, daß man von der Vergangenheit ergriffen wird, stammt von Marcel Proust, der Elizabeth Bowen immer interessiert hat. Sie zitiert ihn im Motto von *Der letzte September* und in *The Mulberry Tree*, ihrem Essay über ihre Schule Downe House in Kent, die das Vorbild der Schule in *The Little Girls* ist: »Erinnerung ist, Proust zufolge, so verschleiert und selektiv, daß ich zweifelsohne meine Schulzeit durch einen subjektiven Nebel wahrnehme.«[16] Eva Trout erwähnt Prousts These, Imagination und Erinnerung überschnitten sich. In Elizabeth Bowens letzter Textsammlung *Pictures and Conversations* gibt es einen langen, sorgsamen und eindringlichen Artikel über die Figur des Bergotte bei Proust. *The Little Girls* ähnelt Prousts Romanen am meisten. Er handelt von einer unfreiwilligen Rückkehr in die Vergangenheit und dem dadurch ausgelösten Zusammenbruch. Der Roman behandelt aber nicht nur eine Proustsche Erfahrung; die Schriftstellerin selbst hatte ein Proustsches Erlebnis. In einem autobiographischen Fragment von 1970 erklärt sie, ein gewisses Erlebnis als Schülerin sei ihr völlig entfallen gewesen, erst durch *The Little Girls* sei es ihr wieder eingefallen.«[17]

The Little Girls beschäftigt sich also wieder mit dem zentralen Thema der unbeherrschbaren Erinnerung und des lähmenden Vermächtnisses der Vergangenheit. Wie früher schon kehrt der Mittelteil des Romans in die Vergangenheit zurück. Dieser Teil beschreibt die Schulzeit in St. Agatha's, Southstone. Er spiegelt die Schulzeit der Bowen und die zahlreichen Beschreibungen von Schulmädchen wie Theodora Hirdman in *Friends and Relations* oder Pauline und ihre Freundin Dorothea in *To the North* oder das traumatisierte Mädchen in der Kurzgeschichte *The Apple Tree*. In *Pictures and Conversations* erklärt sie zwar, »St. Agatha's sei fiktiv und habe kein wirkliches Vorbild«,[18] sie gibt aber zu, daß ihre drei Schulen darin eingeflossen seien: Lindum House, ihre Tagesschule in Folkstone; Harpenden Hall, ein Internat in Hertfordshire (wo eine der Verrücktheiten darin bestand, wie »eine kleine Keksdose mit einigen vielsagenden Schriftstücken und mehreren angeknacksten Kleinigkeiten versiegelt und in eine Nische in der Küchengartenmauer eingemauert wurde«[19]); und Downe House, ihr Internat in Kent während des Ersten Weltkriegs, in dem die Mädchen, um ihr Ansehen zu steigern, »Marotten und Manien« entwickelten und »Persönlichkeit zutage trat wie feuchte Flecken an der Wand«.[20]

Die Rückschau auf die drei Schulfreundinnen 1914 umgibt eine Rahmenhandlung, die im Jahr 1960 spielt. Dinah Delacroix ist eine exzentrische Witwe in den besten Jahren mit einer Villa in Somerset und einem üppigen Blumen- und Gemüsegarten. Ihr Hausboy Francis (der an Eddie erinnert) bedient (und bespitzelt) sie und sorgt sich um seine Zukunft. Außerdem gibt es Frank Wilkins, einen treuen, guten alten Freund (der Züge von Major Brutt – und von Alan Cameron – besitzt). Zu Beginn des Romans gibt sich Dinah ihrer neuesten Verrücktheit hin: sie will Dinge in einer Höhle verschließen, die sie der Nachwelt erhalten möchte. »Anhaltspunkte, damit man *uns* rekonstruieren kann. Gegenstände, die etwas über uns zeigen. Was sagt wirklich etwas über uns aus? Sicher die Dinge, an denen wir übermäßig hängen ...« Während sie und Frank aufs Geratewohl dieser wunderlichen Aufgabe nachgehen, setzen die Fragen einer Nachbarin (Wer versiegelt das Ganze?) und der Anblick der windschiefen Gartenschaukel Dinahs Erinnerung in Gang:

»Ich hatte ein höchst eigentümliches Gefühl! Ja, und habe es noch, es ist immer noch da! Wenn man etwas mit einem Schlag erinnert, so total, daß es nicht ›damals‹, sondern ›jetzt‹ ist, das ist doch wirklich ein Gefühl? Ich weiß, es ist weit, weit mehr als bloße Erinnerung! Man ist noch einmal ganz dabei, mittendrin ... Es heißt ja – heißt es doch? –, man tut nie etwas zum ersten Mal.«

Vor etwa fünfzig Jahren hatten sie und zwei andere »kleine Mädchen« – Dicey, Mumbo und Sheikie – auch eine Kassette mit Fundstücken für die Nachwelt im Schulgarten vergraben. Dinah schlägt Franks durchaus vernünftige Warnung (»Wahrscheinlich gibt es sie gar nicht mehr!«) in den Wind. Sie ist hingerissen von der Idee, gemeinsam den Schatz zu heben: »Wir sind jetzt die Nachwelt.« Ihre Begeisterung führt zu einer Komödie des Wiederauftauchens und Wiedererkennens. Aus Sheikie, »Southstones Wunderkind, der kindlichen Primaballerina«, ist mittlerweile die angesehene Mrs. Sheila Artworth geworden, Gattin eines Immobilienhändlers in Southstone, der früher ein drangsalierter kleiner Junge war, den Dinah zum letzten Mal bei einem Picknick erlebte, als er in einem Abflußrohr steckenblieb. Mumbo, das kluge, ungeschickte Kind einer unglücklichen Ehe, ist inzwischen Clare Burkin-Jones, Besitzerin »der Geschenkelädchen-Kette MOPSIE PYE mit Filialen in allen besseren Londoner Vororten und darüber hinaus bis in die umliegenden Grafschaften«.

Der erste Teil mit einem von Dicey arrangierten Treffen ist eine herrliche Farce, voll kleiner bruchstückhafter Überraschungen und Enthüllungen, und endet mit

Sheikies Neuigkeit, daß die Schule St. Agatha's nicht mehr existiere: sie wurde im Zweiten Weltkrieg zerstört. Der zweite Teil, die Rückblende ins Jahr 1914, mildert den Effekt des Romans. Die heimliche romantische Beziehung zwischen Diceys wunderschöner, weltfremder Mutter (deren Ehemann sich vor Diceys Geburt das Leben nahm) und Mumbos Vater, dem traurigen, gutaussehenden Major, wird angedeutet; und die Schulzeit der Mädchen (Gedichtrezitation, Schwimmstunden, der Besuch einer frauenrechtlerischen Tante, der Kauf einer Kette für die Kassette auf der malerischen alten Hauptstraße von Southstone, das Picknick vor den großen Ferien) erscheint in nostalgischem, komödiantischem Glanz. Dem Leser fallen die Vorkriegsszenen an der englischen Südküste in *Ivy Gripped the Steps* ein. Mrs. Nicholsons Beziehung zum Admiral und ihre Weigerung, zu glauben, daß es Krieg gibt, greifen *The Little Girls* voraus:

»Die Sommerabendkonzerte begannen im Pier-Pavillon, der wie eine erleuchtete Spieldose sich selbst im Spiegel der dunkelnden malvenfarbenen See bewunderte; die Glühbirnenketten oben, entlang der Promenade, verklärten die Spaziergänger, die in Abendkleidung aus den großen Hotels kamen; verklärten auch die gespenstisch grellen Körbe mit rosa Geranien, die von geschnörkelten Balkons herabhingen.«

Besonders der Abschied kurz vor Kriegsausbruch beim Strandpicknick – Diceys Mutter und der Major, Dicey und Mumbo – wird eindringlich dargestellt. Die Beschreibung der haarsträubenden häuslichen Situation des Majors (seine Frau »hatte ihre Lieben erfolgreich im Würgegriff«) wäre auch Stoff für eine gute Kurzgeschichte gewesen. Elizabeth Bowen nutzt noch einmal ihre Kindheitserinnerungen an England.

Der sprunghafte, komödiantische Ton, in dem die Gegenwart erzählt wird, findet sich auch im dritten Teil, besonders bei der grotesken nächtlichen Szene, als die drei Frauen ihre Kassette im ehemaligen Schulgarten ausgraben. Der Garten beherbergt mittlerweile eine Villa namens Blaue Grotte, typisch à la Bowen. Als sich herausstellt, daß die Kassette leer ist, bricht Dinah zusammen: »Nichts ist mehr wirklich.« Im letzten Teil des Buchs kümmern sich Sheila, Clare, Frank und Dinahs erwachsene Söhne (die selber schon kleine Mädchen haben) um die kranke Dinah. Der Ton wird düsterer. Auch das Unglück der beiden anderen Frauen zeigt sich: Sheila, deren Begabung nicht für eine Karriere als Tänzerin reichte, hatte vor ihrer Ehe eine heimliche Affäre mit einem kranken Mann, den sie auf dem Totenbett im Stich ließ. Clare, deren Ehe »ein einziges Durcheinander« war, ist nie über ihre leidenschaftliche, Kindheitsliebe zu Dinahs Mutter hinweggekommen. Auf die Frage: »Bist du lesbisch?« gibt sie allerdings keine Antwort. Hinter den traurigen Geschichten stecken die romantischen, nie eingestandenen Liebesbeziehungen der vergangenen Generation: Clares Vater fiel in Mons; Dinahs Mutter starb an der spanischen Grippe am Ende des Kriegs. Dinah war bisher die einzige, die um den Schmerz einen großen Bogen machen konnte, so daß die anderen ihr vorwerfen:

»Ich finde, du bist dein Leben lang immer in Deckung gegangen. ›Da ist meine Mutter!‹ ›Da hinten ist mein schönes weißes Tor!‹ Manche von uns haben diese Rückendeckung nicht, nichts, wohin wir flüchten können. Manchmal *denken* wir nicht nur, wir fühlen auch.«

Dinah wird für ihren egoistischen Infantilismus mit dem Gefühl bestraft, ein Nichts zu sein. Im letzten Teil des Buches wird sie zur visionären Kommentatorin einer leeren und hohlen Gegenwart:

»Der Markt für vorgefertigte Gefühle ist enorm ... Und ich sage dir, der vorgefertigte Gefühlstrubel dreht sich meist um zwei Menschen: Liebe oder sogar Sex ... So viele der ausgeklügelten Methoden, mit denen die Leute sich in Gang halten – koste es, was es wolle, Zeit und Geld –, scheinen nicht nur unnötig, sondern überholt.«

Der Zusammenbruch Dinahs ist nicht nur ein Exkurs über die Entfremdung, sondern enthüllt auch das seinerzeitige Unbehagen Bowens, was ihre schriftstellerische Arbeit anging. Dinah stellt die Frage nach dem Wert der Kunst: wenn die Vergangenheit nicht mehr vorhanden ist, dann ist jeder Versuch, sie wiederzugewinnen, verlogen – wie die Suche nach der vergrabenen Kassette. Ein schlechtes Aquarell der alten, inzwischen längst verschwundenen Hauptstraße von Southstone provoziert diesen Ausbruch:

»Etwas ist dem Mann entglitten, also setzt er an die Stelle des Entglittenen etwas anderes ... Vielleicht wäre es besser, wenn es keine Bilder von verschwundenen Orten gäbe. Man sollte sie vollständig verschwinden lassen.«

Mit dieser Bemerkung wird das Schreiben dieses Romans über die Erinnerung grundsätzlich in Frage gestellt. So wie Clare zu Dinah sagt, als diese sich über die unnötigen, vorgefertigten Gefühle der modernen Welt ausläßt: »Du würdest die halbe Welt außer Betrieb setzen, inklusive Schriftsteller.«

The Little Girls ist von Prousts Idee der ungesteuerten, assoziativen Erinnerung inspiriert. Doch Elizabeth Bowen folgt Proust noch in anderer Hinsicht. Auch sie umgibt ihre Protagonisten mit Symbolen[21]: zum Beispiel einem Buttermesser mit flachem Griff, das Dinah bei MOPSIE PYE kauft; den Gegenständen in der Kassette, zu denen auch ein Revolver gehört (der in ihrem letzten Roman *Eva Trout* wieder auftauchen wird); drei fratzenhaften Masken einer ortsansässigen Kunsthandwerkerin; und den Porzellanfiguren, die Dinahs Mutter gehörten und für Clare »ein zerbrechliches Abbild einer Welt der Ehre, besser gesagt, der Unfehlbarkeit« sind.

Das Versagen dieser Welt verdeutlicht Prousts schönen Satz, »daß die wahren Paradiese die verlorenen Paradiese sind«.[22] Der Roman folgt auch Prousts Interesse am Seelenleben des Menschen im Schlafzustand sowie seiner These der bei der Selbstfindung unerläßlichen Selbstvergessenheit. Auch die mißglückten Wiederbegegnungen der drei Frauen – besonders das Treffen zwischen Dicey und Mumbo – folgen dem Proustschen Muster der Entzauberung, wie Elizabeth Bowen in ihrem Essay über Bergotte beschreibt: »Eine Beziehung... auf dem Tiefpunkt, ein Auf und Ab, ohne Inspiration – eine Beziehung, überschattet davon, wie sie hätte sein sollen.«[23]

Doch wie sie erklärt, »existiert Bergotte in einer größeren Dimension auf einer anderen Ebene«.[24] Die Enttäuschungen der zwischenmenschlichen Beziehungen, das unvermeidliche Fehlschlagen der Liebe (weil wir nur lieben, was wir nicht besitzen oder verloren haben) lösen sich in der *Suche nach der verlorenen Zeit* durch – so Elizabeth Bowen – Fegefeuer, Selbsterlösung oder eine durch die Kunst wiedererlangte künstlerische Gnade«.[25] Das Konzept der Erlösung durch Kunst ist allerdings in dem Roman *The Little Girls* nicht vorhanden. Kunst ist dort eher Erfahrungsminderung als deren Rechtfertigung: es gibt kein Entrinnen vor Enttäuschung und Enteignung. Daß sie Prousts Idee verneint, beweist auch die stilistische Handhabung von *The Little Girls*. Roger Shattuck sagt über Proust: »Sein Roman zielt zäh darauf ab, sich die ganze Bedeutung des Lebens einzuverleiben, und jeder Satz versucht seinen ganzen Inhalt zu verschlingen.«[26] In *The Little Girls* erreicht der Stil das Gegenteil. Die »ganze Bedeutung des Lebens« wird auf Abstand gehalten. Wenn Bedeutung da ist, dann wirkt sie fragmentarisch, diffus und wird ohne Tiefe oder Resonanz wiedergegeben. Der Roman erzählt eine unwahrscheinliche, kuriose Situation und umkleidet sie mit ungeschickten, komödiantischen Szenen, unbeholfenen Ausflügen in den Symbolismus und an den Haaren herbeigezogenen literarischen Anspielungen (meist auf *Macbeth*; die drei »Zurückgekehrten« gleichen den drei Hexen – Sheikie kam sogar mit sechs Zehen auf die Welt). Das Ganze ist allerdings ein zweifelhaftes Unterfangen.

Elizabeth Bowen hatte zu diesem Zeitpunkt den kontrollierten, kunstvollen Kommentar und die kluge geistreiche Personendarstellung ihrer früheren Romane aufgegeben. *The Little Girls* wirkt von Anfang an provisorisch, vage. Ein Mann und eine Frau schleppen Gegenstände in eine Höhle. Alles wird ungewiß, im Konditional beschrieben:

»Dies war, wenn überhaupt, auf der großen, tiefen Seite ... Gegenüber dem unebenen felsigen Steinboden, bei den Stufen, war entweder eine niedrige Höhle oder eine tiefe Schlucht – oder womöglich eine schlichte Grotte? ... Man konnte die Rückansicht einer Frau, bis zur Trance in ihr Tun vertieft, erkennen ... Vielleicht hatte sie den Mann nicht gehört, der Espadrilles trug – jedenfalls schaute sie sich nicht um.«

Der Dialog der beiden ist brüchig, sprunghaft und schlicht umgangssprachlich: »Oh, tu mir einen Gefallen«, murrte sie, »setz deine *Brille* auf!« – und auch der beigefügte Kommentar klingt banal: »Dies war Franks Stichwort für eine erneute Erwiderung.« Wenn auch noch ein paar barocke Manierismen bleiben, so pendelt sich das erste Kapitel auf eine bewußt reduzierte, verflachte Prosa ein. Selbst wenn die Rückblenden etwas Lyrisches, Reizvolles mitbringen (»Von der abnehmenden wäßrigen Weite kam ein Seufzen gehaucht – kein Wind, ein Seufzen an sich«), wirken doch alle drei Teile des Buchs unbeholfen. Der Grund dafür sind Verunsicherung und die Suche nach einer neuen Methode. Die Menschen werden nach Aktivitäten bezeichnet, »der willige Lerner« oder »der So-als-ob-Tuer«, oder »der Heimkehrer«. Die Kommentare sind häufig zweideutig: »Dennoch schwankte sie, wenn auch nur einen Augenblick, oder schob bloß eben – wie vergeistigt? – eine Ahnung beiseite.« Und die Dialoge klingen dünn und nichtssagend:

»›Ich habe überlegt, ob du vielleicht anrufen würdest.‹

›Habe ich nicht.‹

›Nein. Gestern abend, als *ich* anrief, klangst du ziemlich ärgerlich.‹

›Du hast mich erschreckt, plötzlich warst du dran.‹

›Das ist beim Telefon das Schlimmste. Was hast du gerade gemacht?‹

›Ach, ich war in meiner Wohnung.‹

›Allerdings, sonst hättest du ja nicht drangehen können. Was hast du gerade gemacht?‹

›An dich gedacht‹, sagte Clare unwirsch.«

Diese Dialogtechnik ist allerdings kein unbewußter Mißgriff – auch wenn es sich so anhören mag. Sie ist eher ein Zeichen, daß Elizabeth Bowen sich zunehmend mit der Idee des Versagens der Sprache beschäftigte. Daß ihr einst so diffiziler, beherrschter Stil dermaßen reduziert daherkommt, basiert längst nicht nur auf persönlichen Gründen wie ihrer Unsicherheit und Unzufriedenheit angesichts überholter Konzepte. Es ist eher ein Wagnis, daß ihre letzten beiden Romane eine Zukunft ins Auge fassen, in der es keinen verbalen Stil mehr gibt. Als die drei Schülerinnen ihre Kassette vergraben, befindet sich darin Mumbos Proklamation einer erfundenen »unbekannten Sprache«, und die Mädchen fragen sich, ob die Nachwelt sie wohl verstehen wird: »Vielleicht ist es bis dahin egal? Sie haben womöglich keine Sprache mehr.«

In Elizabeth Bowens letztem Roman *Eva Trout* (1968) ist die sprachlose Zukunft Gegenwart geworden. Das Buch ist ein fesselnder, bizarrer Abschluß ihres Werks. Die Heldin, zu Beginn des Romans vierundzwanzig, ist eindeutig eine entwurzelte Person. Sie erinnert an Annabelle in *The Last Night in the Old Home* (»Innerlich war diese stattliche, geschäftige Frau ein zehnjähriges Mädchen«[27]) oder Valeria in *Her Table Spread*, »anormal – mit fünfundzwanzig üppig entwickelt, aber immer noch ein Kind«.[28] Wie diese widerspenstigen »Unschuldigen« hat auch Eva Trout, eine verwaiste Erbin, merkwürdige Angewohnheiten. Sie stottert, kann nicht weinen, Selbstschutz oder Gleichgültigkeit sind ihr fremd. Sie hat ein Faible für mechanische Dinge (ihr Auto, ihren Filmapparat), sie ist groß und ungeschickt und hat »eine Schwäche für Erfundenes – einfach so«. Zu ihren Spleens kommt ein beharrlicher monströser Wille, ein Wille, der auf ein einziges Ziel ausgerichtet ist: »dazuzugehören und geliebt zu werden.« »Ich bleibe fern. Wo bin ich? Ich weiß nicht – ich wurde dort, wo ich dachte, daß ich sei, ausgestoßen«, klagt Eva. Daß sie dieses Gefühl kompensieren muß, macht sie gefährlich: »Du bringst die Ideen der Leute restlos durcheinander...«, heißt es von ihr. »Du wirbelst umher wie ein blinder unzerstörbarer Planet.«

Anfangs erleben wir sie in ländlicher Umgebung – sie fährt Frau und Kinder des Pfarrers in ihrem Jaguar zu einem Schloß, das früher ihre Schule war. Und gleich wird deutlich, daß sie die Realität nicht im Griff hat und Gewalt anzieht. Die Geschichte ihrer Familie ist unerfreulich und dramatisch. Ihr Vater war ein wohlhabender gern gesehener Geschäftsmann, der »vom Wege abkam« und mit dem »bösen« Constantine Ormeau auf und davon lief. Zum ersten Mal erschafft Elizabeth Bowen einen eindeutig homosexuellen Charakter, doch er ist so eiskalt wie St. Quentin in *The Death of the Heart*. Ihre Mutter kam mit ihrem Geliebten bei einem Flugzeugabsturz ums Leben, kurz nach Evas Geburt. Dreiundzwanzig Jahre später beging ihr Vater Selbstmord. Eva kam in die Obhut Constantines und war immer überzeugt, dieser hätte ihre Eltern umgebracht.

Ihre Absonderlichkeit wird im wesentlichen auf diese schlimme Geschichte zurückgeführt, aber auch auf ihre lückenhafte Schulbildung. Eine Weile besuchte sie eine eher zweifelhafte Schule in einem Schloß (einem »bayerischen Phantasiegebilde« an der walisischen Grenze), das ihr Vater für Kenneth, einen Freund Constantines, kaufte, um diesen loszuwerden. Kenneths Karriere als Direktor dieser Bildungseinrichtung für jugendliche Missetäter fand allerdings ein abruptes Ende. In dieser Schule freundete sich Eva mit einem merkwürdigen Kind namens Elsinore an. Später lebt sie in mehreren internationalen Heimen. Dann besucht sie auf eigenen Wunsch eine »gewöhnliche« Mädchenschule und verliebt sich dort in ihre Englischlehrerin Iseult Smith. Am Beginn des Romans lebt Eva bei Iseult und ihrem Ehemann Eric Arble. Die Ehe dieses Paars ist schwierig, nicht nur weil Evas Destruktivität mühsam zu verdauen ist, sondern weil Iseult ihren Beruf aufgeben mußte; auch Eric würde lieber weiter in der Obstplantage als in der Autowerkstatt arbeiten.

Die Geschichte Evas und ihrer häufig wechselnden Zufluchtsorte kommt nach und nach ans Licht, nicht durch Eva selbst, sondern durch die Informationen anderer Figuren und eine zweideutige, verwirrende Erzählstruktur. Das Fragmentarische wird durch die immer wieder bewußt springende Handlung voller Reisen und wechselnder Schauplätze befördert: der Untertitel des Romans lautet »Szenenwechsel«.

Eva fühlt sich von Iseult verraten und zieht schließlich von den Arbles und dem benachbarten Pfarrhaus in eine triste barocke Villa namens Cathay in Broadstairs an der Südküste. Elizabeth Bowen kehrt also noch einmal zum Schauplatz ihrer Kindheit in Kent zurück. Eva wird von Eric besucht und rächt sich an Iseult, indem sie eine Affäre mit ihm vorgibt. Dann verschwindet sie nach Amerika, wo sie Elsinore trifft. Ihre Reise wird im Brief eines kautzigen amerikanischen Professors beschrieben, der sich im Flugzeug in Eva verliebt, dann aber nie wieder in Erscheinung tritt. Acht Jahre später kehrt Eva mit dem achtjährigen, taubstummen Jeremy, den sie adoptiert hat, nach England zurück. Die Arbles sind inzwischen getrennt, eine der Pfarrerstöchter, Louise, ist gestorben, Constantine ist zwielichtig wie immer, und Henry, der Pfarrerssohn, ist inzwischen ein eleganter Student in Cambridge und wird Evas letzte unmögliche große Leidenschaft. Sie verbringt nun ihre Zeit in Londoner Hotels, in Cambridge und auf dem Schloß mit Henry und unternimmt eine Reise nach Frankreich Jeremy zuliebe, der bei einem Ärzteehepaar, den Bonnards in Fontainebleau, geheilt werden soll.

Die widersinnige Handlung gipfelt in einer melodramatischen Szene auf dem Londoner Bahnhof Victoria. Eva und Henry sind auf dem Weg zu ihrer »Als-ob«-Hochzeitsreise. Sie hat sich diese Reise von ihm als Entschädigung für all ihre vergebliche Sehnsucht gewünscht. Sämtliche Figuren des Romans verabschieden das Paar, als Jeremy mit einem Revolver, den er in Evas Gepäck gefunden hat (und der angeblich den Arbles gehört), angelaufen kommt und seine »Mutter« erschießt. Das gewaltsame Ende war nicht nur in Evas Familiengeschichte angelegt, sondern auch in einer Serie drastischer Ereignisse: Louises Tod; der Entführung Jeremys aus der Obhut einer merkwürdigen Londoner Bildhauerin durch eine »mysteriöse« Person, die sich als Iseult herausstellt; einer tollkühnen Fahrt mit Henry (die an das Ende von *To the North* erinnert) und Jeremys Temperamentsausbrüchen.

Die Methode ist neu, doch die Themen sind vertraut, besonders das der unschuldig angerichteten Verheerung. Der destruktive Einfluß Evas und Jeremys gleicht, wenn auch grotesker, dem Extremismus einer Emmeline oder Portia, die sich verzweifelt nach Erwiderung ihrer Zuneigung sehnen und als Personen für die Erwachsenenwelt ebenso gefährlich sind wie die Erwachsenenwelt für sie. Auch die welterfahrenen Verführer kommen uns bekannt vor – wobei Elizabeth Bowen in ihrem letzten Roman ihren Figuren mehr Sexualität zubilligt. Im bekannten Konflikt zwischen dem unschuldigen Mädchen und der lebenserfahrenen Frau dreht es sich diesmal ausdrücklich um eine vereitelte Liebesgeschichte. Auch wenn Homosexuelle in *Eva Trout* nicht gut wegkommen, zeigt sie in den beiden letzten Romanen mehr Verständnis für Lesbierinnen.

Die Namen der Frauen deuten auf ihre Rollen hin: Eva, »verstoßen, von wo ich zu sein glaubte« (der erste Teil des Romans trägt den Titel »Genesis«); Iseult, die Verführerin, die Evas »hervorgelockte« Hoffnungen zunichte machte. Opfer und Verführerin teilen das gleiche Los. Eva, die nicht weinen kann und am liebsten auch nicht sprechen können würde (»Wozu? Was soll's?«), stellt die Frage: »Was wird aus jemandes Natur?« Die redegewandtere, belesene Iseult spricht von den abgetöteten Gefühlen (»ich habe eine emotionale Totaloperation hinter mir«) und nennt das Leben einen »Anti-Roman«: keine Bedeutung, kein Gefühl haften den Ereignissen an. Ihr Versuch, einen Roman zu schreiben, war eine »Totgeburt«. Ihr Treffen mit Eva in Charles Dickens' Haus in Broadstairs dient als Ausgangssituation, um voller Neid über dessen üppige Literatur der »Sehnsucht« nachzudenken. Das Thema der Enteignung, häufig im Vergleich mit den Viktorianern, spielt bis zum Schluß bei der Bowen eine Rolle.

Doch die fahrige Handlung und die nur vage skizzierten Beziehungen führen zu einem verblüffenden Unterschied zwischen diesem Roman und dem restlichen Werk. Die Figuren wirken nur stellenweise ausgelotet; so Henrys streitsüchtige Vaterbeziehung und Iseults Konfrontation mit Constantine. Ganz offensichtlich ist es nicht mehr das, was die Bowen interessiert. *Eva Trout* präsentiert sich als modernes Märchen, mit Eva als verwunschener Prinzessin. Darauf weisen seine Schauplätze, seine Namen und das Arrangement der Personen insgesamt hin, ganz abgesehen von Evas Hang zu merkwürdigen Reisen, plötzlichen Auftritten und phantastischen Erfindungen. *Eva Trout* ist der schematischste und dabei desorganisierteste Roman der Bowen überhaupt. Der Konflikt zwischen guten und bösen Engeln wird nicht mehr durch eine realistische Story unterdrückt. Der Roman ist voller Schutzengel. Schon zu Beginn kämpfen starke Mächte, Iseult und Constantine, um Eva. Gegen Ende tobt zwischen Eva, Iseult, der Bildhauerin und den weisen Bonnards ein Machtkampf um Jeremy. Sogar zwei Gottesmänner spielen mit, Henrys Vater, streng, jedoch durch eine Allergie außer Gefecht gesetzt; und Constantines neuester Freund, ein anglikanischer Geistlicher aus dem East End, »ein Spezialist in Schlechtigkeit«.

Von all diesen Autoritätsfiguren sind die französischen Ärzte die überzeugendsten. Sie lehnen »die entsetzliche Lehre der Vorherbestimmung« ab, propagieren das Glück (»eine geniale Sache«) und die Liebe (»wir sind ihr ausgeliefert, aber nicht ganz und gar«). Doch ihr Glaube an Wahlfreiheit und Selbstvervollkommnung kann den schicksalhaften Ausgang der Beziehung zwischen Eva und Jeremy nicht abwenden. Dieser letzte Akt ist bis zu einem gewissen Maß als Triumph gedacht. Jeremy, der einzige, der die Autorität purer Unschuld ausstrahlt, befreit Eva durch seine Gewalttat von dieser Welt, in die sie so schlecht paßt. Dies wird zwar nur angedeutet, unübersehbar ist jedoch die wortlose Beziehung zwischen Eva und Jeremy.

Evas Entfremdung ist eine Form der Labilität. Ihre Unfähigkeit, sich auszudrücken, ihre Phantasien, ihre wirre Vorstellung von ihrer eigenen Vergangenheit (»Die Zeit lag in Evas Erinnerung ausgebreitet wie verschiedene Stücke eines bruchstückhaften Bildes«) behindern sie bis zum Wahnsinn. Doch das taubstumme Kind – sein Körperzustand ist ein Abbild von Evas Geisteszustand – scheint ihre Anormalität zu kompensieren und läßt sie normal wirken. Wie Eva möchte Jeremy nicht sprechen. Doch anders als sie sieht er darin keinen Mangel: »Er möchte, so wie er ist, glücklich bleiben.« Jeremys innere Zufriedenheit bietet einen Zerrspiegel der Verwüstung um und in Eva.

»Der Effekt bestand weniger in einer gesteigerten Intelligenz als in einer irgendwie unirdischen Weitsicht. Der Junge, der, wie man sich mühsam vergegenwärtigte, behindert war, gab anderen das Gefühl, daß *sie* es waren, denen etwas fehlte.«

Zusammen in Amerika, genießen sie ihr Eden – frei von Worten. Ihr Versuch, ihn einer Therapie zu unterziehen, ist demnach ein Verrat (wie Iseult durch ihre Erziehung Eva die Unschuld nimmt). Daß Jeremy Eva erschießt, kann auch als unfreiwillige Rache gelesen werden, daß sie die Intimität der »unhörbaren Jahre« aufs Spiel gesetzt hat:

»Seine und ihre Stummfilm-Existenz, ohne Tonstreifen, in aufeinander folgenden amerikanischen Städten, die sich dank der stets gleichbleibenden Art, in der man in ihnen lebte, immer ähnlicher wurden, hatte etwas perfekt Bedürfnisloses. Die sublimierte Eintönigkeit hatte sie wie in einem Kokon dicht eingesponnen, daß sie sich so nah waren wie Zwillinge im Mutterleib. Ihre sich wiederholenden Handlungen wurden zum Ritual ... Sie herrschten in einem visuellen Universum. Sie unterschieden kaum noch, was täglich in den Kinosälen oder draußen geschah oder was sie vor dem Fernsehbildschirm in den Schlaf flackerte. Von großen und kleinen Leinwänden quoll die Illusion auf alle Betrachter. Die Gesellschaft drehte sich in einiger Entfernung von ihnen wie ein Riesenrad mit Gondeln voll Menschen. Sie waren sich genug. Die Zivilisation dehnte sich um sie herum wie Halden ausgeschlachteter Automobile. Nur sie bewegten sich. Sie befanden sich mitten in einer Geschichte, der nur sie Sinn gaben.«

Nach dieser Huldigung an das Kino wundert es nicht, daß das Romanende einer Filmszene gleicht, mit Jeremy als »Kinderstar«. Dies – und nicht »Fiction« – ist die Kunstform der Zukunft, eine Kunstform ohne viele Worte. Solange Eva und Jeremy unzertrennlich sind, besitzen sie den Schlüssel zu einer noch unschuldigen, erblichen, sprachlosen Zukunft. Deshalb ist es kein Zufall, daß *Eva Trout* der einzige Roman Elizabeth Bowens ist, der teilweise in Amerika spielt, in dem damals die Zukunft – mit der Überlegenheit des Films oder Fernsehens über den Roman – bereits Gestalt angenommen hatte. Die Aussicht auf ein gänzlich »visuelles Universum« ist aber nicht völlig befriedigend dargestellt. Dennoch kann unsere gegenwärtige Situation, erklärt der Roman, durch Sprache allein nicht mehr aufgezeichnet und gemeistert werden:

»*Fühlen*? – Ich weigere mich; das wäre die letzte Zuflucht! Es gibt zuviel von allem und dennoch nichts. Ist das die Welt, oder was? Alles hängt am seidenen Faden über einem. Die Erwartungen, die man zwangsläufig enttäuschen muß. Das Wissen, daß es etwas gibt, das sich nicht aufhalten läßt. Die Bombe ist noch das Geringste. Sieh doch, was mit uns passiert, wenn wir leben, sieh's dir an! Leben heißt unmenschlich werden: sieh sie dir doch an!«

Diese letzte Fiktion ist ein unbehaglicher Kampf mit der eigenen Sprache und Struktur und beschreibt mit seinem deprimierenden Befund der Entfremdung eine kaum tragbare Gegenwart, mit der ein traditioneller Roman, seine Ordnung und sein Gefühl, nicht mehr zurechtkommt.

9
Eine Form der Erfahrung

Ein Roman, der überlebt... steht nicht still. Er sammelt um sich herum das Verständnis all der Personen, die ihm etwas von sich mitbringen. Er gewinnt Verbündete, er wird selbst eine Form der Erfahrung.«

Eva Trout war nicht Elizabeth Bowens letzte Arbeit. *Pictures and Conversations*, das zwei Jahre nach ihrem Tod 1975 posthum erschien, beinhaltet einen umfassenden Entwurf für eine Autobiographie, dazu einen Essay über Prousts Romanfigur »Bergotte«, das Manuskript eines Krippenspiels, das 1970 in der protestantischen Kathedrale in Londonderry aufgeführt wurde; außerdem das erste Kapitel eines Romans mit dem Titel *The Move-In* und *Notes on Writing a Novel* – ursprünglich ein Artikel für *Orion* aus dem Jahr 1945. Dies ist ein attraktiver Abschluß ihres nicht-fiktiven Werks, das durchaus umfänglich war. Zwei weitere Sammlungen lagen bereits vor: *Collected Impressions* (1950) und *Afterthought* (1962), außerdem viele interessante Einzelveröffentlichungen.[1] Elizabeth Bowen verfaßte im Verlauf ihrer Karriere Essays, Rezensionen und Einleitungen. Ihre Rezensionstätigkeit gibt wieder, womit sie sich in ihren Romanen beschäftigte.

Von dem, was nie in Sammlungen erschien, war vieles

Routine. Die Schriftstellerin arbeitete leichter Hand für so unterschiedliche Magazine wie *Listener* und *Vogue*, *New Statesman* und *Mademoiselle*, *New Yorker* und *House and Garden*. Sie schrieb mit Vergnügen so etwas wie *For the Feminine Shopper*[2], *How to be Yourself, But not Eccentric*[3] oder *The Teakettle*.[4] Sie füllte auch Fragebogen aus über den Platz des Autors in der Gesellschaft und wieviel Geld dieser zum Leben brauche (»Ich hätte gern 3.500 Pfund netto im Jahr«, schrieb sie 1946[5]) oder über ihre eigenen Schreibgewohnheiten: »Ich arbeite an einem Tisch und direkt in die Schreibmaschine. Dialoge, die ich gern schreibe, gehen immer ziemlich schnell.«[6] Während des Kriegs nahm sie im Rundfunk an Diskussionen teil zu Themen wie »Denken Frauen wie Männer?« und »Sind Konventionen wichtig?« und nannte dabei als besondere weibliche Gaben »Flexibilität, schnelle Auffassungsgabe, Sensibilität und Mitgefühl für Ansichten des Gegenübers«[7]. Sie sagte voraus, daß der Bruch mit Konventionen zu »einer erschreckenden Vergeudung von gesellschaftlicher Energie« führen würde.[8]

Sie versuchte sich auch als Theaterkritikerin, schrieb von 1937 bis 1938 regelmäßig Beiträge für Graham Greenes kurzlebiges Wochenmagazin *Night and Day*.[9] Ihr Krippenspiel von 1970 ist beschaulich, sanft und voller Atmosphäre. *Castle Anna* dagegen, ein Stück, das sie zusammen mit John Parry schrieb, wirkt wie eine ungekonnte Kreuzung zwischen Ibsen und Somerville & Ross. Es wurde 1948 im Lyric Theatre in Hammersmith aufgeführt – gedruckt wurde es nie.

Auch wenn sie kein bedeutendes kritisches Werk hinterließ, so demonstriert sie in ihren Essays, Vorworten und Besprechungen doch eine durchgehende literarische Haltung und ein eindrucksvolles Selbstbewußtsein: sie war eine Schriftstellerin, die wußte, was sie tat. *Bowen's Court*, *Seven Winters*, *The Big House* und *The Mulberry Tree* zeigen ihre Gabe als Autobiographin und Sozialhistorikerin. Und die autobiographischen Stücke erhellen ihre Romane. Dabei interessierte Elizabeth Bowen sich immer für die dünne Trennlinie zwischen Erinnertem und Erfundenem.

»Für kaum eine Erinnerung, selbst wenn sie im Lauf der Zeit stark vereinfacht wurde, läßt sich garantieren, daß sie ganz und gar mein ist – habe ich das erlebt, oder hat man mir erzählt, daß es geschehen ist, oder habe ich davon gelesen?«[10]

Ein Romancier, der eine Autobiographie schreibt, wird – so sagt sie – unvermeidlich die Dinge beschönigen oder sich buchstäblich neu »erfinden«. »Der Romancier geht so weit, daß er sich selbst als Romanfigur sieht.«[11] Da er wahrscheinlich bewußter als viele gelebt hat, verleiht er seinen Erfahrungen bereits eine Form, bevor er davon Gebrauch macht, »er kann mit kalter Vertrautheit über sich schreiben«.[12]

Diese »kalte Vertrautheit« – wie die des Spions oder des heimlichen Zuschauers – ist ein Merkmal ihres Schreibens. Es offenbart sich in der Art, wie sie sich erinnert – so im lächelnden Rückblick auf ihre Schulzeit in *The Mulberry Tree*. Ihre Kindheitsreminiszenzen gehen immer Hand in Hand mit ihrem schriftstellerischen Selbstbewußtsein. Wie bei vielen Autoren gilt das besonders für das kindliche Lesen. Elizabeth Bowen warnt uns vor der sentimentalen Annahme, daß wir uns in die Kindheit zurücklesen könnten: »Es ist nicht nur unser Los, sondern unsere Aufgabe, die Unschuld zu verlieren, und wenn wir sie verloren haben, ist es zwecklos, das Leben wie ein Picknick in Eden haben zu wollen.« Dennoch sind ihre Romane unentwirrbar mit den imaginativen Bedürfnissen eines Kindes verbunden:

»Die Erwartung, die Erkundung, war geographisch. Ich war und ich bin immer noch auf der Suche nach Orten, an denen etwas geschah ... Meine Identität, soweit ich sie überhaupt festmachen kann, existiert zwischen diesen unerbittlichen Vorlieben und Abneigungen, diesem Sich-einer-magischen-Anziehungskraft-Unterwerfen, zwischen sich weitenden Lücken der Gleichgültigkeit. Ich bin sicher, daß, wenn ich mich analytisch durch die Bücher meiner Kindheit zurücklesen *könnte*, die Schlüssel zu allem gefunden würden.«[13]

Es gibt ein kluges Beispiel dieses »Zurücklesens« in einem Rundfunkgespräch über Rider Haggards *She*, das sie mit zwölf gelesen hatte. Wie Graham Greenes Kindheitsbegeisterung für Marjorie Bowens *The Viper of Milan*[14] oder V.S. Naipauls Erinnerung an seine erste Lektüre Joseph Conrads[15], berichtet sie von einem Wendepunkt im kindlichen Phantasieleben (das sie in ihrer Erzählung *Mysterious Kôr* verwendet). Liebevoll führt sie uns das gelangweilte zwölfjährige Mädchen vor Augen, das sie einmal war und das sich nach starken Farben sehnt, nach einem unentdeckten Land, »danach, endlich an die Macht zu kommen«. *She* war die Antwort auf all diese Bedürfnisse. »Der Erzählstil mit seiner Mischung aus Spaß und Spannung wirkte auf mich wie gutgesüßter Kakao mit einer Prise Aufputschmittel.« Die mondbeschienene Ruinenstadt in Rider Haggards Roman hatte es ihr am meisten angetan, denn Ruinen waren ihr in der irischen Landschaft bereits ein Begriff. *She* formte außerdem für alle zukünftigen Zeiten ihren Sinn für London:

»Ich sah Kôr, bevor ich London sah: ich war ein Provinzkind. So war das Themse-Embankment unvermeidlich enttäuschend, denn es war weit weniger breit als Horace Holly mich hatte wahrhaben lassen wollen. Ich wollte London wie ein Kôr mit Dächern sehen. Die Vorstellung, Hauptstadtleben sei flüchtig und vom Untergang bedroht, blieb mir immer erhalten – eine merkwürdige Obsession für ein Kind zu Beginn des Jahrhunderts.«

Zudem bestätigte *She* ihre kindliche Vorstellung von Eigensinn:

»Wünsch dir ein Ding wirklich dringlich, lange, dann bekommst du es auch. Das rührte etwas in mir an: es verstärkte etwas, denn zu meiner Zeit, in meiner Kindheit, wandte sich gute Erziehung immer gegen den Willen – den man sich unterwerfen mußte oder unsichtbar machen mußte, als gäbe es ihn gar nicht.«[16]

Auch wenn sie es hier nicht ausdrücklich sagt, wird dieser Konflikt zum Grundthema ihres Schreibens. *She* zeigte ihr den Weg und lehrte sie, wie wichtig Stil war: »Schreiben – dieses quietschende, pedantische, zudringliche, schlaue, zimperliche, undurchsichtige wortüberreiche Schreiben – was konnte das schaffen!«

In ihrer autobiographischen Skizze *Pictures and Conversations* erkundet sie die Verbindung zwischen ihrer Kindheit und ihrem Schreiben. Sie stellt die Wirkung ihres Ortswechsels von Irland nach England dar; die Krankheit ihres Vaters; die Villen in Kent, wo sie mit ihrer Mutter wohnte (so »überschwenglich«, verglichen mit den strengen georgianischen Gebäuden Irlands); das englische Pfarrhaus, in dem sie wie *Eva Trout* schlecht zurechtkam mit dem »idyllischen Familienleben«. Dazu kam das geradezu »wollüstige« Geschichtsbewußtsein, das England ihr vermittelte. Ihre kindlichen Eigenschaften – extreme Ungeduld, Überheblichkeit, typisch irische Angriffslust – und die Heimatlosigkeit ihrer frühen Jahre präsentiert sie als Schlüssel zu ihrem Werk:

»Vielleicht hat England mich zur Schriftstellerin gemacht. In frühem, doch schon bewußtem Alter verpflanzte man mich. Ich gelangte, jung, wie ich war, in eine andere Mythologie – eine, die der meiner Vorfahren vollkommen fremd war... Von da an gab es immer (wie für jeden Immigranten) einen Bruch zwischen meinem Erbe und meiner Umgebung – wobei in meinem Fall ersteres stärker blieb. Unter der Oberfläche war die Mythologie dieses ›anderen‹ Lands vielfach spürbar in Gewohnheiten, Verhalten und Ansichten seiner Leute um mich herum: da ich ungern im Nachteil war, mußte ich sie auskundschaften. Natürlich geht eine Siebenjährige nicht analytisch vor; ich registrierte alles mit charakteristischer Arglist und uncharakteristischer Geduld – und obwohl ich damals keinen Gedanken an meine zukünftige Kunst verschwendete, war das schließlich die Hauptbeschäftigung eines Romanciers.«[17]

So erklärt sich ihr sinnliches Gefühl für Orte, ihr Interesse an neugierigen oder alles registrierenden Kindern, ihr scharfer Blick für die Art, wie sich jemand darstellt. Sie sagte immer, daß Landschaften aus der Kindheit ein nicht zu entwurzelnder Bestandteil des schriftstellerischen Terrains seien: »Damals und dort empfundene Eindrücke und Gefühle liegen der Sprache zugrunde und diktieren die Wahl der Bilder.«[18] Und aus *Pictures and Conversations* wird statt einer Autobiographie schnell eine Kritik der eigenen Kunst: »Wenn jemand ein Buch über Elizabeth Bowen schreiben muß, warum dann nicht Elizabeth Bowen selbst?« Sie erklärt sich in Einklang mit der »kalten Vertrautheit«, beschreibt den Einfluß der »anglo-irischen Eigentümlichkeiten«, legt den Schwerpunkt auf die visuelle Wirkung der Orte (»Bin ich nicht eine Schriftstellerin, für die Orte besondere Dimensionen annehmen?«[19]) und weist darauf hin, daß ihre Phantasie im »Unvertrauten«, in Wandel und Entwurzelung schwelgt. Wie sie selbst sind auch ihre Figuren Reisende und »Sensationalisten«.

Pictures and Conversations beinhaltet eine durchgängige Analyse zweier Passagen aus *The House in Paris*:

der einen (in Mme Fishers Schlafzimmer), um zu zeigen, wie sie »Statik« anwendet: »das große Bleigewicht«; der anderen (das Schiff, das in Cobh Harbour einläuft), um zu demonstrieren, wie sie »illusionäre Bewegung schafft«. Wie die Berichte über ihr Kindsein sind auch diese Passagen enorm selbstbewußt:

»Mme Fishers Hand bewegt sich *nicht* auf dem Laken – was sie hätte tun können. Der einzige aktive Gegenstand ist der Weihrauchkegel, der sich langsam brennend verzehrt (wahrhaftig ein Krankheitssymbol). Das Zimmer wird von den Kindern als ›so voll und still‹ wahrgenommen und hat nicht nur etwas Immobiles, sondern Immobilisierendes an sich. Es ist ein schrecklicher *verwunschener Wald*. Was ist die Ursache? Mme Fisher: im Bett in der Mitte.«[20]

Mit »kalter Vertrautheit« analysiert die Bowen, welche Technik sie in einer verwirrenden, sinnlichen Passage angewandt hat. Das ist typisch für sie. In ihrem Temperament trifft strenges, satirisches Selbstbewußtsein auf »ungestüme« impulsive Romantik. In ihrem Romangeschehen engt die wissende, konventionelle Welt die weltfremden, fanatischen Unschuldigen ein. Und im Schreiben beherrscht die bewußte Kunstfertigkeit die melodramatische, quälende oder groteske Thematik. Die Bücher über Irland, *Bowen's Court* und *The Shelbourne*, zeigen eine Variante dieses Konflikts in ihrer Bewunderung für gutes Benehmen, ihrer nostalgischen Begeisterung für kultivierte Gesellschaften (»in denen man die Freiheit hat, man selbst zu sein, ohne es zu zeigen«[21])

und ihrer Sympathie für den Dünkel und die Pose, aus der das Herrenhaus hervorging. Das gleiche Muster liegt auch ihrer Vorstellung zugrunde, daß die Kurzgeschichte größere Freiheit als der Roman habe – »einen Freiraum«, der dennoch mehr Disziplin erfordert.

Die Einführungen zu ihren Kurzgeschichten und zu *Der letzte September*, die sie im nachhinein schrieb, zeigen allesamt diese Spannung zwischen Abgeklärtheit und Engagement.[22] Sie mag ihre frühen Arbeiten (»die Geschichten in *Encounters* besitzen Aufbau, Stil und gelegentlich glückliche Begriffswahl, die ich zugegebenermaßen mag«[23]). Dennoch sieht sie mit kühlem Blick die Fehler: die Mischung aus »Frühreife und Naivität«, die »Grobheit« der Figuren, »die gräßliche Überheblichkeit« und »das Nette« bei *Ann Lee's*. Wie gewöhnlich gibt sie ihren damaligen gedanklichen Hintergrund exakt wieder: *Encounters* war ein erster Versuch, Dichterin oder Schriftstellerin zu werden; als sie *Ann Lee's* schrieb, war sie eigentlich von der fixen Idee verfolgt, sie müsse einen Roman schreiben.[24] Sämtliche Vorworte beschreiben Natur und Funktion der Kurzgeschichte.

Ihre kritische rationale Entschlossenheit zeigt sich auch in ihren längeren theoretischen Arbeiten über Romane und Romanciers. Auch wenn sie nur ihre eigene Methode erörtert, sind diese Aufsätze von generellem Interesse, wie auch ihr Briefwechsel mit Graham Greene und V. S. Pritchett, *Why Do I Write?* (1948). Hier erklärt sie die Motive für ihr Schreiben – »die Notwendigkeit, gegen das Gefühl des ungestümen Einzelgängers anzuarbeiten« –, wobei sie weit über das Persönliche hinausgeht. Wie Pritchett, der propagiert, daß es »Staatspflicht gegenüber Schriftstellern sei, diese in Ruhe zu lassen«, und wie Greene, der betont, der Schriftsteller sei zwingend zur »Illoyalität« verpflichtet, geht Elizabeth Bowen davon aus, daß der Künstler im Konflikt mit dem Staat stehen müsse:

»Ich bin überzeugt, je reglementierter, geplanter, organisierter und gerechter die Welt wird, desto stärker wird die ruchlose (mögliche) Herrschaft der Künstlers ... Der Schriftsteller ... nimmt den Status eines Widerstandsführers ein.«

Dies deckt sich mit ihrer Idee, der Schriftsteller gleiche einem Ausspäher und Schreiben in Kriegszeiten sei »Widerstandsschreiben«. Sie findet, Schriftsteller sollten sich von politischer Betätigung fernhalten und über ihr Schreiben eine Beziehung zur Gesellschaft aufrechterhalten: »Meine Bücher *sind* meine Beziehung zur Gesellschaft.«[25] Dabei entsteht der übliche Konflikt zwischen Individualität und Disziplin. Sie endet mit der Bemerkung, der Autor müsse respektvoll an die Öffentlichkeit treten und dürfe keinesfalls »der Anarchie Vorschub leisten«. Sie entwickelt diese Thesen in dem Artikel *The Writer's Peculiar World* (in *Afterthought*, umbenannt in *Disloyalties*). Sie diskutiert dabei Graham Greenes Überzeugung, »alles Restriktive und letztlich Verblendende sei für den Autor gefährlich«. Sie stimmt ihm zu und unterscheidet dabei zwischen zwei Arten von Schriftstellern. Ihrer Ansicht nach gibt es den »intellektuellen Romancier«, dessen Illoyalität sich in bewußter Absage an öffentliche Ansichten und Theorien zeigt. Und es gibt den »intuitiven Schriftsteller« (wozu sie sich zählt), »das Produkt einer eindringlichen Umgebung – rassisch, räumlich oder gesellschaftlich«, dessen Loyalitäten »unfreiwillig und angeboren« sind und dessen Illoyalität darin besteht, sich aus dem Schutz der »Enklave, aus der er stammt«, herauszubewegen«.[26]

In *Notes on Writing a Novel* (1945), ihrer ersten und interessantesten Sammlung, in der sie das Romanschreiben kommentiert, benutzt sie die eigene Methode als Grundlage einer analytischen Romanbetrachtung. Aber das Unfreiwillige, Temperamentgebundene entzieht sich der Analyse. Der Schriftsteller wird durch etwas nicht völlig Kontrollierbares zum Handeln bewegt. Die Geschichte ist »keine Sache der freien Wahl«, sondern hängt von der Eingebung des Romanciers ab, wenn dieser eine »Menge subjektiver Dinge ... erlangter Eindrücke, erlebter Gefühle, verzerrter Ergebnisse gewöhnlicher Betrachtung« angehäuft hat. Figuren werden nicht geschaffen, sondern *gefunden*: »Sie enthüllen sich langsam der schriftstellerischen Wahrnehmung«, sagt sie, Virginia Woolf wiederholend, »wie Mitreisende, die einem in einem sehr schwach beleuchteten Eisenbahnabteil gegenübersitzen.« Auch Schauplätze »werden zusammengebaut – aus Erinnerungen, die zuerst keinerlei rationalen Zusammenhang untereinander haben.« Was auch immer der Schriftsteller mit diesem unerklärlichen Material anstellt, ist, etwas zu ergründen. Zum Beispiel findet sie, es müsse im Roman stets eine Figur mit »magnetischer« Anziehungskraft geben, »die in der Lage ist, beim Leser Spannung zu erzeugen ... als befände er sich im Beisein eines Liebsten.« »Bedauerlich ist allerdings«, fügt sie trocken hinzu, »wenn diese Figur zwar den Schriftsteller, nicht aber den Leser in seinen Bann zieht.«

Elizabeth Bowen greift bei ihrer Romantheorie in vielem auf Gustave Flaubert und Henry James zurück. Flauberts *Il faut intéresser* und James' *The Art of Fiction* (1884) – »Was ist eine Figur, wenn nicht die Bestimmung des Geschehens? Was ist Geschehen, wenn nicht die Illustration der Figur? – inspirieren ihre *Notes* bei der Diskussion der Handlung (»muß immer voranschreiten«), der handelnden Figuren (»das Spiel und der Sog der Alternativen müssen spürbar sein«), der Schauplätze (»nichts kann nirgends geschehen«) und des Dialogs, den sie besonders eindringlich erörtert:

»Im Dialog stehen die Figuren einander gegenüber. Die Konfrontation ist an sich bereits ein Ereignis. Jedes dieser Ereignisse im Verlauf des Romans ist einzigartig. Nach der letzten Konfrontation hat sich etwas geändert, ist etwas vorangeschritten. Gesagtes hat die Wirkung von Geschehenem; zugleich ist das Gesagte an sich ein Geschehen, das seinerseits eine Wirkung hinterläßt ... der Dialog kristallisiert Beziehungen ... Reden ist etwas, das die Figuren einander antun.«[27]

Ihr Interesse am »Blickwinkel« beweist im Jahr 1945, lange vor *Eva Trout*, bereits den Einfluß des Films auf ihre Technik; ihre Aufmerksamkeit gegenüber Bewegung, besonders dem Tempowechsel, und »Relevanz« – es darf nichts Überflüssiges geben, und der Romancier muß bezüglich »der Bedeutung den genauesten und feinsten Punkt herausschälen« – steht in der literaturkritischen Tradition ihres großen Vorbilds Henry James. Und es wird am Werk Flauberts deutlich, den sie 1941 den »Meister der poetischen Objektivität« nannte:

»Die Handlung von *Die Erziehung des Herzens* verläuft elliptisch, Szenen werden vorangetrieben und Übergänge phrasiert. Seine Methode ist visuell; Gedanken werden nicht analysiert und Bewußtsein nicht von innen unter die Lupe genommen. Jede Szene bezieht ihre eigene emotionale Färbung aus dem Schauplatz und den umgebenden Gegenständen ... Man kann sagen, daß seine Figuren Opfer seiner Wahrnehmung sind. Aber diese Wahrnehmung ist die wesentliche Kraft des Buches.«

Ein paar Jahre später kehrt sie zur *Erziehung des Herzens* zurück und konzentriert sich in einer großartigen Analyse auf die unentwirrbare Beziehung zwischen Technik, Intelligenz und Erzählhaltung:

»Struktur und Motivation von *Erziehung des Herzens* zu untersuchen ist wie ein Blick ins Innere einer Uhr. Es findet eine Wechselbeziehung zwischen Gewinden und Spiralen, Federn und Gewichten, Zahnrädern und Hämmern statt. Innerhalb der Geschichte reagiert alles aufeinander. Es ist der längste, vielschichtigste und in seiner Handlung bewußt langsamste von Flauberts Romanen …

Es heißt, *Die Erziehung des Herzens* sei mißlungen, weil das Buch langweilig und fade sei und seine Hauptfigur keine emotionale Bandbreite besäße. Was aber eigentlich irritiert, ist womöglich Flauberts Unparteilichkeit – eine Unparteilichkeit, die selbst die Ironie dämpft. Dem Bedürfnis des Lesers nach emotionalem Engagement wird nicht entsprochen – man wird nicht Frédérics Verbündeter, wie man Emma Bovarys zögernder Verbündeter wurde. Um *Die Erziehung des Herzens* gebührend zu bewundern und zu genießen, muß man sich von der Vorstellung befreien, daß der Charakter alleiniges Thema eines Romans sei – Thema dieses Buchs ist nicht Frédérics Wesen, sondern die Natur des Gefühls.«[28]

Ihr eigenes Werk bestätigt ihre Theorien. »Magnetische« Figuren finden sich in Emmeline oder Leopold; dramatische Schauplätze sind der zugefrorene See im Regent's Park oder Mme Fishers »verwunschenes« Schlafzimmer; die Funktionalität des Dialogs zeigt sich bei Stella und Harrison oder Portia und Eddie; die Manipulation der Zeit (die der Schriftsteller, so sagt sie andernorts, »wie einen Fächer« öffnen und schließen kann[29]) wird an der Gesamtstruktur von *The House in Paris* deutlich. In einem viel späteren Artikel erwähnt sie auch das Bedürfnis des Romanciers nach »Machtsteigerung« und »dramatischem Element« in der Sprache.[30] Die Sprache muß flexibel bleiben und darf nicht dick aufgetragen werden: »Warum reagieren wir stärker auf ›das leichte

Tor klapperte‹ als auf ›das Eisentor knallte zu‹?« Dieses Beispiel verdeutlicht sowohl die Gefahren als auch die Wirkung ihres Stils.

Alles, was Elizabeth Bowen über den Roman geschrieben hat, gründet auf Moral. Romankunst ist für sie »die nicht poetische Aussage einer poetischen Wahrheit«.[31] Sie ordnet sich damit in eine Tradition ein, die den Roman »als das einzige leuchtende Buch des Lebens« ansieht: »Es gibt ... keine ... einleuchtendere Wahrheit ... als jene der perfekten Abhängigkeit des ›moralischen‹ Sinns eines Kunstwerks vom Umfang des empfundenen Lebens, das damit beschäftigt ist, dieses zu produzieren.«[32]

Elizabeth Bowen verbindet wie Henry James Moral und Ästhetik. Ihre Rundfunkessays aus den fünfziger Jahren tragen den konsequenten Titel *Truth and Fiction*. Sie erklärt darin einfacher und mit mehr Beispielen als in *Notes on Writing a Novel*, wie der Roman dem »Erwachsenentest der Realität standhalten muß«. Ihre Hauptthesen bleiben dieselben. Eine Geschichte entspringt dem bereits existierenden inneren Thema des Autors. Dann kommen die Charaktere hinzu, und wenn diese erst einmal existieren, nehmen sie »eine höchst außergewöhnliche und zwingende Realität an«; durch »Analyse und Dialog müssen die Charaktere im Spiel gehalten werden«. Zeit, Entwicklung und Ort sind wesentliche Elemente. Interessant sind dabei die Beispiele, die sie gibt. Sie beginnt eher einfach mit einer Unterscheidung des Genres in »Sozial-Romane« und »Handlungs-Romane« sowie »Charakter-Romane« und belegt ihre These mit den Anfangsszenen dreier Bücher:

Thackerays *Jahrmarkt der Eitelkeit* ist der Sozial-Roman, Graham Greenes *Am Abgrund des Lebens* ein Roman mit innerer und äußerer Handlung, und Charlotte Brontës *Jane Eyre* ein dramatischer Charakter-Roman. »Unmittelbares Drama« sei auch ihr Anliegen, erklärt sie:

»Als Leserin nimmt mich der Anfang eines Buchs ganz enorm dagegen oder dafür ein, und als Schriftstellerin habe ich viel Mühe in den Anfang meiner Bücher gesteckt. Und auch wenn man die Eingangsszenen kritisieren kann, stehe ich immer noch zu den meisten ersten zwei Seiten meiner Romane.«[33]

Mit Recht. Man denke an die Montmorencys, die nach Danielstown fahren; an Henrietta im Taxi; an die Pendeltüren des Bahnhofsrestaurants in Mailand; an das Mädchen im edwardianischen Schleppenkleid im Morgengrauen beim Obelisken; an den eiskalten Spaziergang oder das Konzert in der Dämmerung im Regent's Park.

Elizabeth Bowen gibt in *Truth and Fiction* außerdem vorzügliche Beispiele für Charakterbeschreibungen: Vater und Sohn Touchett auf dem Rasen in Gardencourt in Henry James' *Bildnis einer Dame*; Lady Bertram, die über eine Kutsche für ihre Nichte Fanny sinniert, in Jane Austens *Mansfield Park*; der Streit im Automobil in E.M. Forsters *Wiedersehen in Howards End*. Andere Beispiele stammen aus weniger bekannten Quellen. Sie bewundert eine Passage aus Dorothy Richardsons *Pilgrimage*, weil sie außergewöhnliche Wahrnehmung und gewöhnliche Umstände ganz subjektiv verbindet. Sie benutzt Ivy Compton-Burnett und Henry Green als Beispiele für den neuen »maskierten« symbolischen Dialog. An der Blumenladenszene in Virginia Woolfs *Mrs. Dalloway* zeigt sie die Manipulation von Zeit und Ort und die Beschreibung von Chesney Wold im Regen in Charles Dickens' *Bleakhaus* als »wunderbar realistischen und klar umrissenen emotionalen Schauplatz«. James Joyce's *Ulysses* ist für sie das bedeutendste moderne Beispiel einer »psychologischen Geschichte«, und Proust ist der Beleg für das, was sie »Situation« nennt – im Gegensatz zu Handlung oder Thema:

»Im Verlauf des gesamten langen Meisterwerks ist Proust von seiner eigenen romantischen Konzeption der auftretenden Personen absorbiert. Das nenne ich Situation.«[34]

Die Beispiele in *Truth and Fiction* enthüllen wesentliche Einflüsse auf ihr Schreiben (Proust, Dickens, Jane Austen, Forster, Woolf); dazu kommen Autoren wie Greene und Compton-Burnett, denen sie sich nahe fühlte, wie sie in einem Rundfunkbeitrag ausführte. Und bei einer so komplexen Autorin ist es erstaunlich, wie sehr sie an Einfachheit glaubt: Einfachheit der Handlung und, tiefer noch, Einfachheit der Quelle des Schriftstellers, des präexistenten Materials:

»Konzentriert man sich auf das Werk eines Schriftstellers, kommt letztendlich immer ein naiver Kern zum Vorschein – ein Kern, der, genau betrachtet, entweder infantil oder erhaben ist. Letztendlich gibt es wenig innere Komplexität: die scheinbare äußere Komplexität der Kunst war wenig mehr als ein Bemühen um Ausdruck. Irgendwo innerhalb des Gesamtmusters, irgendwo hinter den Worten, existiert immer noch eine einfühlsame, zweifelnde Unschuld.«[35]

Diese These ist für das Werk der Bowen von großer Wichtigkeit. Immer wieder weist ihr Werk unter der kunstvoll strukturierten, wortgewandten Oberfläche auf eine Handvoll Themen hin: Unschuld, Heimatlosigkeit, Verrat, die Wirkung der Zeit. Und sie glaubt an die aus der Kindheit stammenden Quellen des Schreibens. Elizabeth Bowens »Unschuldiger« ist einer, der die geordnete Gesellschaft mit fanatischem, romantischem Willen stört – im Grunde ist er ein Abbild der Schriftstellerin.

Die Aufgabe des Kritikers, erklärt Elizabeth Bowen, sei es, Stil und Struktur zu analysieren und das schriftstellerische Muster herauszuarbeiten. Doch letztendlich stoße der Kritiker auf den »Kern« des Buchs, und da helfe nur Intuition. Die Schriftstellerin meint damit offenbar so etwas wie einen moralischen Prüfstein: »die eigentliche Bewährungsprobe ist die Frage nach der Wahrheit der Sichtweise«.[36] So geht sie selbst auch als Kritikerin vor. In einem Vorwort von 1965 zu der Essaysammlung *Critics Who Influenced Taste* unterscheidet sie zwischen Kritik »als Nebenprodukt kreativer Energie« (wie bei Ben Johnson, Dryden, Coleridge, Shelley, Virginia Woolf) und jenen Schriftstellern, deren

Metier die Kritik ist: Hazlitt, Sainte-Beuve, Rose Macaulay, A. C. Bradley, Desmond MacCarthy. Auch wenn sie selbst zur ersten Gruppe zählt, bewundert sie jene Kollegen, die als professionelle Kritiker »Geschmack respektieren, aber nicht bilden wollen«.[37]

Die Kritiken, die sie schrieb, waren höflich und weltoffen; sie war eine notorisch freundliche Kritikerin[38] und schrieb großzügig über Zeitgenossen wie Rosamond Lehmann, Henry Green oder V. S. Pritchett.[39] Zu den politischen Schriftstellern der dreißiger Jahre in John Lehmanns *New Writing in Europe* war sie allerdings weniger freundlich. Durch ihre »professionelle Jugend«, fand sie, waren sie »isoliert, besonders intensiv, voll persönlicher Gefühle und langfristig so klaustrophobisch wie ein Haushalt der Mittelschicht«.[40] Also wenig Sympathie für eine wesentliche literarische Bewegung ihrer Zeit. Jedenfalls offenbaren die Kritiken viel über sie selbst. »Er nimmt an der Arbeit eines anderen wahr, was er kennt«, sagt sie über E. M. Forsters Essays.[41]

Ihr bester kritischer Essay ist das Vorwort zu Le Fanus *Onkel Silas*. Dort beweist sie ihr Talent, wenn sie Atmosphäre und Qualität eines Buchs diagnostiziert, zu dem sie eine große Nähe verspürt. Sie versteht die »sublimierte Infantilität« des Romans, seine »Sinnlichkeit«, die »überhitzte seelische Stimmung«, die »Klaustrophobie«. Ihr Sinn für Le Fanus »indirekt suggestive Kunst« und die »nachlässige Virtuosität, mit der er sein Volk« zeigt, sagt ebensoviel über ihre wie seine Kunst aus.[42] Sympathie inspiriert sie zu ihren besten Kritiken. Sie verfaßt eine kluge Einleitung zu Elizabeth Gaskells *North and South* und beschreibt die Hauptperson Margaret Hale als »vertriebene Person«. Sie sieht Mrs. Gaskell als eine Schriftstellerin , die »visuell orientiert, gewandt im Übermitteln von Gefühlen und sich der Größe der kleinen Dinge bewußt ist«. Die Passage, die sie über Margarets enttäuschte Rückkehr zitiert, könnte aus einem ihrer eigenen Romane stammen:

»Ein Gefühl der Veränderung, der individuellen Nichtigkeit, Bestürzung und Enttäuschung überwältigte Margaret. Nichts war gleich gewesen; und diese leichte, alles durchdringende Unbeständigkeit hatte ihr mehr Schmerz verursacht, als wenn alles ganz und gar so verändert gewesen wäre, daß sie es nicht wiedererkannt hätte.«[43]

Die gleiche glückliche Übereinstimmung zwischen dem Schriftsteller und seiner Thematik findet sich in ihrer Einleitung von 1948 zu Antonia Whites *Frost in May* (1933), einem »kleinen Klassiker« über ein rebellisches Mädchen in einer Klosterschule, deren »hermetische« Atmosphäre genau »nachgezeichnet und nachempfunden ist«. »In der klirrend kalten Luft des Buches stechen die Kinder und die Nonnen hervor wie Berge frühmorgens. In diesem frigiden, autoritären, antiromantischen katholischen Klima wird jede romantische Charakterschwingung in ihrer Wirkung dreifach deutlich.«[44] Elizabeth Bowen ist typischerweise besonders vom Zusammenstoß zwischen Persönlichkeit und gesellschaftlichem Reglement fasziniert.

Der Essay in *Pictures and Conversations* über Prousts Figur »Bergotte« ist von tiefster Sympathie getragen über die Vorgehensweise in Prousts Hauptwerk. Diese Kritik ist eine bewegende, und wenn auch nicht frei von Manierismen, so doch eine Art impressionistische Kritik.

Dennoch kann sie bei Schriftstellern, die sie eigentlich bewundert, auch enttäuschend sein. Ihre Artikel über Virginia Woolf zum Beispiel – Besprechungen von *Zwischen den Akten* und *Der Tod des Falters* sowie frühen Arbeiten Bernard Blackstones – sind gönnerhaft und blumig (»In *Die Wellen* wird die in anderen Büchern langsam gewonnene Wahrheit in einer Folge von Schreien ausgestoßen«)[45]. Sie verhält sich unnötig feindselig gegenüber deren »fixer Idee, daß Frauen von einer Männerwelt zu Märtyrerinnen gemacht und kreativ eingeengt werden«. »Was man unvermeidlich« Virginia Woolfs Feminismus nennen muß, findet wenig Gnade vor ihren Augen: »Es war eine trostlose Eigenschaft, ein aggressiver Zug, der den Bewunderer der Künstlerin Virginia Woolf nur irritieren kann.«[46] Für sie sind »Kunst« und »Feminismus« unvereinbar. Und überraschenderweise hat sie auch zu E. M. Forster wenig zu sagen. Hier ist der Ton ebenso reichlich vage:

»Die Welt der Romane gibt den Blick auf eine weite helle Landschaft frei, in der jeder Zug dramatisch ist, jeder Gegenstand nicht nur empfindend, sondern direkt die menschlichen Sinne ansprechend. Diese Welt voller Schönheit schüchtert ein. Ihre Geschöpfe, Mr. Forsters Wesen, fürchten, und das mit Recht, die Mächte im

Hintergrund: Abgründe könnten sich ihnen auftun – tun es oft. Aber sie stellen sich dem Schrecken, widerstehen dem geballten Dunkel.«[47]

Besser gelingt es ihr, die Bedeutung eines Schriftstellers in Beziehung zu einer bestimmten Zeit einzuschätzen. Ihr interessantester Kommentar zu Virginia Woolf findet sich 1960 in einem Vorwort zu *Orlando*. Da vergleicht sie die Empfindungen, die dieses Buch bei seinem Erscheinen 1928 bei ihrer Generation auslöste – damals wirkte es elitär und versponnen – mit seinem Stellenwert 1960, wo es als notwendige »Rebellion« gegen feierliches Gehabe und Vorläufer von *Die Wellen* gilt.[48] In einem Aufsatz über D. H. Lawrence erklärt sie, er sei in den vierziger Jahren zu seinem Recht gekommen und sei eine Antwort auf »das neue noch unerfahrene persönliche soziale Gewissen« gewesen. »Während des Kriegs in London war Lawrence der Künstler, der mir ständig durch den Kopf ging.«[49] Ivy Compton-Burnett ist für sie eine edwardianische Schriftstellerin, die den viktorianischen Darstellungen des in jeder englischen Familie der Mittelschicht tobenden Machtkampf das Ihre hinzufügt«.[50] Trollope, über den sie empfindsam schreibt, interessiert sie, weil er in Kriegszeiten von jüngeren Lesern als Trostspender wieder entdeckt wurde: »Eure Leute sind stärker als die Umstände … Es ist für uns dieser Tage wesentlich, an die Leute und ihre Lebenskraft zu glauben.«[51] Der ausführliche Essay, den sie 1965 über Katherine Mansfield veröffentlicht, ist voller Anteilnahme.[52] Da spürt sie eine eindeutige Affinität, eine Verwandtschaft als entwurzelte Schriftstellerin und als primär visuell beeinflußte Autorin. Katherine Mansfields neuseeländische Erzählungen zeigen mehr Gefühlstiefe als ihre Londoner Geschichten. In ihrem Vorwort zu *Encounters* erklärt sie, daß sie *Glück* erst gelesen habe, nachdem sie ihre frühen Geschichten geschrieben hatte. Damals befürchtete sie: »Wenn meine Sachen veröffentlicht werden, heißt es sicher, ich hätte sie kopiert.«[53] Elizabeth Bowen bewundert Katherine Mansfield wegen ihres wachen Blicks, der Balance zwischen »faktischer Sicherheit« und »halluzinatorischem Schweben«; doch am meisten liegt sie ihr, weil man sie 1956 eindeutig als zeitgenössisch empfinden kann. Der Titel der Kurzversion dieses Essays hieß *A Living Writer*:

»Von der Liebe zum Experiment um seiner selbst willen findet man bei Katherine Mansfield nichts. Als bewußte Künstlerin trägt sie keinerlei Spuren einer selbstbewußt ›experimentellen‹ Schriftstellerin ... Sie braucht keine literarische Schocktaktik. Die einzigartige Schönheit ihrer Sprache besteht zum Teil darin, daß diese gar nicht wie eine Sprache wirkt, so glasklar vermittelt sie die Bedeutung. Worte haben für sie nur einen Sinn: den der Aussage. (In ihrem Tagebuch finden wir notiert: ›Das *Keuchen* einer Säge.‹) ... Es ist ein durch das Thema erzeugter Stil und auf die Stimmung eingeschworen ... Überspanntheiten gibt es nicht.«[54]

1945 schrieb Elizabeth Bowen den Text zu einem bebilderten Führer, *English Novelists*, der in der Serie *Britain in Pictures* im Verlag Collins erschien. Es ist interessant, auf was sie in diesem notwendigerweise kursorischen, klarumrissenen Überblick den Schwerpunkt legt. Der englische Roman, sagt sie, ist aus einem »neuen englischen Selbstbewußtsein« entstanden, das im Amerikanischen Bürgerkrieg seinen Ursprung nahm. Nachdem sie Daniel Defoe gebührend gelobt hat (»*Moll Flanders* – ein großartiges, faszinierendes, kluges kurzes Buch, das niemand auslassen sollte«), konzentriert sie sich auf Henry Fielding und Samuel Richardson, die »zwei gegensätzliche, dabei gleichermaßen wahrhaftige Aspekte des englischen Temperaments repräsentieren – in gewissem Sinne stammen alle englischen Schriftsteller von dem einen oder dem anderen ab.« Ihre Darstellung dessen, was im englischen Roman nach dem achtzehnten Jahrhundert stattfindet, erinnert an *Bowen's Court*, wo sie ebenfalls beschreibt, wie »persönliches Leben« die Stelle des gesellschaftlichen Ideals übernimmt. Auf den »ersten großen englischen Beweggrund für den Roman, den sozialen Beweggrund«, folgt die »Revolte gegen die Vernunft«. »Die so lange unterdrückte Phantasie behauptet sich mit Macht.« Seit der Zeit der »Gothic Novel« – des Schauerromans – mußte die englische Romankunst immer die Balance halten zwischen »jener düsteren, tiefen Kehrseite der englischen Natur« (wie bei Richardson) und ihrer »taghellen, wohlgeordneten Oberseite«. Natürlich widmet die Bowen besonders Jane Austen als einer Schlüsselfigur in diesem Balanceakt viel Raum:

»Ihre Figuren suchen mit unterschiedlicher Entschlossenheit ideale Bedingungen, ideale Beziehungen in einer ihnen schon vertrauten Welt. Sie orten, nie weit entfernt, mögliche Dunkelheit, Chaos; sie spüren die konstante Bedrohung des Bösen – sei es nur eine häßliche Tat, eine gefühllose, hinterhältige Bemerkung, eine unmerkliche Irreführung, eine Lüge. Die Welt, die Jane Austen erschafft, bleibt eine absolute Welt, weil sie der eigenen Dimension treu bleibt.«[55]

Sie plaziert die Romane des neunzehnten Jahrhunderts entweder in der Nachfolge der lebensklugen Kontrolliertheit einer Jane Austen oder der romantischen lockernden Wirkung eines Walter Scott. Thackeray ist in ihren Augen durch seinen nostalgischen Blick auf das achtzehnte Jahrhundert beschränkt; Dickens, der das Wesentliche sowohl von Fielding als auch von Richardson übernommen hat, bezieht seine Kraft aus seiner »kindlichen« emotionalen Sicht, dank deren er »die beweglichste englische romantische Prosa hervorbringt«. Sie rühmt Trollope, Wilkie Collins, Mrs. Gaskell und äußert sich enthusiastisch über Emily Brontës *Sturmhöhe* und Charlotte Brontës *Jane Eyre*. Wenig begeistert ist sie von George Eliot; George Merediths *Der Egoist* und Samuel Butlers *Der Weg allen Fleisches* erwähnt sie als bedeutend. Thomas Hardy verdient ihren Respekt, und Henry James gilt, besonders als Analytiker der Gesellschaft, ihre ganze Bewunderung. Aus der edwardianischen Ära nennt sie Kipling, Wells, Bennett und Galsworthy, den sie aber nicht mag; Gissing, Moore, Stevenson, Ford, Conrad und Lawrence ignoriert sie. Sie endet mit Forster und Virginia Woolf: »Phantasie dieser reinen Kraft hat es in der Erzählkunst bisher nicht gegeben.« Ihre Vorlieben weisen auf ihre Vorbilder hin.

Der Balanceakt zwischen dem Sozialen und dem Persönlichen, dem Schicklichen und dem Romantischen, den sie in *English Novelists* durchgängig beschreibt, hat 1945 eine neue Ebene erreicht. Der englische Roman, findet sie, ist »weniger ausschließlich an der Charakterdarstellung interessiert«, sondern »poetischer, selbstbewußter« und weniger spontan. »Liegt es daran, daß wir in einer Zeit leben, in der das Individuum wenig zählt?«[56] Schreiben in einer Zeit der Heimatlosigkeit ist schwierig, beteuert sie wiederholt: »Diese Jahre hemmen die Phantasie sowohl durch das Fragmentarische als auch die Gewalt, die sie an sich haben.« »So wahnwitzig, wie es verläuft, scheint unser Jahrhundert für Menschen kaum bewohnbar: wir müssen überleben lernen, während wir schreiben lernen.« Was in *Bowen's Court* »die schreckliche Periode persönlichen Daseins« genannt wird, hat seine Spuren in der Geschichte (»Heute, 1942, zeigen die verstümmelten Grenzen Europas das Resultat romantischer Besessenheit«),[57] und im Roman hinterlassen.

Ihrer Meinung nach müsse der englische Roman seinen Subjektivismus aufgeben:

»Persönliche Beziehungen, durch Sexualität bestimmt und ohne feste Verankerung in einer eindeutigen ökonomischen Wirklichkeit, waren zu häufig englische Hauptbeschäftigung ... In gewisser Hinsicht ist die Welt des englischen Romans immer noch die provinzielle, wenn auch bewegte Welt des ›Ich‹.«[58]

Und das muß sich ändern.

»Wenn persönliche Erfahrung überleben und irgendeinen Wert haben soll, wenn sie weiterhin durch die Kunst kommuniziert werden soll, muß sie vom Zwielicht vager romantischer Gefühle und landläufiger Ideen befreit werden.«[59]

Diese Bemerkungen stammen aus ihren Besprechungen: »Romantischer Individualismus steht jetzt in Mißkredit.«[60] »Wir haben die Verdienste der subjektiven Landschaft erschöpft.«[61] Sie plädiert nicht für sexuelle Freiheit im Roman (was sie als Symptom der Unzulänglichkeit betrachtet: »Was ist los mit uns: haben wir zu wenig Sex?«),[62] sondern für Freiheit vom schwächenden Effekt der Romantik und – in den fünfziger Jahren – vom Kult der Nostalgie, der Rückschau.

»Am liebsten wäre mir, wenn eine ganze Generation sich die Kraft bewahrte, Augenblicke ›pur‹ hinzunehmen – nicht verwischt durch Phantasie, verdünnt durch die Sehnsucht.«[63]

Diese gravierende Ablehnung jeder Romantik ist der Haupttenor ihrer Kritik an der zeitgenössischen Literatur.

»Wir hätten Schriftsteller gern normaler und objektiver. Freiheit – von Selbstsucht, Besessenheit, Nostalgie, willkürlichen Loyalitäten. Wir hätten gern mehr angewandtes (nicht nur aufgeschriebenes) Gefühl, mehr wesentliche Tatsachen, mehr lebensnotwendige Beziehungen.«[64]

Elizabeth Bowens Attacken auf Subjektivität und Romantik in der Literatur haben etwas Paradoxes an sich. Ihre besten Romane und Erzählungen sind schließlich voller Leidenschaft, voller narzißtischer Figuren, Obsessionen, Phantasien und persönlicher Dramen. Dennoch sind sie höchst beherrscht und weder autobiographisch noch sentimental. Dieser Widerspruch macht es Kritikern nicht leicht, ihr Werk nach 1940 auf einen Nenner zu bringen. Man hat sie häufig nur als subjektive Schriftstellerin gelesen und wegen genau dieser Qualitäten gelobt oder getadelt, die sie am Roman des zwanzigsten Jahrhunderts am meisten verabscheute. Eine typische Attacke auf ihre Empfindsamkeit ist in Raymond Williams Essay *Realism and the Contemporary Novel* von 1959 zu finden. Williams ordnete *The Heat of the Day* in die Kategorie der »Romane mit besonderem Anliegen« ein:

»Die Personen existieren in erster Linie als Elemente in der emotionalen Landschaft der Hauptfigur und werden nie anders eingeschätzt, obwohl dies keine Ich-Erzählung ist und es durchaus sorgfältigen beschreibenden Realismus gibt, um das besondere Anliegen weniger offensichtlich zu machen.«[65]

Diese Art Roman »negiert am Ende die Mehrzahl der Personen. Die gesellschaftliche Realität wird ausgeschlossen, was letztendlich unvermeidlich zum Ausschluß fast aller Individuen führt.« Deshalb, so folgert er, enden so viele dieser »persönlichen« Erfahrungen mit »Zusammenbrüchen«.

Diese gesellschaftlich argumentierende Kritik gleicht jener am Werk Virginia Woolfs seit den dreißiger Jahren und gründete häufig in der männlichen Ungeduld gegenüber weiblicher Empfindsamkeit. Man warf Elizabeth Bowen Hypersensibilität bis zur Lächerlichkeit vor und beschuldigte sie, eine Traumwelt halbgarer Gefühle und halbschwergewichtiger Worte darzustellen, die in selbsterzeugten poetischen Nebel gehüllt sei [66] – eine durch und durch feminine, geschwätzige, letztlich »verschwommene Welt«. Henry James (nicht maskulin genug) gilt dabei als schlechter Einfluß. John McCormick, der die späten Romane der Bowen als Beispiele »weiblicher Vorurteile gegenüber der Technik« kritisiert, bemerkte wiederholt Henry James' schlechten Einfluß auf englische Literaten.[67]

Der lauteste dieser Angriffe stammt von Anthony Burgess im *Spectator* 1964 und gilt dem Roman *The Little Girls*: »Moralische Tiefgründigkeiten machen sich breit, dazwischen dunkelrote Schulpullover und Tassen und Schüsseln mit bunten Landschaftsmotiven.« Elizabeth Bowen wird als »Vertreterin der Frauenliteratur« abqualifiziert:

»Wenn man vom großen architektonischen Talent eines Tolstoi oder Joyce absieht, wird man feststellen, daß Frauen von Natur aus das bessere Rüstzeug zur Romankunst besitzen als Männer. Sie haben einen Sinn für Äußerlichkeiten, und woraus sonst besteht ein Roman; sie haben eine phänomenale semantische Bandbreite, wenn es um Struktur, Farbe und Nuancierung der Sprache geht; erstmalig in der Schöpfung beziehen sie Männer ein und eignen sich deren Blick an. Ihre Fehler sind genau jene, die ein Mann an einer Frau auszusetzen hat: sie sind geschwätzig, es mangelt ihnen an moralischen Werten, sie sind zu empirisch, sie verlieben sich in den Zufall und übersehen das Wesentliche, sie lassen sich vom goldenen Apfel ablenken. Natürlich kann man diese Schwächen auch als Tugenden betrachten.«[68]

Burgess reiht auch Henry James in die Phalanx der Frauenliteratur ein – »mit seinen endlosen Bedingungssätzen und altjüngferlichen Skrupeln«. Schriftstellerinnen wie Elizabeth Bowen seien dabei Erbinnen eines schwärmerischen poetischen Prosastils, mit einer besonderen Aufmerksamkeit gegenüber Atmosphäre und einem Mangel an starken Charakteren (»die wahre Hauptfigur verkörpert die Sensibilität des Autors«) und – kurzum – viel unnötigem Getue. »Hinter dem großen Wirbel scheint wenig Eigentliches zu sein .«

Nicht nur von männlicher Seite wurde Elizabeth Bowen als Autorin übermäßiger Weiblichkeit bezichtigt. Die amerikanische Schriftstellerin und Kritikerin Elizabeth Hardwick klagte in einer vernichtenden Besprechung 1949 im *Partisan Review*, die Leser der Bowen erlägen der Verführung eines komplexen, aalglatten Stils (»dies sind offensichtlich Bücher für Frauen«) und schluckten dabei die »unterdrückerischen säuberlichen Werte«. Elizabeth Hardwick lehnte den nostalgischen Konservativismus der Bowen scharf ab und nannte ihn »die moralische Starrköpfigkeit einer Innendekorateurin«. Ihrer Ansicht nach fanden die gewichtigen Verallgemeinerungen der Erzählerin keinerlei Rechtfertigung im tatsächlichen Verhalten der Heldinnen: »Mit fanatischer Beharrlichkeit führen sie Eltern und Freunde hinters Licht, haben uneheliche Kinder, beginnen Affären mit Männern, die sie kaum kennen, und schrecken selbst vor Mord nicht zurück ...«[69]

Kritiker beschreiben die Bowen auch häufig als Snob. Ohne ihre entlarvend exakten Analysen der trügerischen Grundstimmung der Mittelschicht zur Kenntnis zu nehmen, sehen sie lediglich, daß die Romane sich auf eine begrenzte soziale Schicht beschränken. Angus Wilson, der in den fünfziger Jahren geistreiche Vorlesungen über das Böse in der englischen Romanliteratur hielt, beschreibt Elizabeth Bowen, zwar unfair, aber herausfordernd, als deklassierte Virginia Woolf, die eine verwässerte Version des Empfindungsromans ad absurdum führte. Hier der volle Wortlaut seiner angriffslustigen Thesen:

»Ich bitte Sie nun, mir aufs Land zu folgen, ins Heim einer Frau mittleren Alters der oberen Mittelschicht – Ehefrau eines Armeeoffiziers oder eines Betriebsdirektors mit intellektuellen Neigungen, Gattin eines Universitätsangehörigen oder klugen Schulleiters oder eines Regierungssekretärs, der neben seinem Beruf noch einem kultivierten Zeitvertreib nachgeht. Beachten sie bitte die üppigen Blumenbeete, in denen der Rittersporn in allen Blauschattierungen prangt ... Werfen Sie dann, bitte, einen Blick ins Innere aufs tadellose Mobiliar ... Betrachten sie nun Mrs. Green – so nennen wir sie –, ihr gutes Tweedkostüm, ihr unordentliches graues Haar, ihre aparte Schönheit, denn ihre Freunde hielten sie immer für apart, was sie selbst bestätigen konnte. Sie denkt – denn wir erlauben uns, ihre Gedanken zu lesen – an den Wandel der Zeiten, an den komischen Hut, den ihr Vater vor vielen Jahren an der See trug, an das Vergnügen, das ihr das Flötenspiel ihrer Tochter bereitet – Scarlatti? oder Mozart? Sie weiß es nicht mehr genau. Sie denkt auch an Mr. Green, der sich in ein mathematisches Problem vertieft hat – die Quadratwurzel von π –, sie kann nicht anders, sie stellt sich dabei immer die quadratisch anmutende Wurzel der Eiche vor, die letzten Herbst umkippte – und dann sieht sie mit Vergnügen Ada, die liebe, treue heißgeliebte Ada, die den Ascheneimer auskippt; leider trägt Adas Nichte diese entsetzlich glänzenden fleischfarbenen Strümpfe – nein! es hilft nichts, sie kann nun mal einen Menschen nicht ausstehen, der den ganzen Tag das Radio auf volle Lautstärke aufdreht und lieber Sardinen und Bohnen aus der Büchse ißt – aber jetzt spielt die Quadratwurzel aus π nicht mehr mit, und Mr. Green runzelt die Stirn, um Himmels willen, hoffentlich ist das Risotto wenigstens gut ...

Entschuldigen Sie, wenn ich etwas dick auftrage, aber ich hoffe, Sie erkennen hierin das Abbild der kultivierten Dame der oberen Mittelschicht. Sie haben, wenn auch, dessen bin ich mir bewußt, nur unperfekt, Mrs. Ambrose und Mrs. Ramsay und Rhoda in *Die Wellen* und mutatis mutandis Clarissa Dalloway vor sich ... Doch sehen Sie, jetzt wird es interessant. Mrs. Green und ihre im Raum schwebenden Momente tiefer Bedeutung sind nicht nur dem Werk Virginia Woolfs entsprungen. Sie ist gang und gäbe in den Werken Elizabeth Bowens, vielleicht kühner noch bei Mrs. Thirkell. Verwandelt sich die gleiche Mrs.

Green nicht mit einer extra Portion Mut und Nostalgie in Mrs. Miniver? Ihre Werte und Zweifel machen sich jetzt sogar in den hochkarätigen Frauenjournalen breit, wenn auch gröber und selbstzufriedener. Beim Anblick der Hochglanzseiten weiß selbst Mrs. Green nicht mehr, ob sie lachen oder weinen soll. Denn wir sind von der hochgebildeten, gestrengen Virginia Woolf ins Land des Mittelmaßes gelangt ...«[70]

Zwar tut Angus Wilson hier Virginia Woolf und Elizabeth Bowen zutiefst unrecht. Dennoch ist es interessant, daß Literatur von Frauen in der Nachkriegszeit für den Hausgebrauch zurechtgestutzt wurde und Gefühlsduselei nicht ausschloß. Wilson ist ein Snob, wenn er vom Land des Mittelmaßes spricht, und es zeigt sich, daß er Elizabeth Bowen eindeutig mißverstanden hat. (Später änderte er seine Meinung und billigte ihr in der Einleitung zu ihren *Collected Stories* 1980 »Wahrnehmungen zu, die von erstaunlichem Alltagsrealismus bis in die hintersten Winkel der Seele reichen«.) Der Vergleich mit Angela Thirkell und ihrer Flut von Schmökern übers englische Landleben ist dabei besonders fehl am Platze. Denn Elizabeth Bowen beschreibt, weiß Gott, nicht die gemütliche obere Mittelschicht der englischen Provinz. Wie gesagt, kundschaftet sie eher verborgene Regionen aus.

Von den wohlgesonnenen Kritikern der vierziger und fünfziger Jahre verharmlosten sie manche und sahen lediglich ihre Sensibilität, ihre Ähnlichkeit mit Rosamond Lehmann, ihr »kleines, perfektes Universum«.[71] Und wenn ihre Verleumder ein gutes Haar an ihr ließen, dann wegen ihrer Fähigkeit, Atmosphäre zu schaffen. Burgess mochte zum Beispiel den zugefrorenen See in *The Death of the Heart* und »Gefühl und Geruch der vierziger Jahre« in *The Heat of the Day*.[72] Aber Elizabeth Bowen hat mehr zu bieten als exzellentes Handwerk und exklusive Empfindsamkeit. Dieser Ansatz übersieht die Härte, Bitterkeit und desillusionierte Präzision, mit der sie persönliches Drama und den Zustand der Zivilisation in Verbindung bringt. A. S. Byatt wies 1975 in ihrer Einleitung zu *The House in Paris* auf ihre veränderte Haltung gegenüber Elizabeth Bowen hin. Als Kind war das Buch für sie eine Offenbarung. »Ich erfuhr, der moderne Roman sei schwierig, und erfuhr auch, Elizabeth Bowen habe Henrietta *gut getroffen* ...« Später, als die Moderne sie nicht mehr »schockierte oder verwirrte«, sah A. S. Byatt eher »die Verdienste der schweren, dicken viktorianischen Romane mit offenem Ende, die Dr. Leavis und Iris Murdoch verehrten. Elizabeth Bowens präzise Unterscheidungen, ihr Handwerk schienen dagegen Kleinkunst und ihre Welt, die sie so sparsam, so selektiv darbot, verschwommen.« Doch mit der Zeit verselbständigte sich *The House in Paris* in ihrem Kopf. Daß der Roman Henry James und Virginia Woolf verpflichtet war, wirkte mit einemmal nicht mehr »begrenzend oder klaustrophobisch«, sondern anregend. Letztendlich wertete sie ihn nicht mehr als Roman der »Empfindsamkeit und feinen Unterschiede«, sondern schätzte ihn wegen seine Herbheit und aufgrund von Eigenschaften, die Elizabeth Bowen bei Ivy Compton-Burnett zu schätzen wußte – Härte, Unerbittlichkeit.[73]

Solch ein klar umrissenes Lob der Bowen war bis in die achtziger Jahre selten. Elizabeth Hardwick erklärte 1949, daß der Ruf der Bowen schwer festzulegen sei, bestehe er doch aus einem »flüchtigen Lächeln von Connolly, Pritchett oder Edward Sackville-West«.[74] 1968 beklagte eine Rezensentin immer noch, daß »dem Werk Elizabeth Bowens leider nur wenig Aufmerksamkeit gälte«.[75] Zwischen 1950 und den achtziger Jahren wurden in den Vereinigten Staaten zwei Bücher über die Bowen veröffentlicht – eine kluge Erörterung ihrer frühen Romane von William Heath 1961 und 1975 eine an den Haaren herbeigezogene Interpretation der Romane als christliche Allegorien von Harriett Blodgett. Es gab drei kurze Einschätzungen – 1952 Jocelyn Brookes Broschüre für das British Council, die auch Elizabeth Bowen gefiel; dazu kamen zwei *Readers Guides*, 1971 einer von Allan Austin für *Twayne's English Authors Series* und einer 1975 von Edwin Kenney für die *Irish Writers Series*. Victoria Glendinning stellt in ihrer unschätzbaren Biographie Elizabeth Bowen als »die Verbindung zwischen Virginia Woolf und Iris Murdoch und Muriel Spark[76] dar«, beschäftigte sich aber nicht vorrangig mit Literaturkritik. Einige thematische Werkanalysen haben sich mit dem »wahnsinnigen Riesen« beschäftigt, der gegen die Welt kämpft, oder dem Zerbrechen der romantischen Unschuldigen oder den von den Städten bedrohten ländlichen Traditionen.[77] Ihrer Sprache dagegen wurde wenig Aufmerksamkeit zuteil.[78]

Die besten frühen Einschätzungen kamen von Kritikern, die versuchten, die Thematik der Bowen sowie ihre Haltung zu verstehen. Zu ihnen gehört Walter Allen, der 1964 *The Death of the Heart* »einen der besten Romane des Jahrhunderts« nannte. Raymond Mortimer erkannte die klassenlose, universelle Natur der »Qual« in diesem Roman schon in einer ersten Rezension. John Strachey nannte ihre frühen Romane klassische Beschreibungen der Banalität und Verzweiflung der englischen Mittelschicht, und ihr Freund L.P. Hartley begriff, wie bedeutend der Einfluß Henry James' auf sie war, besonders in den Romanen mit »quasi-übernatürlichen Elementen«.[79]

Die einfühlsamsten Kritiken stammen von ihren Mitstreitern in *Why Do I Write?*, Graham Greene und V.S. Pritchett. Greene schrieb eine brillante Analyse der Struktur von *The House in Paris*:

»Mit ihren Auslassungen entstand eine völlig eigenständige Methode, sie hat die Ignoranz dramatisiert ... Das Dunkel um die Vergangenheit der Figuren macht deren darauffolgende Denkanstrengungen um so lebendiger ... Sie besitzt eine exquisite Kunstfertigkeit ... Wir selbst müssen für uns ausfüllen, was geschehen ist ... Sie hat aus den Gedächtnislücken Kapital geschlagen: wie können wir die Existenz einer Vergangenheit bezweifeln, die diese Figuren sich so leicht übermitteln können?«[80]

Pritchetts Gespür für die anglo-irische Literatur ließ ihn die von den frühen Kritikern so oft übersehene Beziehung zwischen dem Persönlichen und Historischen in ihrem Werk erkennen:

»Unwissentlich, oft nur aufgrund persönlicher Sensibilität ist ein Schriftsteller in die Rolle des inoffiziellen Historikers geschlüpft. So dokumentiert er die Krise der Zivilisation, entweder als politischer Autor wir Koestler, als religiöser Mensch wie Graham Greene oder indirekt wie jene heimatlosen Dichter Henry Green und Elizabeth Bowen.«[81]

Am deutlichsten erkannte noch zu Lebzeiten der Bowen ihr enger Freund, der irische Schriftsteller Sean O'Faolain, ihren Rang und ihre Qualität. Er nannte die Romane »Kunstgebilde aus Katastrophen-Bauklötzen« und erkannte deren tragikomischen Bruch – zwischen »Unschuld und Wissen? Jugend und Reife? Traum und Tatsächlichem? Romantik und jenem Gewöhnlichen, das wir Wirklichkeit nennen? Dem Wunsch nach Heldentum und der Natur der Dinge, die Heldentum außer Gefecht setzen?« Er erkannte die »fabelhafte Atmosphäre der Menschen, die wie verzaubert sind« in *Der letzte September* oder in *Friends and Relations*, »wie weit Miss Bowen geht, um ihre Figuren der Autonomie zu berauben«. Und er bemerkt den Bruch zwischen »dem frühen Einfluß Flauberts« und ihrem Anglo-Irisch-Sein. Er weist auf die »Flaubertsche Kälte über dem irischen Gefühl« hin und erklärt daraus überzeugend die Spannung im Werk Elizabeth Bowens:

»Sie enthüllt die Brüchigkeit der Romanze, indem sie diese unbarmherzig provoziert. Sie muß kalt konstatieren, daß Heldentum keine Chance in der modernen Gesellschaft hat, auch wenn sie leidenschaftlich darauf beharrt, daß es immer einen Versuch wert ist.«[82]

Doch abgesehen von jenen wenigen verständnisvollen Einschätzungen ist Elizabeth Bowen zumindest in Großbritannien vernachlässigt worden. In Amerika und Irland wurde ihr mehr Beachtung zuteil. Vielleicht war der Konservativismus für sie von Nachteil, der sie von den politischen Autoren der dreißiger Jahre trennte. Vielleicht fiel auch zuviel Schatten ihrer unmittelbaren Vorgänger Virginia Woolf, E. M. Forster und Katherine Mansfield auf sie. Vielleicht machten es auch die Veränderungen in ihrem Spätwerk und die lange Zeitspanne ihrer Karriere von 1923 bis 1975 schwierig, sie scharf umrissen wahrzunehmen.

Dabei verdient Elizabeth Bowen keineswegs die Rolle einer literarischen Randfigur. Aufmerksamkeit gebührt ihr nicht allein aufgrund ihrer interessanten Verbindungen zu manchen literarischen Vorfahren – von Jane Austen bis Henry James, vom anglo-irischen bis zum französischen Roman. Vielmehr verdient sie eine hohe Wertschätzung wegen ihrer formal meisterlichen Beherrschung eines ihr eigenen Stils, wegen ihres Gespürs für Orte, ihrer brillanten Kurzgeschichten, ihrer verwirrten, komplizierten, modernen Figuren und ihrer fesselnden Obsessionen: dem Verrat, dem Wunderbaren, dem Dasein im Krieg und dem kindlichen Wahrnehmungsvermögen. Ihre eigentümliche, dramatische, außergewöhnliche Art zu schreiben erzählt nicht nur die Geschichte des einzelnen, sondern der Heimatlosigkeit und Entwurzelung einer ganzen Gesellschaft.

Danksagung

Ich danke den folgenden Personen für Hilfe und Ratschläge: John Barnard; Andrew Boyle, dem verstorbenen Hubert Butler; Carmen Callil; Patricia Craig; Maura Dooley; Roy Foster; Victoria Glendinning; Nicholas Grene; Ernest Hofer; Heather Bryant Jordan; Pat Kavanagh; Josephine Lee; Mark Lefanu; W. J. McCormack; Caroline Michel; Arzu Tahsin; Jenny Uglow; Stephen Wall; Eibhear Walshe.

Kapitel 2 besteht zu Teilen aus einem Artikel, der im April 1978 in *Essays in Criticism* abgedruckt wurde. Ich danke den Herausgebern, daß ich ihn verwerten durfte.

Folgenden Autoren und Verlegern danke ich dafür, daß ich aus ihren Werken zitieren durfte: Jonathan Cape Ltd und Alfred A. Knopf, Inc für die Zitate aus Elizabeth Bowens Werk. Jonathan Cape Ltd für *Jonathan Cape, Publisher* von Michael Howard; Jonathan Cape Ltd und Peters, Fraser & Dunlop Ltd für *The People's War* von Angus Calder; Chatto and Windus Ltd für *The Working Novelist* von V. S. Pritchett; William Collins & Sons Ltd für *English Novelists* von Elizabeth Bowen (erschienen in der Serie: *Britain in Pictures*); Constable & Co Ltd für *The Damnable Question* von George Dangerfield; Curtis Brown Ltd, London, den Inhaber der literarischen Rechte an Elizabeth Bowens Werk; und Alfred A. Knopf, Inc. für *Afterthought, Bowen's Court, Collected Impressions, A Day in the Dark*, die Einleitung zu *Frost in May* von Antonia White, *Pictures and Conversations, Seven Winters, The Shelbourne* und *A Time in Rome* von Elizabeth Bowen; André Deutsch Ltd für *Philby* von Bruce Page, David Leitch und Philip Knightley; Faber & Faber Ltd für *The Anglo-Irish Tradition* und *The Making of Modern Ireland* von J. C. Beckett und für *The Novel Now* von Anthony Burgess; William Heinemann Ltd für *The Big House of Inver* von Somerville & Ross; David Higham Associates Ltd für *A Chapter of Accidents* von Goronwy Rees; Mrs. Henry Yorke und The Hogarth Press Ltd für *Caught* von Henry Green; den Rechteinhabern und der Hogarth Press Ltd für *The Sickle of the Moon* (Hrsg. Nigel Nicolson) und *The Waves* von Virginia Woolf; Hutchinson Ltd für *The Climate of Treason* von Andrew Boyle; Longman Group Ltd für *Catastrophe and Imagination* von John McCormick; Macmillan & Co Ltd für *The Siren Years* von Charles Ritchie; Mercier Press Ltd für *The Short Story* von Sean O'Faolain; Oxford University Press für *Anthony Trollope: A New Judgement* von Elizabeth Bowen und für *Sheridan Le Fanu and Victorian Ireland* von W. J. McCormack; Peters, Fraser & Dunlop Ltd für *The Meaning of Treason* von Rebecca West; Laurence Pollinger Ltd und Viking Penguin Inc für *Collected Essays* und *Ministry of Fear* von Graham Greene; Secker & Warburg Ltd für *Inclinations* von Edward Sackville-West; A. P. Watt Ltd für *The Irish* und *The Vanishing Hero* von Sean O'Faolain; George Weidenfeld & Nicolson Ltd für *Elizabeth Bowen: Portrait of a Writer* von Victoria Glendinning.

Werke von Elizabeth Bowen

E: Encounters (Sidgwick and Jackson, 1923).
Inhalt: Breakfast; Daffodils; The Return; The Confidante; Requiescat; All Saints; The New House; Lunch; The Lover; Mrs. Windermere; The Shadowy Third; The Evil that Men Do; Sunday Evening; Coming Home.

AL: Ann Lee's and Other Stories (Sidgwick and Jackson, 1926).
Inhalt: Ann Lee's; The Parrot; The Visitor; The Contessina; Human Habitation; The Secession; Making Arrangements; The Storm; Charity; The Back Drawing-Room; Recent Photograph.

H: The Hotel (Constable, 1927; Gesamtausgabe: Cape, 1950).

JC: Joining Charles and Other Stories (Constable 1929, Cape 1952).
Inhalt: Joining Charles; Thee Jungle; Shoes; An International Episode; The Dancing-Mistress; Aunt Tatty; Dead Mabelle; The Working Party; Foothold; The Cassowary; Telling; Mrs. Moysey.

LS: The Last September (Constable, 1929; Cape, 1948; deutsch: *Der letzte September*, Frankfurt am Main: Schöffling & Co. 2001, übersetzt von Sigrid Ruschmeier).

FR: Friends and Relations (Constable 1931; Cape, 1951).

TN: To the North (Victor Gollancz, 1932; Cape, 1950).

CJ: The Cat Jumps and Other Stories (Victor Gollancz,1934; Cape, 1949).
Inhalt: The Tommy Crans; The Good Girl; The Cat Jumps; The Last Night in the Old Home; The Disinherited; Maria; Her Table Spread; The Little Girl's Room; Firelight in the Flat; The Man of the Family; The Needlecase; The Apple Tree.

HP: The House in Paris (Victor Gollancz, 1935; Cape, 1948).

DH: The Death of the Heart (Victor Gollancz, 1938; Cape, 1948).

LAR: Look at All Those Roses (Victor Gollancz, 1941; Cape, 1951).
Inhalt: Reduced; Tears, Idle Tears; A Walk in the Woods; A Love Story; Look at All Those Roses; Attractive Modern Homes; The Easter Egg Party; Love; No. 16; A Queer Heart; The Girl with the Stoop; Unwelcome Idea; Oh, Madam . . .; Summer Night.

BC: Bowen's Court (Longman, Green, 1942).

EN: English Novelists (Collins, 1942).

SW: Seven Winters: Memoirs of a Dublin Childhood (Dublin, Cuala Press, 1942; Longman, Green, 1943).

DL: The Demon Lover and Other Stories (Cape, 1945, 1952). Die amerikanische Ausgabe trug den Titel *Ivy Gripped the Steps* (New York, Knopf, 1946).
Inhalt: In the Square; Sunday Afternoon; The Inherited Clock; The Cheery Soul; Songs My Father Sang Me; The Demon Lover; Careless Talk; The Happy Autumn Fields; Ivy Gripped the Steps; Pink May; Green Holly; Mysterious Kôr. Nachwort der Autorin.

Anthony Trollope: A New Judgement (Oxford University Press, 1946).

Selected Stories (Maurice Fridberg, 1946).

Why Do I Write? An Exchange of Views Between Elizabeth Bowen, Graham Greene and V. S. Pritchett (Percival Marshall, 1948).

HD: The Heat of the Day (Cape, 1949, 1954).

CI: Collected Impressions (Longman, Green, 1950).

Early Stories (New York, Knopf, 1951).

The Shelbourne: A Center in Dublin Life for More than a Century (George Harrap, 1951).

WL: A World of Love (Cape, 1955).

Stories by Elizabeth Bowen (New York, Knopf, 1959).

A Time in Rome (Longman, Green, 1960).

A: Afterthought: Pieces about Writing (Longman, Green,1962). Erschienen als *Seven Winters: Memoirs of a Dublin Childhood and Afterthought: Pieces on Writing* (New York, Knopf, 1962).

LG: The Little Girls (Cape, 1964).

DD: A Day in the Dark and Other Stories (Cape, 1965).
Inhalt: Preface; A Day in the Dark; The Disinherited; Breakfast; Reduced; Her Table Spread; I Hear You Say So; Summer Night; Gone Away; Mysterious Kôr; A Love Story; The Dancing-Mistress; Look At All Those Roses; Hand in Glove; The Demon Lover; No. 16; The Cheery Soul; The Happy Autumn Fields; The Dolt's Tale; The Cat Jumps; Ivy Gripped the Steps.

The Good Tiger (New York, Knopf, 1965).

ET: Eva Trout or Changing Scenes (Cape, 1969).

PC: Pictures and Conversations (Allen Lane, 1975). Herausgegeben und mit einem Vorwort von Spencer Curtis Brown.

Elizabeth Bowen's Irish Stories (Dublin, Poolbeg Press, 1978). Mit einer Einleitung von Victoria Glendinning.

Collected Stories (Cape, 1981). Mit einer Einleitung von Angus Wilson.

MT: The Mulberry Tree: Writings of Elizabeth Bowen, herausgegeben von Hermione Lee (Virago und Harcourt Brace Jovanovich, 1986).

Anmerkungen

Die Seitenzahlen beziehen sich, wenn nicht anders angegeben, auf die *Jonathan Cape Uniform Edition* der Romane und Kurzgeschichten.

Kapitel 1 Wiedergelesen: Elizabeth Bowen

»Es ist einfach, nach dem Ereignis klug zu sein ...«: »Vorwort«, *A*, S. 9

1 John Hayward an Frank Morley, September 1939, zitiert nach Heather Bryant Jordan, *How Will the Earth Endure* (University of Michigan Press, 1992), S. 114

2 Seamus Deane, *The Field Day Anthology of Irish Writing* (Field Day Publications, 1991), Band II, S. xix

3 Roy Foster, *Paddy & Mr. Punch* (Allen Lane, 1993), S.xiii

4 Declan Kiberd, *Inventing Ireland* (Cape, 1995), S. 5

5 Eibhear Walshe, Hrsg.: *Sex, Nation and Dissent in Irish Writing* (Cork University Press, 1997) S. 2-3

6 W.J. McCormack, *Dissolute Characters* (Manchester University Press, 1993) S. ix

7 Hubert Butler, *Escape from the Anthill* (Lilliput Press, 1987), S. 147

8 ebda. S. 201

9 ebda. S. 151

10 Foster, a. a. O., S. 122; Anmerkung 52 in Kap. 6, S. 331

11 Sean O'Faolain, »A Reading and Remembrance of Elizabeth Bowen«, *London Review of Books*, 4.-17. März 1982, S. 15-16, zitiert in Foster, a. a. O., S. 122

12 Patricia Craig, *Elizabeth Bowen* (Penguin, 1986), S. 39

13 Deane, a. a. O., S.1167

14 Foster, a. a. O., S. 103

15 John Hildebidle, *Five Irish Writers* (Harvard University Press, 1985), S. 217

16 McCormack, a. a. O., S. 229, 250

17 Kiberd, a. a. O., S. 368

18 Robert Fisk, *In Time of War* (University of Pennsylvania Press, 1983), S. 352-8, 371, 378

19 Jordan, a. a. O., S. 13, 99, 163, 190, zitiert nach Antoinette Quinn, »Elizabeth Bowen's Irish Stories – 1939-1945«, in *Studies in Anglo-Irish Literature*, Hrsg. Heinz Kosok (Bouvier, 1982) S. 314-20, der betont, daß die gespaltene Loyalität der Bowen insbesondere während des Krieges eigenartigerweise genau mit der Richtung ihres Schreibens übereinstimme.

20 McCormack, a.a.O., S. 215

21 Foster, a.a.O., S. 117-18

22 Kiberd, a.a.O., S. 365, 368

23 Katie Donovan, *Irish Women Writers* (Raven Arts, 1988), S. 16

24 Bridget O'Toole, »Three Writers of the Big House: Elizabeth Bowen, Molly Keane and Jennifer Johnston«, in *Across a Roaring Hill*, Hrsg. Gerald Dawe und Edna Longley (Blackstaff Press, 1985) S. 85

25 Walshe, a. a. O., S. 6, 10

26 Zitiert nach Jordan, a.a.O., S. xvi, Anmerkung 36

27 Siehe Kapitel 9, Anmerkung 46

28 Renée Hoogland, *From Marginality to Ex-centricity: Feminist Critical Theory and the Case of Elizabeth Bowen* (Aufsatz, 1991), S. 29, 52, 94, 143; *Elizabeth Bowen: A Reputation in Writing* (New York University Press, 1994), S. 19, 21, 301, 303

29 Patricia Coughlan, »Women and Desire in the Work of Elizabeth Bowen«, in Walshe, a.a.O., S. 104-5, 112, 131

30 Diane Swanson, »Subverting Closure«, in *Sexual Practice, Textual Theory: Lesbian Cultural Criticism*, Hrsg. Susan Wolfe and Julia Penelope (Blackwell, 1993), S. 160

31 Harriet Chessman, »Women and Language in the Fiction of Elizabeth Bowen«, *Twentieth Century Literature*, 29, Frühjahr 1983, S. 69-85; Neuauflage in Harold Bloom, Hrsg., *Elizabeth Bowen: Modern Critical Views* (Chelsea House Publishers, 1987), S. 124

32 Phyllis Lassner, *Elizabeth Bowen* (Macmillan, 1990), S. 15, 71, 72, 153, 163

33 Andrew Bennett and Nicholas Royle, *Elizabeth Bowen and the Dissolution of the Novel: Still Lives* (Macmillan, 1994), S. xiii, xv, 2, 73, 135, 115

Kapitel 2 Einzelkinder

»Jedes dieser Häuser…«: *BC*, Kap. 1

1 *SW*, (Longmans, 1943), S. 15

2 *SW*, S. 44

3 *SW*, S. 32

4 »Two Cities«, *New Statesman*, XII (25. Juli 1936), 128. *CI* (›Dublin‹) S. 176. *MT*

5 *SW*, S. 30

6 *PC*, S. 28

7 *PC*, S. 30

8 *PC*, S. 23

9 *PC*, S. 47

10 *BC* (Longmans, 1942), S. 323

11 Victoria Glendinning, *Elizabeth Bowen. Portrait of a Writer* (Phoenix, London 1977) S. 40

12 ebda. S. 44

13 Vorwort zu *The Last September* (1952), *A*, S. 97; Nachwort zu *Der letzte September* (Schöffling & Co., 2001)

14 *PC*, S. 23

15 »Portrait of a City«, *New Statesman*, XII (31. Okt. 1936)

16 Vorwort zu *A Day in the Dark* (1965): »Die Gegend, in der sich das viktorianische Haus in ›The Happy Autumn Fields‹ befindet, ist, wenn auch nicht ausdrücklich genannt, ohne Zweifel County Cork.«

17 *Journal of the Butler Society*, Hrsg. Hubert Butler, Band I, Nr. 8 (1978 und 1979), 596

18 *BC*, S. 138

19 *PC*, S .62

20 *BC*, S. 293

21 George Dangerfield, *The Damnable Question* (Constable, 1977), S. 34-5
22 J. C. Beckett, *The Anglo-Irish Tradition* (Faber, 1976), S. 132
23 ebda. S. 81, 134
24 ebda. S. 141
25 George Birmingham, *An Irishman Looks at his World* (Hodder & Stoughton, 1919), S. 187
26 Arthur Young, *A Tour in Ireland* (1780), Hrsg. C. Maxwell (Cambridge, 1925), S. 169
27 *BC*, S. 194
28 *HP*, S. 94
29 Jonah Barrington, *Personal Sketches of His Own Time* (Colburn, 1827), I, S. 137-8; II, S. 124
30 *The Anglo-Irish Tradition*, S. 74-5
31 Dorothea Herbert, *Retrospections 1770-1789* (Gerald Howe, 1929), S. 156-7
32 *BC*, S. 161, 153, 295
33 J. D. Herbert, *Irish Varieties* (William Joy, 1836), S. 54
34 *BC*, S. 92-3
35 *BC*, S. 205
36 Barrington, I, S. 5-6
37 Aubrey de Vere, *Recollections* (Edward Arnold, 1897), S. 79
38 *SW*, S. 21, 44
39 »One Ireland«, *New Statesman*, XIII (26. Juni 1937), 1050. *CI*, S. 172
40 Maria Edgeworth, *The Absentee* (1812), Kap. 6
41 Edmund Burke, *Letters, Speeches and Tracts on Irish Affairs*, Hrsg. Matthew Arnold (1881) »Tracts on the Poperty Laws, 1750-1765«, S. 60
42 *BC*, S. 338
43 *The Shelbourne* (1951) S.16, 128, 43
44 *BC*, S. 23
45 *The Anglo-Irish Tradition*, S. 70
46 *BC*, S. 15
47 *BC*, S. 19

48 »The Big House«, *The Bell* I (Oktober 1940), 71-7. *CI*, S. 196-7. *MT*
49 *BC*, S. 190
50 *BC*, S. 92
51 »The Moores«, *New Statesman*, XVIII (25. Nov. 1939), 759-60. *CI*, S. 161. *MT*
52 *BC*, S. 76
53 *BC*, S. 205, 339
54 *BC*, S. 204, 153, 203, 175, 209
55 *BC*, S. 74
56 *BC*, S. 73
57 *BC*, S. 226
58 *BC*, S. 240
59 *BC*, S. 278
60 *The Sickle Side of the Moon: The Letters of Virginia Woolf, 1932-1935*, Hrsg. Nigel Nicolson (Hogarth Press, 1979), S. 299-300
61 »The Big House«, *CI*, S. 197-8, 198-9
62 Dorothea Herbert, a. a. O., S. 21
63 Lady Augusta Gregory, *Journals 1916-1930*, Hrsg. Lennox Robinson (Putnam & Co, 1946), 1. Aug. 1921
64 »The Moores«, *CI*, S. 161
65 *BC*, S. 174, 150, 207
66 Somerville & Ross, *The Big House of Inver* (1925; Quartet Books, 1978), S. 8
67 *BC*, S. 182
68 *The Big House of Inver*, S. 79-80
69 *BC*, S. 105
70 Besprechung von Lord Dunsany's, *Memoirs*, »One Ireland«, *New Statesman*, XIII (26. Juni 1937). *CI*, S. 172
71 *BC*, S. 324, 58, 10
72 Lady Gregory, a. a. O., (8. Okt. 1924)
73 *The Absentee*, Kap. 12
74 *BC*, S. 11, 22, 97, 297
75 George Birmingham, a. a. O., S. 108
76 ebda. S. 189, 194
77 Sean O'Faolain, *The Irish* (Pelican Books, 1947), S. 87

78 *The Anglo-Irish Tradition*, S. 103
79 Dangerfield, a.a.O., S. 31
80 Glendinning, S. 121
81 *BC*, S. 335, 117
82 Vorwort zu *The Last September*, *A*, S. 96, 98-9. *MT*; s. a. Fußnote 13
83 *BC*, S. 326
84 Vorwort zu *The Last September*, *A*, S. 100; s. a. Fußnote 13
85 ebda. S. 96
86 ebda. S. 96-7
87 *Sunday Afternoon*, *DL*
88 *BC*, S. 116

Kapitel 3 Die Heimatlosen

»Sie sah, daß die Ereignisse ...«: »The Disinherited«, *CJ*

1 *Die Fahrt hinaus* (1915), Kap. 9
2 »Post-Victorian«, *Cornhill*, CLXI (Oktober 1944), S. 92-6. *CI* (Titel: »Ivy Compton-Burnett«), S. 86, *MT*
3 ebda. S. 89
4 Glendinning, S. 82
5 »Notes on Writing a Novel«, *Orion*, II (Herbst 1945), 18-29. *CI*, S. 253. *PC*, S. 176. *MT*
6 »Pictures and Conversations«, *PC*, S. 35. *MT*
7 »The Disinherited«, *CJ*

Kapitel 4 Das verhängnisvolle Haus

»Das verhängnisvolle Haus ...«: *HP*, Kap. 12

1 Glendinning, S. 95
2 Charlotte Brontë, *Villette* (Gustav Kiepenheuer Verlag, 1992. Deutsch von Christiane Agricola), Kap. 8
3 Virginia Woolf, *Die Wellen* (Hogarth Press, 1931, S. Fischer Verlag, Frankfurt am Main 1991. Deutsch von Maria Bosse-Sporleder), S. 204
4 *PC*, S. 41-4
5 A. S. Byatt, Einleitung zu *The House in Paris* (Penguin, 1976), S. 8
6 *PC*, S. 39

Kapitel 5 Der Tod des Herzens

»Ein Glück, daß nur wenige ...«: *DH,* Teil 3, Kap. 5

1 Siehe Glendinning, S. 122, zum Haustelefon in Clarence Terrace, 2

2 »Sunday Evening«, *E*

3 Henry James, *Bildnis einer Dame* (Kiepenheuer & Witsch, Köln 1950. Deutsch von Hildegard Blomeyer), Kap. 19

4 Wie Elizabeth Bowen bei ihrer Ankunft in Rom. *A Time in Rome*, S. 1

5 Siehe Edwin J. Kenney, *Elizabeth Bowen* (Bucknell University Press, 1975), S. 61, und Harriet Blodgett, *Patterns of Reality: Elizabeth Bowen's Novels* (Mouton: The Hague, 1975), S. 143

6 Glendinning, S. 114-16, 122, 122-3. Siehe auch Kap. 7, S. 168-9

7 Goronwy Rees in einen Interview mit John Morgan, ATV, 5. September 1977

8 Siehe Kap. 7, S. 168-9

9 Jane Austen, *Mansfield Park*,(Philipp Reclam jun., Stuttgart 1984. Deutsch von Ursula und Christian Grawe), Kap. 38

10 Vergleiche: Maud Ruthyn in *Uncle Silas*, die Elizabeth Bowen als Braut des Todes bezeichnet. *CI*, S. 5

Kapitel 6 Nach dem Leben zeichnen

»Eher zufällig war er ...«: »Her Table Spread«, *CJ*

1 Vorwort zu *A Day in the Dark* (1965), S. 7

2 *PC*, S. 60

3 Einleitung (1936) zu *The Faber Book of Modern Stories*, Hrsg. Elizabeth Bowen (Faber, 1937), S. 14. *CI*, S. 43

4 ebda. S. 11

5 Vorwort zu *Stories by Elizabeth Bowen* (New York, 1959). *A*, S. 77. *MT*

6 ebda. *A*, S. 80

7 ebda. *A*, S. 78-9

8 Zum Beispiel: »The Cassowary«, *JC*; »The Cheery Soul, *DL*; »The Inherited Clock«, *DL*; »Green Holly«, *DL*

9 Sean O'Faolain, *The Short Story* (Dublin, Mercier Press, 1972), S. 240

10 Einleitung zu *Uncle Silas* von J. S. Le Fanu (The Cresset Press, 1947), *CI*, S. 16. *MT*
11 ebda. *CI*, S. 4
12 ebda, *CI*, S. 5
13 Einleitung *Uncle Silas*, *CI*, S. 17
14 Sean O'Faolain, a.a.O., S. 236
15 In »Gone Away«, *DD*, in Elizabeth Bowens einziger Science-Fiction-Erzählung, wird ein Dorf wie West Wallop als Freilichtmuseum in einem zukünftigen mechanisierten England gezeigt.

Kapitel 7 Eine schreckliche Erleuchtung

»Ich sag's, dieser Krieg...«: »Summer Night«, *LAR*

1 Charles Ritchie, *The Siren Years: Undiplomatic Diaries 1937-45* (Macmillan, 1974), S. 121-22
2 Glendinning, S. 161-2
3 Evelyn Waugh, *Unconditional Surrender* (1961), Buch 3, Kap. 5
4 Graham Greene, *Collected Essays* (Bodley Head, 1969), S. 447, 450
5 *DH*, S. 251
6 *BC*, S. 92
7 Glendinning, S. 149
8 Vorwort vom Oktober 1945 zur amerikanischen Ausgabe von *The Demon Lover*, erschienen 1946 als *Ivy Gripped the Steps. MT.* Siehe auch Sellery and Harris, *Elizabeth Bowen* (University of Texas at Austin), S. 59-61
9 ebda.
10 Glendinning, S. 149-50
11 Michael Howard, *Jonathan Cape, Publisher* (Cape, 1971), S. 240: »Auf Anhieb wurden fünfundvierzigtausend Exemplare verkauft«.
12 Elizabeth Hardwick, »Elizabeth Bowen's Fiction«, *Partisan Review*, XVI (November 1949), S. 114-21; John McCormick, *Catastrophe and Imagination* (Longman, 1952), S. 93
13 Glendinning, S. 153; Michael Howard, a.a.O., S. 181-3. Eine Parodie findet sich in Peter de Vries, »Touch and Go (Mit tiefer Verbeugung für Elizabeth Bowen,)« *New Yorker* 4, 26. Jan. 1952, S. 30-2

14 Ebenso beschrieben in dem Essay »London, 1940«, *CI*, S. 217-20. *MT*; Walter Allen, *Tradition and Dream* (Phoenix House, 1964), S.195; Anthony Burgess, *The Novel Now* (Faber, 1967), S. 120; Angus Calder, *The People's War: Britain 1939-1945* (Cape, 1969), S. 228
15 Brief an Charles Ritchie, in Glendinning, S. 169
16 Henry Green, *Caught* (1943; New York, Viking Press, 1952), S. 174-5
17 Graham Greene, *Zentrum des Schreckens* (1943; Penguin 1963), (übersetzt 1952)
18 Glendinning, S. 166
19 Charles Ritchie, a. a. O., S. 121-2
20 ebda. S. 118
21 Glendinning, S. 166
22 Brief an Charles Ritchie, in Glendinning, S. 151
23 Edward Sackville-West, *Inclinations* (Secker & Warburg, 1949), S. 96
24 Bruce Page, David Leitch und Philip Knightley, *Philby, the Spy Who Betrayed a Generation* (A. Deutsch, 1968; Sphere, 1977), S. 134
25 Glendinning, S. 161
26 ebda. S. 139
27 Charles Ritchie, a. a. O., 28. Sept. 1938, S. 26-7. Siehe Glendinning, S. 152
28 Miriam Rothschild war mit Ritchie eng befreundet und kannte auch Burgess gut. Siehe Ritchie, a. a. O., S. 118; Andrew Boyle, *The Climate of Treason* (Hutchinson, 1979), S. 337-8
29 Andrew Boyle, a. a. O., S. 76
30 Glendinning, S. 114; siehe Kap. 5, S. 116
31 Andrew Boyle, a. a. O., S. 154-5
32 Page, u. a., a. a. O., S. 96-7
33 Goronwy Rees, *A Chapter of Accidents* (Chatto & Windus, 1972), S. 208
34 Goronwy Rees, Interview mit John Morgan, ATV, 5. Sept. 1977
35 Andrew Boyle, a. a. O., S. 156
36 Glendinning, S. 151

37 Beweise für diese Stimmung in der Armee nach Dünkirchen gibt es in Angus Calders Buch. Er zitiert Basil Dean, Direktor der ENSA (Entertainment Nation Service Association), der »deprimierte, in ihrem Stolz verletzte Männer erlebte«. Calder, a. a. O., S. 109

38 W. H. Auden, »1. Sept. 1939«

39 Graham Greene, *Zentrum des Schreckens*

40 Rebecca West, *The Meaning of Treason* (Macmillan, 1949), S. 127-8, 174

41 Robert Kelway wurde u.a. von Alan Cameron als wenig überzeugend kritisiert (Glendinning, S. 151), ebenso von Edward Sackville-West, a. a. O., und Anthony Burgess, a. a. O., zudem von P. H. Newby (*The Novel: 1945-50*, Longman, 1951, S. 20)

42 Harriet Blodgett, a.a.O., S. 160-3 erklärt, »Holme Dene« stünde für »Home of the Dane«.

43 Siehe A. E. Austin in *Elizabeth Bowen* (Twayne Publishers, New York, 1971), S. 70

44 Henry Green, a. a. O., S. 115

45 *BC*, S. 134. Ein Bruder ihrer Mutter ging mit der Titanic unter.

46 Vorwort zu *The Demon Lover*

Kapitel 8 Rückwende

»Was fehlt heutzutage ...«: »The Bend Back«, *Cornhill*, CLXV (Sommer 1951), 221-7. *MT*

1 *Anthony Trollope: A New Judgement* (OUP, 1946). CI, S. 241-2. *MT*

2 *WL*, S. 48

3 *LG*, S. 193

4 *ET*, S. 86

5 »Books in General«, *New Statesman*, XLII (20. Okt. 1951), S. 438-9

6 »The Bend Back«

7 Glendinning, S. 200

8 ebda. S. 218

9 Spencer Curtis Brown, Vorwort, *PC*, S. xxxviii, macht E. Waughs Einfluß für diesen Stilwechsel verantwortlich.

10 *WL*, S. 221
11 *LG*, S. 19
12 *ET*, S. 108-9
13 *The Demon Lover*, *DL*
14 Glendinning, S. 197
15 *A Time in Rome* (1960), S. 6
16 »The Mulberry Tree«, in *The Old School: Essays by Divers Hands*, Hrsg. Graham Greene (Cape, 1934), S. 45-9. *CI* (von 1935), S. 196. *MT*
17 *PC*, S. 57
18 *PC*, S. 46
19 ebda. S. 57
20 *The Mulberry Tree*, *CI*, S. 186
21 Marcel Proust, *Auf der Suche nach der verlorenen Zeit*, (deutsch von Eva Rechel-Mertens, Suhrkamp Verlag, 1957), Band XII
22 ebda.
23 »The Art of Bergotte«, in *Marcel Proust*, Hrsg. Peter Quennell (Weidenfeld, 1971). *PC*, S. 81
24 *PC*, S. 82
25 *PC*, S. 99
26 Roger Shattuck, *Proust's Binoculars* (Chatto & Windus, 1964), S. 122
27 »The Last Night in the Old Home«, *CJ*
28 »Her Table Spread«, *CJ*

Kapitel 9 Eine Form der Erfahrung

»Ein Roman, der überlebt ...«: »Truth and Fiction«, 1956, *A*, S. 142
1 Z.B.: Einleitung E. Bowens zu *Frost in May* von Antonia White (1948; Virago, 1978); »Flaubert Translated«, *Spectator*, CLXVII (15. Aug. 1941); *Why Do I Write*, a.a.O. Alle in *MT*
2 *Holiday*, XIX (April 1956), S. 90-1, 131-2
3 *Vogue*, XCCVIII (Juli 1956), S. 54-6
4 *House and Garden*, CXXIII (Juli 1956), S. 54-5
5 »Fragebogen: The Cost of Letters«. Hrsg. Cyril Conolly, *Horizon*, XIV (August 1946), S 141-2

6 »Elizabeth Bowen at Her Typewriter«, *Listener*, XLII (24. Nov. 1949), S. 890

7 »Do Women Think Like Men?«, *Listener*, XXVI (30. Okt. 1941), S. 593-4

8 »Do Conventions Matter?«, *Listener*, XXVI (18. Dez. 1941), S. 823-4

9 Glendinning, S. 118, erschienen in *Night and Day*, Hrsg. C. Hawtree (Chatto & Windus, 1985)

10 »Out of a Book«, *Orion*, III (August 1946), 10-14. *CI*, S. 269. *MT*

11 »The Evolution of a Novelist«, *TSL*, XXLVII (17. Juli 1948), S. 395. Rezension von *Myself When Young* von Henry Handel Richardson, *CI*, S. 102

12 »Grace«, *New Statesman*, XVI (17. Sept. 1938), S. 424, 426. Rezension von *Unforgotten Years* by Logan Pearsall Smith. *CI*, S. 130

13 »Out of a Book«, *CI*, S. 267

14 Graham Greene, »The Lost Childhood«, 1947, *Collected Essays* (Bodley Head, 1969), S. 17-8

15 V. S. Naipaul, *The Return of Eva Peron* (A. Deutsch, 1980), S. 207-8

16 »The Power in the Cave«, *Listener*, XXXVII (20. März 1947), S. 431-48. *A* (›She‹), S. 107-13. *MT*

17 *PC*, S. 23-4

18 »Sources of Influence«, *A*, S. 208

19 *PC*, S. 62, 34

20 *PC*, S. 39

21 »Manners«, *New Statesman*, XIV (6. Nov. 1937), S. 727-8, Rezension von *Can I Help You* von Viola Tree, *CI*, S. 69

22 E. Bowen schrieb Vorworte zu *Encounters* (April 1949), *MT*; zu *Ann Lee's* (1951), zu *The Last September* (1952), *MT*, und zu Stories by Elizabeth Bowen (1959), *MT*: alle in *A*. Das Vorwort zur amerik. Ausgabe (1946) von *The Demon Lover* steht in *CI* und *MT*. Auch zu der Ausgabe von gesammelten Erzählungen (1965), *A Day in the Dark* gibt es ein Vorwort

23 Vorwort zu *Encounters* (1949), *A*, S. 87. *MT*

24 Vorwort zu Ann Lee's (1951), *A*, S. 93

25 *Why Do I Write?*, S. 37, 31, 56, 23
26 »The Writer's Peculiar World«, NYTBR, LV, Teil 2 (24. Sept. 1950), S. 3, 40. *A* (›Disloyalties‹), S. 195-8. *MT*
27 »Notes on Writing a Novel«, a. a. O., S. 18-29. *CI*, S. 249-63. *PC*, S. 167-93. *MT*
28 »Flaubert Translated«, a. a. O., S. 161, *MT*; Vorwort zu *The Flaubert Omnibus* (1947), *CI*, S. 32-3
29 »Truth and Fiction«, *Listener*, LVI (25. Okt., 1. Nov., 8. Nov. 1956), S. 651-2; 704-6; 751-2. 1: »Story, Theme and Situation«; 2: »People: The Creation of Character«; 3: »Time, Period – Reality«. Ursprünglich Vorträge in der BBC. *A*, S. 139
30 »Elizabeth Bowen Talks about Writing«, *Mademoiselle*, LI (Juli 1960, S. 89, 29, 21. *A* (›Advice‹), S. 210-15
31 »Notes on Writing a Novel«, *CI*, S. 250. *MT*
32 Henry James, Vorwort zu *The Portrait of a Lady* (1881), *The Art of the Novel*, S. 45
33 »Truth and Fiction«, *A*, S. 115-16
34 ebda. S. 122
35 »The Search of a Story to Tell«, NYTBR, LVII (14. Dez. 1952), Teil 1, *A* (›The Roving Eye‹), S. 193, *MT*
36 »The Roving Eye«, *A*, S. 194
37 Einleitung zu *Critics Who Have Influenced Taste*, Hrsg. A. P. Ryan (Geoffrey Bles, 1965), S. ix
38 Glendinning, S. 117
39 Rezension von *The Weather in the Streets* von Rosamond Lehmann, *New Statesman*, XII (11. Juli 1936), S. 54 (›Am bemerkenswerten, natürlichsten ist ihre Fähigkeit, Gefühle in ihrer vollen Bedeutung und Auswirkung wiederzugeben‹). *MT*. »Books in General«, Rezension von *Mr. Beluncle* von V. S. Pritchett, *New Statesman*, XLII (20. Okt. 1951), S. 438-9 (›Mr. Pritchett stellt uns einen lächerlichen, älteren Mann vor‹)
40 »Advance in Formation«, *Spectator*, CLXVI (17. Jan. 1941), S. 65. *MT*. Rezension von *New Writing in Europe*, Hrsg. John Lehmann

41 »Abinger Harvest«, *Spectator*, CLVI (20. März 1936), S. 521. Rezension von *Abinger Harvest* von E. M. Forster, *CI* (›E. M. Forster I‹), S. 21

42 »An Introduction«, in *Uncle Silas: A Tale of Bartram-Haugh* von J. S. Le Fanu (Cresset Press, 1947), S. 7-23. *CI*, S. 3-17. *MT*

43 Einleitung zu *North and South* von Mrs. Gaskell (John Lehmann, 1951), S. v-viii, *A*, S. 52

44 Einleitung zu *Frost in May* (1948; Virago, 1978), *MT*

45 »Between the Acts«; *New Statesman*, XXII (19. Juli 1941), *CI* (›Virginia Woolf‹), S. 75

46 »The Achievement of Virginia Woolf«, NYTBR, LIV, Teil 1 (26. Juni 1949), 1, 21. Rezension von *Virginia Woolf* von Bernard Blackstone. *CI*, S. 81

47 »Mr. Forster«; *New Statesman*, XV (2. April 1938), 572, 574. Rezension von *The Writings of E. M. Forster* von Rose Macaulay. *CI*, S. 125

48 »Nachwort« zu *Orlando* von Virginia Woolf (New York, Signet Classics, 1960), S. 216-22. *A* (›Orlando‹), S. 40-6. *MT*

49 »D. H. Lawrence: Reappraising His Literary Influence«, NYTBR, LII (9. Febr. 1947), 4. Rezension von *The Portable D. H. Lawrence*, Hrsg. Diana Trilling, *CI*, S. 158

50 »Post-Victorian«, *Cornhill*, CLXI (Oktober 1944), S. 92-6. Rezension von *Elders and Betters* von Ivy Compton-Burnett. *CI* (›Ivy Compton-Burnett II‹), S. 86. *MT*

51 *Anthony Trollope: A New Judgement* (OUP, 1946). Erster Radiovortrag, Juni 1945. *CI*, S. 242. *MT*

52 »A Living Writer«, *Cornhill*, CLXIX (Winter 1956-7), S. 120-34. Erweitert als Einleitung zu *Stories* von Katherine Mansfield (New York, Knopf, 1956), S. v-xxiv, und zu *Thirty-Four Stories* (Collins, 1957): *A* (›Stories by Katherine Mansfield‹), S. 53-74. *MT*

53 Vorwort zu *Encounters*. *A*, S. 84. *MT*

54 *A*, S. 60

55 *English Novelists* (Collins, 1945), S. 25-6. Vergleiche: »Jane Austen: Artist on Ivory«, *Saturday Review of Literature*, XVI (15. Aug. 1936), S. 3-4, 13-14

56 *English Novelists*, S. 28, 31, 48, 46
57 »Contemporary«, *New Statesman*, XXIII (23. Mai 1942), S. 340. Rezension von *In My Good Books* von V.S. Pritchett; »Sources of Influence«, *A*, S. 209. *MT*
58 »Contemporary«
59 Vorwort zu *The Blaze of Noon* von Rayner Heppenstall (New York, 1939), S. v-xi. *CI*, S. 55
60 »Joseph Conrad«, *Spectator*, CLVI (24. April 1936), S. 758. Rezension von *Some Aspects of the Art of the Novel* von Edward Crankshaw. *CI*, S. 152
61 »Books in General«, *New Statesman*, XLII (20. Okt. 1951), S. 433-9
62 *Critics Who Have Influenced Taste*, S. x
63 »The Cult of Nostalgia«, *Listener*, XLVI (9. Aug. 1951), S. 225-6
64 »What We Need in Writing«, *Spectator*, CLVII (20. Nov. 1936), S. 901-2
65 Raymond Williams, »Realism and the Contemporary Novel«, *Partisan Review*, XXVI (Frühjahr 1959), S. 200-13
66 Geoffrey Wagner, »Elizabeth Bowen and the Artificial Novel«, *Essays in Criticism*, XIII (April 1963), S. 155-63; Herbert Gold, »Random Dreams, True and False«, *Hudson Review*, VIII (Frühjahr 1955), S. 150-5. Rezension von *A World of Love*; Frederick R. Karl, *A Readers Guide to the Contemporary English Novel* (Thames and Hudson, 1963), Kap. VI, S. 129
67 John McCormick, a.a.O. S. 93
68 Anthony Burgess, »Treasures and Fetters«, *Spectator*, CCXII (21. Febr. 1964), S. 254. Siehe auch Anthony Burgess, *The Novel Now* (Faber, 1967), S. 120
69 Elizabeth Hardwick, a.a.O., S. 1114-21
70 Angus Wilson, »Evil in the English Novel«; *Listener*, XLIV (24. Aug. 1950), S. 279-80
71 P.H. Newby, *The Novel 1945-50* (Longman, 1951), S. 19; R. A. Scott-James, *Fifty Years of English Literature: 1900-1950* (Longman, 1951), S. 182; Jocelyn Brooke, *Elizabeth Bowen* (Longman, 1952) (Beilage zu *British Book News*, Nr. 28), S. 30
72 Burgess, *The Novel Now*, S. 126-7

73 A. S. Byatt, Einleitung zu *The House in Paris* (Penguin, 1976), S. 8

74 Elizabeth Hardwick, a. a. O.

75 Angela G. Dorenkamp, »›Fall or Leap‹: Bowen's *The Heat of the Day*«, *Critique, X* (Frühjahr 1968), Nr. 3, S. 13-21

76 Glendinning, S. 1

77 James Hall, *The Lunatic Giant in the Drawing Room: The British and American Novel Since 1930* (Bloomington and London, Indiana UP, 1968), Kap. II; Barbara Seward, »Elizabeth Bowen's World of Impoverished Love«, *College English*, XVIII, (Oktober 1956), Nr. 1, S. 30-7. Geoffrey Wagner, a.a.O.

78 Siehe Alison Heinemann, »The Indoor Landscape in Elizabeth Bowen's *The Death of the Heart*«, *Critique*, X (1968), Nr. 3 S. 5-12; Dorenkamp, a. a. O.

79 Walter Allan, Rezension von *The Heat of the Day*, *New Statesman* (26. Febr. 1949), 208-9; *Tradition and Dream: The English and American Novel from the Twenties to our Time* (Phoenix House, 1964); Raymond Mortimer, Rezension von *The Death of the Heart*, *New Statesman* XVI (8. Okt. 1939), 534; John Strachey, »The Golden Age of English Detection«, *Saturday Review of Literature*, XIX (7. Jan. 1939), 12-14; L. P. Hartley, Rezension von *A World of Love*, *Spectator*, CXCIV (11. März 1965), 293-94

80 Graham Greene, »The Dark Backward: A Footnote«, 1935, *Collected Essays* (Bodley Head, 1969), S. 71-2

81 V. S. Pritchett, »The Future of Fiction«, *New Writing and Daylight*, Hrsg. John Lehmann, VII, 1946, S. 77

82 Sean O'Faolain, *The Vanishing Hero: Studies in Novelists of the Twenties* (Eyre & Spottiswoode, 1956), S. 169-70

Personenregister